Holger Kalweit

Dunkeltherapie®

Die Vision des Inneren Lichts

Holger Kalweit

Dunkeltherapie®

Die Vision des Inneren Lichts

KOHA

KOHA-Verlag Burgrain

– 1. Auflage: März 2004
Lektorat: Delia Rösel, Daniela Schenker
Satz: Satjana's (www.satjanas.de)
Gesamtherstellung: Karin Schnellbach
Druck: Bercker, Kevelaer
ISBN 3-936268-37-0

Inhalt

VORWORT

Meine Reise in die Nacht der Seele

Nepal 1968. Eine Pferdekarawane schlängelt sich bei Mondschein über schmale Bergpfade in Richtung tibetische Grenze: Ziel: Lo Mustang, ein kleines, selbstständiges Königreich innerhalb Nepals. Ein befreundeter Lama und ich befinden sich in der Truppe von Kampas, tibetischen Guerillas, die von hier aus ihren Widerstand gegen die chinesische Übermacht führen. Lo Mustang war seinerzeit der westlichen Welt noch unbekannt und für Westler ohnehin gesperrt. Als wir ins Dorf einritten, drangen aus einem Hause Zimbel- und Trommeltöne und mein Lama machte mich mit einem Mönch bekannt, der seit Jahren in vollkommener Dunkelheit lebte. Wir stiegen hinab in eine Art Souterrainwohnung und in der Unfassbarkeit des Dunkels hörten wir eine Stimme. Sein Anliegen war, soweit ich mitbekam: Auflösung des beschränkten Ich-Bewusstseins. Das war mein erster Kontakt mit der buddhistischen *Yangtik*, der Dunkeltherapie, wie ich sie heute nenne.

Später hörte ich noch gelegentlich von *Yangtik*, dem 49-tägigen Aufenthalt in völliger Dunkelheit, der sowohl in der Bön-Religion als auch im Buddhismus gelegentlich zur spirituellen Praxis gehört. Anfangs hielt ich das für einen Exzess asiatischer Bewusstseinsexerzitien, später – ich ahnte noch nicht, dass ich selbst einen 49-Tage-Rückzug in der schwarzen Welt Lo Mustangs durchleben würde – erkannte ich, dass es sich um eine ebenso bedeutsame wie einfache Methode handelt, die jeder problemlos durchführen kann und die keine raffinierten Meditationstechniken voraussetzt.

Viele Jahre später, nach weiteren Dunkelklausuren, begann ich erstmals Finsternis als therapeutisches Mittel einzusetzen. Meine erste Berührung mit der Dunkeltherapie stammt also aus dem buddhistisch-tibetischen Kulturkreis. Hier wird Lichtentzug, besonders im *Vajrayana*- Buddhismus, gezielt eingesetzt. Eine systematische Abhandlung über die Dunkelklausur in dieser Tradition ist mir jedoch bis auf Ansätze im *Mahamaya Tantra* nicht bekannt.

Meinen ersten Lehrer in Lo Mustang konnte ich leider nicht verstehen, er sprach nur Tibetisch. Da in der Dunkelheit auch von Gestik und Mimik abgesehen werden muss, verstanden wir uns glänzend oder gar nicht. So ging er dazu über, Texte zu rezitieren, zu singen, wohl um dadurch die Atmosphäre zu reinigen. Etwas mehr verstand ich bei meinem zweiten Dunkelaufenthalt in der Nähe des Klosters Tabo in Kinnauer im Himalaya. Mein Betreuer sprach einige Brocken Englisch, wurde es ihm nach einiger Zeit jedoch zu anstrengend, ging er wortreich zu Tibetisch über. Diese Gespräche habe ich auf Tonband aufgezeichnet und hier (siehe Kap. II) einige seiner Reden stark redigiert wiedergegeben.

Seit einigen Jahren führe ich nun bei mir im Haus die Dunkeltherapie durch, jedoch ohne direkten Bezug auf die in Asien damit verbundene Philosophie und Bewusstseinstechnik. Den Begriff »Dunkeltherapie« habe ich 1996 geprägt. Menschen aus der ganzen Welt kommen nun zu mir, um zwischen einer Woche und sieben Wochen im Dunklen zu verbringen. Aus meinen eigenen Erfahrungen und jenen, die ich von meinen Besuchern höre, mit denen ich jeden Tag mindestens eine Stunde im Gespräch verbringe, setzte sich eine ganz neue Psychologie, ja ein neues Bild unseres Bewusstseins zusammen, das ich in diesem Buch vorstellen möchte.

EINS

Die Geburt der Dunkeltherapie

Herkunft

Dunkeltherapie wird mit Variationen in allen traditionellen Kulturen ausgeübt, insbesondere in Japan, Indien und Tibet; eine eigentliche Herkunftskultur ist daher nicht zu nennen. Im Rahmen der Entsagung, Visionssuche, der Einsamkeit und Klausur, des meditativen Rückzugs wird Dunkelheit zur Unterstützung der Inneneinkehr in unterschiedlicher Dosierung in allen kontemplativen Therapien und Selbsterfahrungsmethoden instinktiv verwendet. Rückzug an dunkle Orte, Höhlen, Grotten, ins Erdinnere, in Tunnels und unterirdische Anlagen oder einfach die Nutzung der Nacht als Mittel zur Reizverringerung und Entkonditionierung gehören zum Selbstfindungsrepertoire aller Kulte und Religionen. Seit meiner ersten Bekanntschaft mit der Dunkelheit erprobe und entwickle ich die Schwarze-Welt-Therapie im Rahmen der üblichen Psychotherapie sowie der transpersonalen und schamanischen Therapie. Diese Darstellung ist die erste Publikation meiner Erforschung der Dunkeltherapie.

Der tibetische Nachtpfad ins Licht

Dunkeltherapie gehört zu den archaischen Methoden der Selbsterfahrung. Dauernde Nacht bedeutet eine radikale Selbstkonfrontation. Man benutzt die Dunkelheit, in der man ein bis sieben Wochen allein verharrt, als Mittel der Rückkehr zu mentalen und transpersonalen Vorgängen. Die Abwesenheit von äußeren Reizen lässt als Erstes die seelischen, dann die energetischen und schließlich die spirituellen Erfahrungen immer deutlicher werden.

In der vorbuddhistischen Bön-Religion Tibets ist die Dunkeltherapie recht verbreitet. Im Meditationssystem des *Dzogchen* wird die Dunkelmeditation *Yangtik* genannt. Es heißt, durch Dunkelklausur werde der Schlaf leichter, man verliere das Gefühl für Tag und Nacht, mehrmals schlafe man ein und wache auf, wodurch sich der Unterschied von Tag und Nacht, Traum und Wirklichkeit verwische. So entwickelten sich Klarheit und ein Gegenwartsbewusstsein. Spannungen, die im Traum auftauchen, *Bhakshas*, gelten als Spuren zurückgebliebener Alltagsreste. Ziel ist es, einen Klartraumzustand zu erreichen, also zu wissen, dass man träumt, dabei wachbleibt und den Verlauf des Traumes kontrollieren kann. In der Dunkeltherapie befinden wir uns gelegentlich in einem solchen Zustand zwischen Wachen und Träumen, die inneren Bilder stehen lebendig vor einem und man kann nun üben, diese nach Belieben auszurichten. Das Streben nach luziden, sprich Wachträumen, ist jedoch nur ein Übergangsziel, es geht nicht um Bewusstseinsspiele, sondern um die Erfahrung unserer Einbettung ins gesamte Dasein, wozu das Ichgefühl erlöschen muss. (Die Schulung des Traumbewusstseins wird im *Mahamaya Tantra* ausführlich geschildert.)

Es heißt, sämtliche Meditationserfahrungen verlaufen genau nach dem Muster des Sterbeprozesses und Todes. Die seelisch-körperlichen Erscheinungen (Auflösung der Elemente, körperliche und psychische Erfahrungen) sind bei tiefer Meditation und im Sterben gleich. Meditation in Verbindung mit Dunkelheit heißt daher Nachvollzug des Todes. Längere Dunkeltherapie zeitigt ebenfalls Ansätze des, in der tibetischen Medizin genau erforschten Sterbeprozesses. Tibetische Dunkeltherapie hat den Zweck, bereits jetzt bewusst ins Bardo des Todes einzutreten, um beim tatsächlichen Tod diesen besser kontrollieren zu können (verwiesen sei auf alle tibetische Literatur zu Tod, Traum-Yoga und tantrischer Meditation). Bei der Übung der Nacht, heißt es, ziehen sich alle Sinne zurück, wodurch man einschläft. So auch beim Tod; es heißt, zuerst erlöschen die Sinne, wobei man vielerlei diesbezügliche Empfindungen hat, das ist das *Chokyi-Bardo*, das Bardo des Todesaugenblickes. Danach entsteht eine Art Bewusstlosigkeit oder Ohnmacht und nun kommt es zum »Aufgang der vier Lichter« (die Dzogchen Lehre nennt ein fünftes Licht, *Lhundrub*, »Selbstvollkommenheit«), damit setzt Bewusstsein wieder ein. Es heißt, die Bewusstheit sei nach dem Tod sieben Mal stärker. Eine genaue Abfolge von Lichtintensitäten oder mentalen Leerezuständen wurde entwickelt. Höchstes Ziel ist es, *Dharmata* zu erreichen, die allem zugrundeliegende Essenz.

Therapie der Nacht in anderen Kulturen

Die Mamas Kolumbiens

Die kolumbianischen Kogi-Indianer kennen eine Ausbildung zum Schamanen (Mamas) durch einen jahre-, ja jahrzehntelangen Aufenthalt in einer dunklen Hütte.

Japanische Morita-Therapie

In der modernen japanischen *Morita*-Therapie und der Naikan-Therapie wird Dunkelheit als therapeutisches Hilfsmittel in beschränktem Umfang eingesetzt. In diesen Therapiemethoden, die ihre Anregung aus dem Zen-Buddhismus schöpfen, wird die Dunkelheit als »Isolationstank« benutzt. Während des Therapiegesprächs befindet sich der Klient in der Dunkelheit, um sich so besser auf seine inneren Zustände konzentrieren zu können. Aufdeckung des Unbewussten unterstützt durch Dunkelheit steht hier im Vordergrund.

Die Irischen Seher

Die altirischen Seher, die *File* waren zunächst Weissager. Sie degenerierten später zu Poeten und ihre Weissagungen wurden feste Gedichte. Dichterische Inspiration gründet ursprünglich also auf der prophetischen Inspiration. Die Seher lagen in dunklen Räumen mit Decken über ihrem Kopf. Daher mußte in den irischen Poetik-Seminaren jeder Gelehrte seine Verse im Bett liegend in einem fensterlosen Raum kreieren. Noch im 17. Jh. schreibt der Poet Ó Gnimhh, dass er dem alten Brauch anhängt und seine Verse im Bett komponiert, in einer Hütte, aus der das Sonnenlicht verbannt ist.

Indianische Finsternisvision

Bei der Visionssuche der nordamerikanischen Plains-Indianer besteht eine Visionssuche darin, den Sucher nackt in ein Erdloch zu setzen und dieses abzudecken, so dass er mehrere Tage in völliger Dunkelheit kauert. Nackt, hungernd, durstend und ohne Schlaf – der durch Gebet und Gesang vertrieben wird – dämmert in der Erschöpfung, Selbstaufgabe, im Schmerz und der Hingabe unter Umständen eine Vision herauf, die den eigenen Lebensweg symbolisch beleuchtet. Oder es treten immaterielle Ratgeber, Tiere und Berggeister auf, die einen beraten. Die Dunkelheit stellt hier nur *ein* Hilfsmittel neben Gebet, Schmerz, Fasten, Dürsten usw. dar.

Vedische Nachtmeditation: Shabda Yoga und der Urton

Wenn in der Dunkelklausur auch die Ohren verstopft sind, kann es zum *Nada* oder *Shabda* kommen, das ist in der vedischen Psychologie der unhörbare oder innere Urton, der sich im rechten Ohr artikuliert. Zuvor aber entstehen Töne wie eine Trommel, Glocke, Flöte oder Muschelrauschen. Diesen Tönen muss man folgen. Genaue Übungen zur Shabda-Psychologie werden im *Laya Yoga* und *Surat Shabda Yoga* angegeben.

Höhlentherapie bei den Etruskern, Italiern und Römern

Wer die unterirdischen, in den Fels gehauenen, sakralen Therapieanlagen in Italien kennt, kann die Labyrinthstruktur nur entschlüsseln, wenn er die dahinterstehende Therapiekonzeption kennt. In einigen Anlagen wird die Nah-Tod-Erfahrung, wie wir sie heute wiederentdeckt haben, nachgespielt. So finden sich der zu überquerende Totenfluss, die Hölle, der Lichtraum, der Raum für den Kontakt mit Verstorbenen und höheren Wesen, der Raum für den Lebensrückblick usw. Hier wurde der Versuch unternommen, eine Todeserfahrung mit Hilfe der Architektur nachzubilden. Die Dunkelheit spielte bei diesen Einweihungsstätten eine wesentliche Rolle und länger dauernde Dunkelklausur gehörte, wie bei den griechischen Vorbildern, zur Voraussetzung. In Cumae habe ich die Initiationsgrotte, in der sich auch Äneas und Odysseus aufhielten, wiederentdeckt; durch sie fließt der Totenfluss, der zu überqueren ist, um in die Orakelkammer der Sybille von Cumae zu gelangen.

Moderne Dunkeltherapie

Wie ich zur Dunkeltherapie kam

Eigentlich lag die Idee recht nahe, nachdem ich selbst mehrere Dunkelaufenthalte hinter mir hatte, Dunkeltherapie durchzuführen. In meinem Geist schwebte ein Archetyp: Dunkelheit als Therapiemethode, Dunkelheit zur Erforschung unseres Erleuchtungspotentials. Wie gesagt hatte ich den ersten Impuls, westlichen Menschen diese Erfahrung zugänglich zu machen, während eines Dunkelretreats, doch von der ersten Idee bis zur Ausführung war noch ein weiter Weg.

Einmal schwärmte und träumte ich davon, ein nächstes Mal verwarf ich die Idee wieder. Würde überhaupt ein Europäer zu mir kommen, würde überhaupt jemand so lange in der Dunkelheit ausharren? Ich zweifelte, wußte aber gleichzeitig um den großen Wert. Als Test ließ ich auf Vorträgen gelegentlich das Wort Dunkeltherapie fallen und merkte, wie das sofort die Gemüter erhitzte. Ich war scheinbar auf eine heiße Ader gestoßen. Schließlich wurde ich einfach hineinkatapultiert in die Praxis der Dunkeltherapie. Ein Archetyp im Menschen wurde angeregt: Dunkelheit als Mittel der Selbsterkenntnis, als innerer Weg ins Seelenreich. Die Zuhörer spürten etwas, etwas sprach sie unmittelbar an. Und das sagen mir alle: »Ich komme, weil ich sofort gespürt habe, das ist etwas für mich.« »Danach habe ich schon lange gesucht.« » Das war mein insgeheimer Wunsch schon lange.« »Das spricht mir direkt aus dem Herzen« usw. Ich hatte offensichtlich den richtigen Begriff gewählt: »Dunkeltherapie«. Das Wort ist so einfach wie vielsagend, jeder versteht sofort, worum es geht: Aufenthalt in der geheimnisvollen, unergründlichen Dunkelheit. Das muss etwas in meiner Psyche bewirken. Menschen jedes Genres wissen intuitiv sofort, Dunkelheit ist eine starke Anregung für die Selbsterfahrung. In der Dunkelheit fällt die normale, störende Umwelt ganz weg, wir werden nicht mehr abgelenkt durchs Sehen, sehen vielleicht die wahre Welt zum ersten Mal ganz deutlich.

Wie funktioniert Dunkeltherapie?

Dunkeltherapie findet in einem vollkommen abgedunkelten Raum in einem normalen Appartement mit Flur und Bad statt. Nach einem Vorgespräch entscheidet man sich, eine festgelegte Anzahl von Tagen mindestens jedoch 7 – 10 Tage, maximal 7 Wochen, in der Dunkelheit zu verbringen. In der Regel finden täglich Gespräche mit dem Therapeuten statt. Ein Abschlußgespräch beendet den Aufenthalt. Am Morgen des letzten Tages geht man allein aus dem Raum und unternimmt einen Spaziergang, schaut sich das Wunder der Natur und des Lichts an, was eine erhabene, zu Tränen rührende Erfahrung ist. Erstmals nämlich sieht man, was Leben bedeutet. Während des Aufenthalts kann man fasten oder essen, ganz nach Belieben. Täglich sollten einige Körperübungen durchgeführt werden, damit man nicht zu steif wird. Ansonsten gibt es nichts zu tun in der Dunkelheit. Bedenken, dass man seine Sachen im Dunkeln nicht findet, sind völlig unbegründet, man legt sich alles zurecht und findet so auch alles, ebensowenig braucht man sich vor Problemen im Badezimmer zu fürchten, alle können sich ohne Schwierigkeiten zurechtfinden.

Die Therapie der Nacht unterliegt keiner Beschränkung, sie wird nicht etwa bei spezifischen Krankheiten angewandt, sondern ist eine allgemeine Hilfe bei der Selbsterforschung. Ihr praktischer Nutzen: klare, vertiefte Wahrnehmung seiner selbst, Inneneinkehr, Gespür für einen zweiten, einen »Plasmakörper«, Erfahrung des Urtons und Urlichts, Begegnung mit imaginären Wesen, Verstorbenen, Lichtgestalten, Naturkräften usw., Beobachtung der mentalen Prozesse, Erfahrung der Leere.

Eine traditionelle Selbstbefreiungsmethode und ihre Verwendung in der modernen Praxis

Dunkeltherapie wird, wie bereits erwähnt, in allen alten Kulturen verwendet, in Japan, Tibet, Indien, insbesondere in vielen schamanischen Kulturen. Ich habe diese Methode lediglich für die moderne Welt wiederbelebt. Die moderne Dunkeltherapie habe ich also aus Anregungen verschiedener Kulturen zusammengestellt, besonders dem tibetischen Buddhismus und Bön.
Dunkeltherapie kann sicherlich auch als »Freudsche Couch« benutzt werden, um mentale Prozesse zu vertiefen. Das ist in den Kulturen, die Dunkeltherapie verwenden, jedoch nur am Rande der Fall.
Die Therapie zeitigt, neben einer Klärung seelischer Probleme und verstandesmäßig ungelöster Phänomene, eine Erkenntnis der eigenen psychischen Struktur durch Klartraumbewusstsein, Lichterfahrungen, mentale Leere, imaginäre, visionäre Gestalten. Bei längerem Aufenthalt in der Dunkelheit kann die wahre Natur der Existenz erfahren werden, die Erfahrung der Welt als Energieozean und die Rückkehr zur Essenz unseres Wesens sind möglich. Dunkeltherapie ist daher eine Globaltherapie, die nicht einzelne Probleme behandelt, sondern spontan den Menschen mit der Gesamtexistenz verbindet und ihn die dreifache Struktur unseres Daseins (physische) Natur, (psychische) Energie, (geistige) Essenz erkennen lässt.

Der Verlauf der Dunkeltherapie kann mit psychischen Problemen und Erlebnissen beginnen oder aber mit Visionen oder beides kann sich abwechseln. Solange noch psychische Unreinheiten vorhanden sind, können sie in allen Phasen der Dunkeltherapie auftauchen. Ebenso kann Licht (Lichtdome, Blitze, Lichtwolken) gleich am Anfang auftauchen, dann aber, wenn Seelisches

emporkommt, vorübergehend versiegen. Der Körper schwebt, fliegt, verschwindet, changiert. Traum und Realität vermischen sich gelegentlich, Lichterscheinungen, Begegnung mit imaginären Wesen, Raum-Zeit-Verlust, Ego- und Ichgrenzenauflösung bis hin zur Leerheitserfahrung, all dies und mehr kann auftreten.
Dunkeltherapie, Therapie der Nacht, Finsternistherapie, Schwarze-Welt-Therapie von mir benannt, gehört zum Genre der sensorischen Deprivation. Sie bedient sich der Dunkelheit, der Stille und Isolation, erstens, um unbewusste Prozesse zu verstärken und die Bewegung der Psyche deutlicher sichtbar zu machen und zweitens, damit wir die Wankelmütigkeit und Künstlichkeit von Gefühl und Denken erfahren und durch die beruhigende Kraft der Dunkelheit Frieden finden in unserem wahren Wesen, das sich als Licht, Liebe und Wissen enthüllt, wenn eine mentale Leere erlangt ist.
Die Reizverarmung führt zunächst zum Lauterwerden innerpsychischer Vorgänge, später verlaufen sich diese, es treten »post-mentale« Prozesse auf, Zustände, die der akademischen Psychologie gänzlich unbekannt sind und die teilweise in diesem Buch beschrieben werden.

Im Verlauf der Dunkeltherapie sind im Wesentlichen drei Erfahrungsstufen zu erkennen. Alle alten Kulturen unterscheiden das, was ich hier als Natur, Energie, Essenz beschreibe.

1. Natur: In der Dunkelheit beherrschen uns zunächst unser Denken und Fühlen; Angst und Langeweile wechseln sich ab. Während der Zeit im Dunkeln verlieren wir unser Körpergefühl.

2. Energie der Psyche: Die seelische Unruhe und Unordnung lösen sich bald auf zugunsten klarerer Energieerscheinungen. Zudem bewegen wir uns immer tiefer in Klarträumen. Das drückt sich folgendermaßen aus: Innere Vorstellungen treten uns von außen gegenüber, diese Visionen sind kristallklar, Gedanken und Gefühle sind scharf umrissen.

Psychische Ereignisse beherrschen uns zunächst noch, nach etwa anderthalb Wochen verlaufen sich diese aber zunehmend, wir laufen leer und aus dieser Leerheit tauchen nun, wie Delphine aus dem Meer, intuitive Bilder, Archetypen, abstrakte Muster und Farben auf. Unsere Psyche wird heller. Bei längeren Dunkelaufenthalten kann aus Fühlen Hellfühlen, aus Sehen Hellsehen, aus Hören Hellhören werden; es kommt zur Ichauflösung, einem Zustand ohne Denken und Fühlen, getragen von einem unpersönlichen Gegenwartsbewusstsein und der Wahrnehmung mentaler Vorgänge als Energieprozesse.

3. *Essenz:* Die Essenz unseres Wesens dämmert herauf mit der Erfahrung der Leerheit aller Gedanken und Formen; diese kommen und vergehen ohne Grund, sie entstehen durch vorangegangene Gedanken und Gefühle und besitzen keine eigene Existenz. Bei längerer Dunkeltherapie treten wir immer häufiger in Phasen der Leerheit ein, aus denen sich die Erfahrung von Licht, Liebe, intensivem Lebensgefühl und umfassendem Wissen entwickelt.

In der Dunkelheit erhält man also Kontakt zu den zwei tieferen Ebenen der eigenen Person, der seelischen Energie und trans-seelischen Essenz; letztere schimmert in unserem Normalzustand nur peripher und blitzartig auf. Energiemanifestationen der Psyche treten auf, tiefe Selbsteinsichten und unbekannte transpersonale Erfahrungen. Licht, Wissen und Liebe dominieren und deuten den Eintritt in unsere Essenz an. Die Essenz zu fördern ist jedoch das eigentliche Ziel der Dunkeltherapie.

Drei Grundvoraussetzungen

Die Dunkeltherapie basiert auf drei Grundvoraussetzungen. Die erste Tatsache, auf der die Dunkeltherapie basiert, ist, dass Fühlen und Denken Energiebewegungen sind. Die zweite ist die Erkenntnis, dass es kein Ich gibt. Die Erfahrung der Nichtexistenz unserer Identität gilt in den alten Traditionen als Allheilmittel für sämtliche Ichprobleme – nur das Ich erzeugt Probleme. Daraus ergibt sich die dritte Grundlage, die Erfahrung unseres reinen Geistes, der ohne Worte, Formen und Bewegung ist.

Die Dunkelheit erzwingt eine Rückkehr in das Leersein von Ichstrukturen, das sich bald als Licht herausstellt. Dunkelheit ist deshalb gut dafür geeignet, weil in einer schwarzen Welt die visuelle Information, die für uns eine Art Treppengeländer durch die Wirklichkeit darstellt, verschwindet. So verlieren wir zunächst den Halt, bekommen dann aber, unter dem schützenden Mantel der Nacht, Vertrauen in die Leere, die Abwesenheit von Ichstrukturen, wir erkennen unser wahres Wesen.

ZWEI

Meine Gespräche in der Schwarzen Welt

Ich möchte hier einige Dokumente aus meinem zweiten Yangtik-Retreat vorlegen, das ich 1977 in Kinnauer, einer Himalayaprovinz Nordindiens durchgeführt habe. Ich hatte seinerzeit von vielen Felszeichnungen gehört, die ich besuchen wollte. Ich entdeckte sie auch – zehntausende gut erhaltener Tierfiguren aus der Jungsteinzeit, die allerdings fast alle im Jahre 2002 zerstört wurden, weil das Kloster eine Plantage anlegen wollte. Dabei lernte ich Thubten kennen, einen Mann aus Osttibet, der weit herumgekommen war in Asien; man könnte ihn am besten als einen Wanderyogi bezeichnen, der aber einen großen Einfluss zu haben schien. Er kannte die Himalayaregion gut, war überall herumgewandert. Wir verstanden uns auf Anhieb und erforschten gemeinsam die Felszeichnungen. Ich erzählte ihm von meinem Dunkelaufenthalt in Lo Mustang und so ergab es sich, dass er mir vorschlug diese Übung hier zu wiederholen. Mir war das recht, denn seinerzeit war Kinnauer für Ausländer noch geschlossen und ich musste mich dauernd hüten als Europäer erkannt und verhaftet zu werden. Thubten fand für mich eine Unterkunft bei einem Bauern und so kam es, dass ich mich wider Erwarten sieben Wochen im damals verschlossenen Kinnauer beim Kloster Tabo aufhalten konnte. Die Steinhütte auf dem Bergkamm oberhalb des tausend Jahre alten Klosters war schön, zwei kleine Zimmer für mich, die Lage absolut ruhig; Thubten sprach gebrochen Englisch und es begann langsam warm zu werden. Und so schloss sich die Tür hinter mir und das klare Licht Kinnauers erlosch. Schwarze Welt für 49 Tage.

Ich werde hier einige Ausschnitte vorstellen, die ich aufgeschrieben habe. Thubtens Reden sind stark überarbeitet, da sein Englisch, versetzt mit tibetischen Ausdrücken und buddhistischen Termini, sonst kaum verständlich wäre.

Traum, Schlaf und die Alltagsspuren

Thubten: Im Bön, unserer vorbuddhistischen Religion Tibets, gibt es eine Dunkelmeditation, *Yangtik*. *Yangtik* gehört zum Meditationssystem des Dzogchen. Dzogchen gilt als die höchste Form der Meditation im Bön, aber auch im tibetischen Buddhismus. Durch diese Dunkelklausur wird der Schlaf leichter. Du verlierst das Gefühl für Tag und Nacht, du schläfst und wachst auf, schläfst und wachst auf, so geraten Tag und Nacht durcheinander und damit verwischt sich in deinem Bewusstsein der Unterschied von Traum und Wirklichkeit, was ermöglicht, dass du mehr Träume wahrnimmst. Du träumst dann und bist dabei ein bisschen wach. Während du träumst, beobachtest du deinen Traum von außen, nimmst teil daran, indem du von außen zusiehst. So entwickelt sich in dir eine bis dahin ungekannte, geistige Klarheit und etwas, was man als Gegenwartsbewusstsein beschreiben kann. Du steckst voll und ganz in dem, was du gerade tust, denkst und fühlst. Kannst du dir das vorstellen?

Ich: In Nepal, bei der letzten Dunkelklausur, war ich hellwach, nie in einem Traumzustand. Am Anfang schläft man viel, dann weniger. In der Tat hatte ich viele Wachvisionen, man kann sie auch als Wachträume bezeichnen. Ich konnte, wie du sagst, meine Träume wach mitverfolgen. Wodurch sie klarer wurden. Andererseits gab es auch viele Visionen. Visionen sind keine Träume. Letztendlich aber nähren sich beide aus der gleichen Quelle. Wenn man sich von äußeren Reizen löst, tritt eine Welt der Bilder hervor, die auf die eigenen, inneren Zustände verweisen. Visionen andererseits sind völlig unabhängig von der eigenen Stimmung und Gefühlslage. Ich bin oft ganz versunken in meinen inneren Filmen und Bildern, es ist wie im Kino. Warst du schon einmal in einem Kino?

Thubten: Ja, öfters, auf dem Land haben sie gelegentlich Filme gezeigt von Russland und China und als Jugendlicher hat mich das begeistert. Später war ich in Mysore im Kino, auch in Thailand und Malaysia. Eine sehr schöne Erfindung. Das Durcheinander im Traum, das Hin und Her der Bilder und Gefühle nennen wir *Bhakshas*, sie sind so wie Fußspuren im Sand, die zurückgeblieben sind, obwohl der Läufer längst verschwunden ist. Ein Tag hinterlässt unendlich viele solcher Spuren in uns. Sie verbergen sich hinter unserem Wachbewusstsein. – Was siehst du, wenn du am Tag träumst?

Ich: Es scheint mir kein Unterschied zu sein zwischen dem, was in der Dunkelheit geschieht und dem, wenn ich mich Tagträumen, Wunschbildern und Vorstellungen hingebe. Eigentlich lebe ich vorwiegend in inneren Bildern, in Filmen. Es lebt eine zweite Landschaft in mir. Weißt du, ich habe einmal in Deutschland am Theater gearbeitet und habe mir da Szenen und ganze Theaterstücke ausgedacht und vorgestellt. Ich konnte ganz genau mit geschlossenen, aber auch mit offenen Augen alles sehen. Und ich habe erkannt, ob eine Verkleidung, eine Schminke oder eine Szene gut sind oder nicht. Ich ließ also eine Szene an mir vorüberstreichen und entschied dann, ob sie so in der Wirklichkeit dargestellt werden kann. Ich brauchte es nicht erst auf der Bühne aufzustellen, ich probierte alles, imaginierte auch die Texte. Allerdings gibt es doch gewisse Unterschiede zur wirklichen Theateraufführung, deshalb war die Theaterprobe sehr wichtig, denn die Schauspieler verhielten sich ja nicht so wie in meinen Vorstellungen.

Träume und bleibe wach dabei

Thubten: Hast du schon einmal auf die Berge geschaut ohne zu blinzeln, dann die Augen zugemacht und schließlich innere und äußere Erscheinung verglichen?

Ich: Ja. Ich sehe dann innerlich die Berge, aber sie sind nicht so stark und deutlich wie mit geöffneten Augen. Ich muss allerdings sagen, es ist eine Übungsfrage, denn wenn ich mir lange Bilder von Malern angeschaut habe und mich intensiv damit beschäftige, selbst Skizzen mache und male – also ganz in der Welt des Malens, der Farben und Formen drin stecke – dann sehe ich die Welt wie ein Gemälde und meine inneren Bilder kommen ganz leicht, in einem dauernden Strom und sind von einer überaus großen Schärfe, Helligkeit und Wirklichkeit, so dass ich sie dann einfach nachzeichne. Es ist mir fast peinlich, dass ich meine Bilder einfach von inneren Bildern abgemalt habe. Ich habe dann den Eindruck, die inneren Bilder stammen nicht von mir, da sie einfach da sind, ohne große Mühe, als besäße ich keine eigene Schöpferkraft. Ich weiß nicht, wie ich damit umgehen soll. Die abgemalten, inneren Bilder sind irgendwie nicht von mir, sie stehen einfach fertig und vollkommen da. Es ist einfach so, dass durch die dauernde Beschäftigung damit meine Gefühle und inneren Sinnesorgane – falls es so etwas gibt – so gereizt und überwach sind, dass sie unabhängig von meinem Willen Bildwelten erschaffen. Und das um so mehr, je mehr ich Bilder von der Außenwelt in mich hineinlasse, indem ich dauernd daran denke, die Bilder analysiere, sie mir hundertmal anschaue und dabei tiefe Gefühle habe. Die äußere Aufregung über so viel Schönheit erzeugt eine innere Aufregung und damit schöne Bilder.

Thubten: Ist alles schön, was du siehst?

Ich: Nein, ich sehe auch ganz hässliche Dinge, aber wenn ich sie anschaue, werden auch sie schön, großartig und reizvoll. Und ich male sehr gerne hässliche Sachen, aber für mich sind sie schön und gewaltig, denn es gibt keine Hässlichkeit. Wenn ich genau hinschaue, ist alles Hässliche schön. Hässlichkeit entsteht nur durch eine moralische Beurteilung. Alles ist ein Wunder, ich bin immer begeistert.

Thubten: Gut. Ziel ist es, einen Zustand zu erreichen, in dem man träumt und dabei doch wach bleibt, um den Verlauf des Traumes beobachten zu können. In der Dunkelmeditation befinden wir uns in einem solchen Zustand zwischen Wachen und Träumen. Die inneren Traumbilder stehen lebendig und real vor uns und wir sind dabei wach; wir müssen nun üben, diese nach Belieben auszurichten. Was aber ist der Sinn dieser Übungen – es geht nicht einfach darum herumzuspielen.[1]

Vorbereitung auf den Tod

Thubten: Yangtik hat nach unserer tibetischen Überlieferung vor allem den Sinn, dich auf den Zustand nach dem Tod vorzubereiten. Denn dein Bewusstsein (westlich: die Seele) verweilt nach dem Tod im Bardo des Todes, in einer Art Traumzustand, in dem deine Gedanken und Gefühle kommen und gehen. Doch ohne die Kontrolle deines Körpers und der Materie nehmen sie traumartige Verzerrungen und Übertreibungen an und all deine Ängste, Erwartungen und Wünsche treten dir in Gestalt einer Wirklichkeit gegenüber, die du nicht beeinflussen kannst, und von der du annehmen musst, dass sie real ist. In der Dunkelmeditation übst du, den auftretenden Zustand zwischen Wachen und Träumen beherrschen zu lernen, um diese Fähigkeit nach dem Tod einzusetzen und die Traumgespinste deiner eigenen Projektionen zügeln zu lernen. Dunkelmeditation hat den Zweck, bewusst ins Bardo (Zustand, Reich) des Todes einzutreten, um den tatsächlichen Todesablauf besser beherrschen zu können.

Ich: Verstehe ich nicht!

[1] In der westlichen Psychologie sprechen wir von luziden Träumen oder Hellträumen. *Hell* weil wir jetzt mit der Seele arbeiten. Unser Wort *hell* kommt von Hel, das ist altgermanisch und ist die Hölle. Hel ist ein helles Land, in dem all unsere Gefühle uns regieren (siehe mein *Totenbuch der Germanen, 2001, AT-Verlag*). Das Streben nach luziden oder Hellträumen ist jedoch reine Spielerei, sagt Thubten, solange es nicht eingebettet ist in einen umfassenden Plan der Meditation und des Traum-Yoga.

Thubten: Sämtliche Meditationserfahrungen verlaufen exakt nach dem Muster des Sterbeprozesses. Die Auflösung der körperlichen Elementarzustände und die Auflösung unserer Bewusstseinserfahrungen verlaufen in der Meditation und im Sterben gleich. Meditation, insbesondere Dunkelmeditation, heißt daher Nachvollzug des Todes. Längere Dunkelmeditation zeitigt ebenfalls Ansätze des Sterbeprozesses.
Deshalb gilt Yangtik als Vorbereitung auf den Tod. Es geht darum, dass du bewusst ins Bardo des Nachtod-Zustandes eintrittst, damit du dich beim tatsächlichen Tod besser darin zurechtfindest.

Ich: Ich weiß nichts Genaues über den Tod. Das heißt also, mein Bewusstsein überlebt den Tod. Es ist also das gleiche Bewusstsein, das ich jetzt habe, das gleiche Fühlen und Denken und Träumen?

Thubten: Ja! Es gibt keinen Unterschied zwischen dem, was du jetzt mental bist und dem, was du nach dem Tod bist. Es ist ganz einfach.

Ich: Warum, wenn es so einfach ist, machen die Mönche, die ich getroffen habe, die Bücher, die ich gelesen habe, alles so kompliziert?

Thubten: Weil die meisten keine Selbsterfahrung haben. Sie stecken in den Überlieferungen und ihren Büchern fest. Erfahrung braucht keine Bücher!

Ich: Aus welcher Tradition kommst du? Hinduismus, Vedanta, Gelbmützen ...

Thubten: Es gibt viele Überlieferungslinien in Asien. Wenn ein Mensch durch die Erfahrung der Bardos gegangen ist, hat er das auf seine ganz persönliche Weise getan. Hat er nun Schüler, so wird er versuchen, ihnen seinen Erlebnisweg näher zu bringen. So entsteht eine Überlieferung. Die Überlieferungslinie, mit der ich aufgewachsen bin als Kind und junger Mann, existiert nicht mehr. Ich habe später bei verschiedenen Meistern gelernt. Ja, ich war in Sikkim, in Bhutan, in Burma. Ich war überall und bin jetzt hier. Weißt du, letztendlich spielen die Lehren, die du erhalten hast, keine zentrale Rolle, die Erfahrung ist größer, sie kennt keine Begriffe. Lehrer sind nicht die Erfahrung selbst, sie führen lediglich sanft dorthin. Für die Lehrer empfindet man Liebe und Achtung. Du hast Recht, wenn du sagst, die Bücher und Schulen verwirren einen. Schulen sind nur für Anfänger.

Im Bardo des Todes treten verschiedene Lichtstärken auf. Du siehst das Licht und gleichzeitig ist dein Bewusstsein in einem bestimmten Zustand der Leere. Je intensiver das Licht wird, desto leerer wirst du bzw. desto klarer wird dein Bewusstsein und desto weniger Ich bestimmt dich.
Höchstes Ziel ist, *Dharmata* zu erreichen, die allem zugrunde liegende Essenz oder Leere, das Klare Licht.

Ich: In Mustang war mein Dunkelraum immer hell, mir wurde damals klar, dass es sich um das Licht meiner Seele handelt. Dennoch verwundert es mich, dass sich das Bewusstsein als Licht äußert.

Thubten: Es gibt eine Stufenfolge des geistigen Fortschritts:

- das Bewusstsein wird feiner, klarer
- das Bewusstsein urteilt nicht mehr so stark, lässt alles, wie es ist
- das Bewusstsein ist wechselhaft, mal ruhig mal unruhig
- das Bewusstsein ist jetzt stabil und recht fein und klar
- wir entwickeln keine Bindung an die aufkommenden Gedanken
- wir mögen dieses Friedensgefühl und wollen es erhalten

Die körperlichen Zeichen sind folgende:

- kein Bedürfnis nach körperlicher Bewegung
- Verrücktheit: Drang zu lachen, weil die Stimmung einfach gut ist; man will sich frei und akrobatisch und unkonventionell bewegen. Das körperliche Verhalten verweist darauf, dass die Energie sich von Verkrampfungen lösen will

Übung der Nacht

Thubten: Die Übungen sind vielfältig und raffiniert, hier nur ein Beispiel. Ziel ist es, in den Zustand des natürlichen Lichts, des Urlichts, einzutauchen. Beim Auftauchen des Lichts stellst du dir nach einer Tradition ein weißes A vor, das als »Aaahh« ertönt, du stellst dir weiter vor, wie der Buchstabe in der Körpermitte ruht und ein A aus dem anderen hervorquillt. Diese Übung erleichtert auch das Entstehen von klaren Träumen, denn die Intonation des A lässt uns wach in den Traum hinübergleiten. Dieser Traum-Yoga bereitet auf den Bardo des Todes vor.

Als Mann solltest du dich dabei auf die rechte Seite legen, Frauen liegen auf der linken. Das hat mit dem Sonnen- und Mondkanal, die rechts und links der Wirbelsäule liegen, zu tun. Die Männer sind mit dem Sonnenkanal verbunden. Die rechte Hand legst du unter die Wange, das Nasenloch dieser Seite schließt du. Das Zuhalten der rechten Seite fördert die Erfahrung der Leerheit, das der linken die Bewusstseins-Klarheit.

Wie schon erwähnt, ziehen sich bei der »Übung der Nacht« all deine Sinne schrittweise zurück, wodurch du einschläfst. So auch beim Tod: Zuerst erlöschen die Sinne, das wird *Chokyi*-Bardo, Zustand des Todes-augenblicks genannt, dabei hat man vielerlei Sinnesempfindungen, die aus dem Erlöschen der Sinne herrühren. Danach trittst du in eine Art Bewusstlosigkeit oder Ohnmacht ein und damit beginnt der »Aufgang der vier Lichter« (die Dzogchen-Lehre nennt ein Fünftes Licht *Lhundrub* »Selbstvollkommenheit«). Nach dem Tod erfährt jeder den *Lhundrub*-Zustand. Danach beginnt ein neuer Bardo-Zustand, das *Sipa*-Bardo, das Bewusstsein setzt wieder ein, aber auf einem neuen Niveau, denn es ist jetzt befreit vom Körper und folglich unabhängig.

Raum, Licht und Ton

Thubten: Ich spreche immer wieder von *Kunzhi*. *Kunzhi*, im Sanskrit sagt man *Alayavijnana*, das ist der Raum selbst, der alles durchdringt und eben raumlos ist. Raum selbst ist der Geist. Darin existiert alles, alles ist darin gespeichert. Der Raum ist also nichts, aber eben weil er so ist, kann er alles enthalten. Auf der leeren Grundlage von *Kunzhi* kann sich alles entfalten und daraus können alle Ereignisse hervorgeholt werden. In uns Menschen gibt es *Kunzhi* auch, und zwar in Gestalt von etwas Freiem und Leerem, was selbstredend keine Gedanken und Gefühle sein können, sondern ein »Gefühl« von unheimlicher Größe und das wäre annäherungsweise die Ich- oder Selbstlosigkeit, die Großzügigkeit also, alles zuzulassen ohne Meinung, Bedenken oder Neid.

Warum leuchten die Augen, warum sind sie das große Geheimnis des Menschen? Augen scheinen mehr zu sein als nur Sehorgane. Man sagt, die Seele schimmere durch sie hindurch. Die Augen hätten eine direkte Verbindung zum Herzen, heißt es. Man sagt, das Strahlen der Augen komme aus dem Herzen, die beiden seien durch zwei Kanäle feinstofflicher Natur verbunden. Im Herzen sei *Kunzhi*, der leere Raum, verankert, das Herz sei wiederum verbunden mit dem leeren, universalen Raum. Im Allgemeinen nimmt man an, dass der Mensch mittels der Augen die äußere Welt sieht. Es ist jedoch genau umgekehrt.

Ich: Ich habe das nicht ganz verstanden. Ich deute und wiederhole es folgendermaßen: Die feinstoffliche, pranische Strahlung kommt aus den Augen. Diese erst ermöglicht es uns, die Welt überhaupt wahrzunehmen. Auf jeden Fall hat es mit dem Sehen, unserem wichtigsten Sinnesorgan, etwas Besonderes auf sich. Andererseits, warum sollen die Augen besser als die Ohren sein? Der leere Raum, wenn er sich im Menschen darstellt, teilt sich wohl auf in verschiedene Varianten, eben unsere fünf Sinneswahrnehmungen. Der leere Raum kann sich also sowohl als Ton, Geruch, Geschmack wie als etwas Gesehenes äußern.

Also: Wenn sich Prana – Plasma oder die Lebensenergie – bewegt, entsteht angeblich Licht, Licht auf vorstofflicher Ebene, Seelenlicht. Dieses Licht soll sich in fünffacher Gestalt äußern. Wir unterscheiden also ein vorstoffliches und ein daraus hervorgehendes, stoffliches Licht.

Der Geist reduziert sich zur individuellen Seele und diese erzeugt einen materiellen Körper. Unser Geist ist Geistlicht, das sich zu Seelenlicht reduziert und dieses gerinnt zum materiellen Sonnenlicht. Der Körper ist demnach geronnenes Seelenlicht. Gesehen werden kann die materielle Welt aber nur aufgrund des Sonnenlichts, seelisch erfahren tut die Seele. Körperform und Körperorganisation entstehen aus der Seele. Wie nun die Seele sich übersetzt in die Körperform und die Körperorganisation, damit beschäftigt sich eure Bönlehre. Das ist sicherlich ein gewaltiges Unterfangen.

Thubten: In der Dunkelheit siehst du Licht. Dieses kommt aus der Leere. Ebenso hast du ja den Urlaut gehört, nachdem du dir die Ohren verstopft hast. Dieser Ton entsteht ebenfalls aus der Leere. Dieser Ton kommt, wie das Licht, aus uns selbst heraus. Man kann auch das Licht und den Ton gleichzeitig wahrnehmen und so erkennen, dass sie aus der gleichen Quelle, der Leere stammen und wir nur annehmen, dass wir Licht in den Augen und Töne im Ohr wahrnehmen. Tatsächlich bedarf es nicht der Sinnesorgane, um das *Sambhogakaya* wahrzunehmen, es wird ja allein vom Bewusstsein erfahren.

Ich: An sich müssten dann auch ein Geruch und eine Empfindung des Körpers sowie ein entsprechendes Gefühl und Denken auftauchen, denn die Leere hat ja diese Körperorganisation als Spiegelbild ihrer selbst hervorgebracht, also muss sie sich auf allen Ebenen äußern. Aus dem einfachen Dasein entsteht, so meine ich, das Gefühl in all seinen Färbungen sowie ein klares inspiriertes, »hellsichtiges« Denken.

Die Bewusstseinsleere

Thubten: In der Tat. Die Leere ist leer. Wenn sie sich aber bewegt, wird sie Seelenenergie, die sich als Vision, Gedanken usw., eben wie du vermutest, auf allen Sinneskanälen ausdrücken kann.

Wir sehen die Leere oder den reinen Geist als *eine* Sache und die Erscheinungen unserer Seele als eine andere, aber es gibt keine Trennung dieser zwei Erscheinungen, sondern die Seele und die Welt und die Leere – das ist alles das Ganze. Es gibt keinen Unterschied zwischen so genannter Erleuchtung und dem, was du normalerweise denkst und fühlst. Das primitivste Gefühl ist ein Erleuchtungsgefühl. Die Kunst besteht darin, das zu erfahren.

Ich: Aber der gesamte Buddhismus und auch Bön und alle Religionen der Menschheit verweisen ohne Pause auf eine andere Welt, einen anderen Zustand, das Göttliche, das ganz abgehoben ist vom normalen Leben. Das macht gerade Religion aus. Nun drehst du das Ganze um und sagst, das normale Leben sei ein Erleuchtungszustand, nur merken wir es nicht. Also, ich merke, dass das Leben ein Wunder ist. Da ist in mir ein unglaubliches Gefühl, dass das, was ist, alles ist und dass wir weder Religion brauchen noch geistige Techniken. Der normale Wachzustand wäre die vollkommene Erleuchtung, würden wir wirklich wach die Wachheit erfahren, aber ich merke in mir eine Dumpfheit, durch die diese Wachheit nicht hindurchschimmern kann. Es ist noch etwas anderes als Wachheit da, eine Art Schlaf, eine Grenze und Mauer. Diese, kaum hat man ein leichtes Erleuchtungsgefühl, blockiert sofort dessen Weiterentwicklung und dann bricht es schnell zusammen, denn dieser Erleuchtungsfunken hat keine lange Glühkraft, keinen Brennstoff, um lange am Leben zu bleiben. Kaum erstanden bricht er gleich wieder in sich zusammen und Dumpfheit überrollt mich. Ich habe den Eindruck, hunderte solcher Geistfunken entstehen bei mir täglich im Tageslicht und auch hier im Dunklen, aber die Mauer der Dumpfheit ist stärker. Was aber ist diese Mauer?

Thubten: Du kommst näher!

Ich: Nein, es ist keine Entwicklung, das war immer so und damit bin ich geboren. Ich habe keinerlei neue Erkenntnisse gewonnen. Es findet immer nur eine *Verdeutlichung* von bereits gehabten Zuständen statt, sie werden mir gedanklich klarer, ich kann klarer darüber sprechen.

In mir ist ein Gefühl, dass man alles machen darf und kann. Dass man sich keiner Regel untertan machen muss, dass es keine Regeln gibt, sondern sie alle nur freie Entfaltungen des Geistes sind. Alles ist also erlaubt. Nur eines: Man sollte sich nicht damit identifizieren. Sobald man an das glaubt, was man sagt, sobald man das, was man tut als besser als etwas anderes empfindet, bindet man sich und die Freiheit ist verloren. Habe ich eine Bindung an eine Tätigkeit, glaube ich daran und glaube etwas anderes dafür nicht, so kommen Gegensätze, Widersprüche, Streit, Hass, Liebe auf. Jetzt sind wir auf etwas festgenagelt und gefangen. Die Leere des Geistes erlischt.

Wie kann man der dauernden Gegenwart der Leere, die, wie gesagt, alles ist, habhaft werden? Wie kann man die Dumpfheitsmauer umgehen? Wenn der Geist so direkt neben uns steht, warum dann all der spirituelle Aufwand, der doch nur weiter von der Gegenwartseinheit wegführt? Wir sind dann an die Übungen gebunden, an die Lehren, und haben damit eine weitere Tätigkeit, die uns vom Wesentlichen ablenkt. Auch wenn die Lehren sich mit der Leere beschäftigen, sind sie ja selbst nicht leer. Sie stellen nur eine weitere Beschäftigung mit intellektuellen Konzepten dar. Die intellektuellen Auseinandersetzungen, wie baue ich mir eine Toilette oder was ist reiner Geist, unterscheiden sich letztendlich überhaupt nicht.

Die Energie des Lichts

Thubten: Wir kennen das Reine Licht, das Geistlicht des *Dharmakaya*. Wenn sich dieses bewegt, verunreinigt oder unruhig ist, nennen wir es Regenbogenlicht, weil dabei im Dunkel Regenbogenfarben auftauchen. Das ist das Licht des Prana, der Energie, der Seele. Es stellt sich als Fünf Lichter dar, als ein fünffarbiges *Thigle*. Das Reine Licht splittert sich also auf, wenn es schwächer wird. Dann gibt es das dritte Licht, das Licht der Natur, wie es jeder kennt. Also: Reines Licht, Regenbogenlicht, Licht der Natur. Im Grunde aber gibt es nur das Reine Geistlicht, das Echos ausstrahlt.

Reines Licht – *Dharmakaya* – Geist
Fünf Regenbogenlichter – *Sambhogakaya* – Seelenlicht
Sonnenlicht – *Nirmanakaya* – Materie

Das Reine Licht ist nicht irgendwo weit weg, sondern überall. Es ist die Grundlage von allem – auch des Menschen und bei ihm ruht es insbesondere im Herzen. Es fließt durch die feinstofflichen Kanäle aus dem Herzen zu den Augen und aus diesen heraus, und erst dadurch können wir sehen. Wir sehen nur auf der Grundlage des Reinen Lichts!

Den Fünf Regenbogenlichtern entsprechen die Fünf reinen Elementarzustände. Wir können also diesen zweiten – seelischen – Daseinszustand als Lichter beschreiben oder als Elementarzustände. Daraus formen sich dann die Fünf inneren Elementarzustände, aus denen sich schließlich die allen bekannten Fünf äußeren Elementarzustände formen, wozu unsere Fünf Sinnesorgane gehören, die Fünf Organe, die Fünf Sinnesobjekte, die Fünf Körper und die Fünf Weisheiten. Daraus werden die Fünf mentalen Gifte und Fünf Leidenschaften sowie die Fünf negativen Handlungen und die Krankheiten, die daraus hervorgehen, geboren. Man kann jetzt z. B. eine der Fünf Leidenschaften parallelisieren mit einem der Fünf Sinnesobjekte, Körper etc. und erhält so ein zusammenhängendes Daseinsbild.

Ich: Das ist also die zweite Dimension, das Sambhogakaya? Ich verstehe nicht, wie aus diesem dann das Materieuniversum entsteht.

Thubten: Das Leben beginnt im Sambhogakaya, mit dem wir zuallererst über das Herz verbunden sind. Das Herz entwickelt sich im Embryo auch zuerst. Der Vorgang der Lebensentstehung und der Vorgang des Todes sind der gleiche, nur ihre Abfolge ist umgekehrt. Unser Körper hat seinen Ursprung in den Fünf Lichtern. Aber am besten, man betrachtet den Vorgang umgekehrt. Was geschieht beim Tod? Zuerst lösen sich die körperlichen Funktionen auf und die Fünf Elementarzustände, auf denen sich das Stoffliche gründet: Erde löst sich in Wasser, Wasser in Feuer, Feuer in Luft, Luft in Raum, also ins Nichts. So zieht sich der Lebensatem, aus dem diese Elementarzustände bestehen, das Prana, zurück in seine Heimat, das *Sambhogakaya* – der Körper stirbt. Ebenso ziehen sich die Fünf Lichter, die die Fünf Körperfunktionen erschaffen, zurück. Bei fortgeschrittenen Menschen kann sich der Körper aber auch selbst ganz in Nichts auflösen, übrig bleibt der feine Regenbogen- oder *Sambhogakayakörper.* In umgekehrter Reihenfolge wird das Leben erschaffen.

weißes Licht erschafft den Kopf – Element Raum
grünes Licht erschafft das rechte Bein – Element Luft
rotes Licht erschafft den rechten Arm – Element Feuer

blaues Licht erschafft das linke Bein – Element Wasser
gelbes Licht erschafft den linken Arm – Element Erde

Dann entwickeln sich aus den Fünf Lichtern fünf Seitenzweige. Diese bilden weitere Körperelemente: Augenbrauen, Bart, Scham-, Kopf- und Brusthaar. Die Fünf Lichter erschaffen auch unsere Fünf Bewusstseinstypen sowie die Fünf Sinne, die Fünf Objekte und die Fünf Innenorgane (chin.: Yin-Organe).

weißes Licht	Unterscheidungsvermögen – Gesichtssinn – Form – Herz
grünes Licht	Nase – Geruchssinn – Geruch – Lungen
rotes Licht	Zunge – Geschmacksvermögen – Geschmack – Leber
blaues Licht	Ohr – Gehör – Hören – Nieren
gelbes Licht	Körperoberfläche – Tastsinn – Fühlen – Milz/Pankreas

Ich: Also aus der Leere – was immer das ist – entsteht eine zweite Dimension, das *Sambhogakaya*. Diese Strahlkraft oder Energie oder Licht ist identisch mit unserer Lebenskraft, dem Prana oder Lebenswind, dem Windpferd, wie ihr sagt. Diese verdichten sich scheinbar weiter und schaffen Spiegelbilder ihrer selbst, so unser denkendes Bewusstsein und unsere Fünf Gefühle oder Leidenschaften, aber auch die Fünf Krankheiten, sofern wir das Prana nicht richtig verstehen oder behandeln. Insgesamt kann man sagen, all unsere Zustände, Bewusstsein, Gefühle, Krankheiten entstehen durch Missverständnisse und Unwissen, weil wir uns nicht an das frei fließende Prana anpassen, nicht mit ihm in Einklang sind. Wir wissen nichts darüber und dadurch missverstehen wir diesen Energiefluss als Leidenschaften und es entstehen Krankheiten. Das ist gut zu begreifen. Wenn ich nicht weiß, dass ein Fluss in Mäandern durchs Tal fließen muss und ihn staue oder begradige, wird er überfließen und die Dämme brechen. Das hat nichts mit dem Wasser zu tun, sondern mit meinem Versuch, es zu begrenzen. Wie also kann ich die Bewegung des Pranas oder der Fünf Lichter verstehen und mit ihnen mitfließen?

Thubten: Wir sehen nur das Körperliche, die Materie, wir sehen nicht die dahinter stehende Windbewegung (Seelenenergie), die Fünf Lichter. Es geht also darum, z.B. unsere Fünf Leidenschaften zu nehmen und zu schauen, was sie ursprünglich sind – nämlich, so sagen wir, die Fünf Weisheiten. Es sind Weisheiten, nur haben sie ein negatives Kleid angelegt. Die Aufgabe besteht also darin, die Fünf Leidenschaften in sich aufzudecken, zuzugeben und dann genau zu betrachten und zu spüren, welche Kraft liegt ihnen wirklich zugrunde. Ist sie tatsächlich negativ? Nein, ist sie nicht, du empfindest da eine Weisheit. Schau hin!

Das Sambhogakaya ist das Seelenreich

Ich: Verstehe ich dich richtig: Im Herz der Lebewesen sitzt das Dharmakaya. Daraus geht das Sambhogakaya als unsichtbares Licht hervor, das nun zu den Augen geleitet und zur Grundlage des Sehens wird. Deshalb erschauen wir in den Augen – wie wir in Deutschland sagen – am ehesten die Seele des Menschen. Aber schaue ich mir Augen an, dann kommen auch die Augenlider und das Umfeld hinzu und die, so scheint es mir, beschränken oder verzerren den Augenausdruck. An ihnen kann man vielleicht ablesen, wie sehr jemand sein Seelenwesen durch äußeres Verhalten filtert oder öffnet. Es wäre, wenn dem so ist, eine ganz neue Augenwissenschaft notwendig. Also verstehe ich richtig: Das Licht des Sambhogakaya, der Seelendimension, fließt in alle Sinnesorgane und erzeugt sie somit erst!

Thubten: Im *Sambhogakaya* gibt es bereits ein individuelles Bewusstsein (zu Deutsch Seele! Der Buddhismus kennt sehr wohl eine Seele, spricht aber eher von Bewusstsein) und damit Dualität. Um Materie zu erzeugen, bedarf es der Bewegung. Das *Dharmakaya* ist leer, es ist Raum. Es ist Kunzhi, die Basis von allem, die es eben nur sein kann, wenn es ganz leer und dualitätslos ist, sonst wäre es ja bereits etwas.

Dharmakaya = Leerheit, Lichtwelt des Geistes
Sambhogakaya = individuelles Bewusstsein, Seelendimension
Nirmanakaya = der Körper, Materiewelt

Die Leere des *Dharmakaya* ist nicht leer, uns fehlt nur ein besseres Wort. Man ist einfach ganz wach, ohne ein Ich zu spüren, man handelt spontan ohne Ich-Konzepte. Das *Sambhogakaya* dagegen stellt sich individuell-körperlich als unsere Energiekanäle und Energiezentren (Chakren) dar.

Wenn wir Gefühle wie Ärger, Hass oder Liebe beobachten, wo stehen diese? Sie sind wie Wind und Luft, sie haben keine Grundlage. Wir merken, wenn wir sie nicht erzeugen, sind sie auch nicht da. Ein Körper kann sich auf etwas niederlassen, nicht so ein Gefühl, es ist wie Wolken, schwebt frei und bedarf auch keines Halts; seine Natur ist das Fliegen und Schweben. Genauer gesagt, es schwebt auf einem Feinstoff, das ist seine Basis. Dieser Feinstoff hat immer die Tendenz, Duales hervorzubringen, weil er selbst dual ist. Die Basis ist hier die Dualität. Wir stellen auch fest, Gefühle und Gedanken können zahllos erzeugt werden, aber wir haben auch die Freiheit sie loszulassen. Es gibt keinen Grund für sie, da zu sein. Wir können ihnen frönen oder sie abschütteln, ganz nach Belieben. Denn: Das auftauchende Licht und die Visionen sind nur die Bewegungsenergie des *Sambhogakaya*, der Seele. Auch karmische Visionen unterliegen diesem Gesetz.

Nun kann man üben, Visionen zu erzeugen und so Herrschaft über die Psyche entwickeln. Das lässt sich in der Dunkelheit ganz einfach erreichen.

Soll das nun bedeuten, dass zunächst die Seelenerleuchtung oder Klarheit der Seele erfahren werden muss, ehe wir weitersteigen ins leere *Dharmakaya*? Soll das heißen, es gibt einen Stufenweg zur Bewusstseinsklarheit? Das scheint logisch, doch gibt es Stufen nur im materiellen Bereich. Das hieße wiederum, es gibt keinen Stufenweg, es ist ganz beliebig, ob wir Seele plus Körper sind oder nur Seele oder nur Geist. Das ist das Spiel, man kann alles drei oder nur das eine sein. Das spielt vom Gesichtspunkt des Geistes aus keine Rolle, alles sind ja *seine* Spielarten. Also ist alles gut, es braucht keinen Stufenweg zur Erleuchtung. In der Tat. Aber alles ist nur gut, ruhen wir im Geist. Da dies nicht der Fall ist, ist doch nicht alles gut, wie wir wissen, sondern alles in Unordnung und in das Leiden verstrickt und so gilt das Stufengesetz eben doch.

Die Gesichte

Thubten: Nun zur Vision. Vision, das ist ein Wort mit großer Anziehung. In Wirklichkeit ist eine Vision lediglich dein Gefühl, wenn dieses sich als Bild oder Bildfolge umsetzt und dich so auch optisch und nicht nur herzmäßig erfasst. Visionen treten in der Dunkelheit schnell auf, einfach deshalb, weil das Dunkle die Umsetzung von Tiefengefühlen in Bilder erleichtert. Hast du ein ungeklärtes Verhältnis zu irgendeinem Gefühl, dann ist dieses unruhig, drängt sich in deinem Bewusstsein nach vorne und kann sich nun einfach als Gefühlsvision ausdrücken und dich belästigen. Du kannst das Bild richtig im dunklen Raum leuchten sehen, tatsächlich leuchtet es nur in dir, aber glasklar. Die Dunkelheit unterstützt das enorm, auch dadurch kommen dort schnell bei fast jedem Menschen Visionen zustande, weil alle anderen störenden Erscheinungen beseitigt sind und sich jetzt unsere Tiefengefühle leichter an den Wachhorizont unseres Bewusstseins schieben können.

Ich: Die Bilderscheinungen, die ich habe, sind beeindruckend, sie kommen leicht und luftig daher, ich erkenne sie in der Tat als Seelenklärungen, Auflösungen ungelöster innerer Streitfragen und Gegensätze, unerlöster Gedanken und Wünsche. Im Alltag, habe ich festgestellt, erscheinen diese Bilder auch, aber sie werden vom Licht und der Unruhe meiner Gedanken wie von Wolken überlagert, gehen darin unter und erscheinen mir, auf diese Weise zersetzt und undeutlich, nicht mehr als zusammenhängend. Unfähig sie zu verstehen, lasse ich sie fallen, beachte sie nicht weiter. Es ist das Dunkel hier und die Tatsache, dass ansonsten keine äußeren Reize zu mir kommen und auch die meisten inneren Gedankenbewegungen aufgehört haben, dass diese, an sich dauernd auftauchenden Bilder meiner seelischen Missstände sich wie an die Wand geworfene Dias oder Filme zeigen. Du kennst ja das Kino, so ist es. Eine Vision ist also keine überirdische Erscheinung, sondern auf einer ersten Ebene zunächst einmal die bildliche Umsetzung meiner unerlösten, inneren Seelenbestrebungen.

Andererseits habe ich auch Visionen gehabt, die scheinen mir nicht zur besagten Klasse zu gehören, und in der Tat nicht aus mir, sondern aus der Nachbarwelt zu kommen, aber dann wäre der Name Vision doch unangebracht. Wenn sich mir Wesen aus der Seelenwelt kundtun, würde ich das nicht Vision, sondern Offenbarung nennen, denn die ansonsten versteckte Nachbarwelt offenbart sich hier.

Thubten: Wie sehen diese Visionen aus?

Ich: Ich sehe zuerst kleine Lichtpunkte, Lichtwürmer. Oft von links hinten, aber auch plötzlich von überall her kommen Scheinwerfer. Das Licht kommt auch aus den Augen selbst. Anfangs kommen die Lichtphänomene nur mit geschlossenen Lidern, später auch bei geöffneten Augen. Anfangs kommen sie nur, bin ich in mich zurückgezogen, dann dauernd, auch jetzt, wo du im Raum bist, ist dieser von Lichtphänomenen erfüllt. Mein Eindruck ist, dass diese Erscheinungen eben nicht aus mir persönlich kommen, sie sind Ausdruck der Bewusstseinsenergie selbst. Ich spüre, diese

Lichter sind in sich selbst Bewusstsein und lebendig. Ich kann mit ihnen sprechen, sie reagieren auf mich. Ja, ich und die Lichter sind eins, die Lichter sind meine Seelenlichter. Die Lichter gehören nicht zu meinem rationalen Alltags-Ich. Einerseits habe ich den Eindruck, das Licht fließt aus den Augen, andererseits, das Licht kommt von überallher. Licht tritt dann auf, ruhe ich im Jetztzustand, existiere ich sozusagen abgehoben von der Welt. Andererseits schwirrt es auch jetzt, während wir miteinander sprechen, überall herum. Mir scheint, mein Bewusstsein ist ohne mein Zutun einfach offen, sodass mein eigentliches Wesen, das reine Bewusstsein immer hindurchfließen kann. Ich habe auch das verrückte Gefühl, von allen Körperorganen sind die Augen das, was dem Prana am ähnlichsten ist. Augen sind geronnenes Prana, weshalb durch sie das Prana am ehesten fließen kann. Wir sagen in Deutschland »Die Augen sind der Spiegel der Seele«. Es gibt verschiedene Farben, blau und rot, dann die Regenbogenstäbchen, die kleinen flammenden Irrlichter, die überall herumgeistern, dann wieder Scheinwerfer, schlagartig ist alles taghell, aber ohne dass ich Strukturen des Raumes erkenne, dann wieder trübhell, dann neblig, rauchige Wolken, Farbschimmer, dann taste ich mit meinen Scheinwerferaugen die Wände ab und sehe dort gar Zeichen, Schriften, Hieroglyphen. Mir scheint, Flammen und Lichter sind in sich selbst mit Bewusstsein und Individualität erfüllt. Mir scheint, dieses Licht bin ich, in wahrer Gestalt, die sich hier vorerst als einzelne Lichtreflexe zeigt.

Thubten: Visionen können in allen Sinnen auftreten, als Gerüche, Töne oder Bilder. Visionen sind die Zustände der Seele, vermittelt über die Sinne! Also nichts Besonderes. Es sind keine Eingravierungen im Gehirn, das Gehirn ist nur ein Speichersystem für die Visionen der Seele, die Visionen selbst sind unabhängig vom Gehirn. Ich habe gehört, die Engländer glauben, alles sei im Gehirn gespeichert. Das ist eine falsche Ansicht. Ja, Visionen treten um so schärfer hervor, je mehr sich der Körper beruhigt hat, je mehr er dem Schlaf nahe kommt, bzw. je stärker die Neigung zu einer Bewusstseinsabtrennung ist und natürlich, je näher wir dem Tod kommen. Seelen- oder Bewusstseinszustände werden durch Gehirn und Körper gefiltert, abgeschwächt und weitgehend ausgelöscht – die ausgelöschten Seelenzustände nennen wir dann unbewusst. Das Seelenreich mit seinen strahlenden, klaren Visionen, seinen Erscheinungen gedachter und gefühlter Zustände, tritt demnach umso deutlicher hervor, je geschwächter das Körpergefüge ist. Alle unsere Überlieferungen, die dem Bewusstsein auf der Spur sind, verwenden daher Verfahren der Körperabspaltung. Bewusstsein und Körper sind getrennte Einheiten – allein, sie sind doch verbunden, weil der Körper das stoffliche Ebenbild der Bewusstseinszustände ist.

Ich: Ja, dazu haben sich im Laufe der Geschichte unzählige Theorien und Kulte entwickelt, die erklären wollten, wie die Seelendimension sich zu stofflichen Formen herabfiltert. So gibt es bei uns unzählige Verfahren, die versuchen, aus unseren Körperformen auf Seelenzustände zu schließen. Das ist sicherlich ein menschliches Ur-Unterfangen, dem Rätsel der Materieexistenz eine Grundlage in der Bewusstseinsdimension, eurem *Sambhogakaya* zu geben, die jeder in sich als Seele, als Bewusstsein, als sein Ich spürt, denn niemand mag sich allein als Körper denken, wir sehen uns nur dort, wo unsere Geistesgegenwart ruht. Es gibt, spüre ich, eine Echoreihe von der Seele zum Körper.

Thubten: Visionen schwimmen wie Fische im Teich des Urzustandes der universalen Klarheit oder Leere, plantschen, springen und werfen Wellen im See auf. Das nennen wir dann Seelenunruhe oder seelische Freude. Nun mag man denken: Könnten wir nicht all diese Planscherei im See beenden, indem wir den See leerfischen? Dann wäre Ruhe. Hier liegt ein Missverständnis zugrunde: Wo der Urzustand ist, ist sofort ein Echo seiner selbst als Seelenecho, als Materieecho da. Der Urzustand stellt sich immer als Dreiheit dar, als Dharmakaya, Sambhogakaya, Nirmanakaya (Geist, Seele, Körper). Daher bei uns die Heiligkeit der Dreiheit.

Wir sind dauernd Seelenbewusstsein. Dauernd erstehen wir durch Gedanken und Gefühle neu, zwischendrin rutschen wir kurzfristig immer wieder ab in den Urzustand, aber nur so kurz, dass ein unerwachtes Bewusstsein ihn gar nicht bemerkt.

Das Licht des Sambhogakaya

Thubten: Wir unterscheiden ein inneres Licht und ein äußeres Licht. Beide treten am Anfang des Aufenthalts in der Dunkelheit auf. Das innere Licht kommt aus uns, es kann sich als ein Strahlen, ein Strahl oder Lichtpunkte, Lichtstreifen, Lichtflächen oder Lichtfäden zeigen. All das kann sich auch miteinander verketten, vermischen. Die Farben gehören jeweils einem Elementarzustand an. Wenn nur eine Farbe dominiert, sind die Elemente unbalanciert. Sie sollten ausgeglichen sein und *alle* Farben sollten auftreten. Danach erst entfalten sich volle Visionen, Bilderlandschaften, Filme, sie gründen sich alle auf *Thigle*, das Innere Licht. Eine Vision kann nur gesehen werden, wenn sie als Licht vorhanden ist, so wie im Filmprojektor eine Glühbirne sein muss. Das Licht ist das Urlicht des Seelenzustandes, unsere Seelenhelligkeit, deren Inhalte sich in Bilder, in Töne und Gerüche umwandeln.

Zu Beginn der Visionen flackern die *Thigles*, Lichtpunkte und Strahlen, unruhig, sie kommen und gehen, fließen und schwanken. Deine Seelenenergie ist dann unbeständig. Beruhigt sich dein Bewusstsein, so beruhigen sich auch die Lichterscheinungen und du siehst Bilder wie im Diaprojektor oder ruhig ablaufende Filme.

Später ruhst du ganz auf einem Punkt, bist nicht Ich noch etwas anderes, keine Visionen erscheinen, die Zeit schrumpft, ebenso der Raum, denn beides sind nur Energiemanifestationen deines Bewusstseins. Auch dein Ich, das nur auf der Basis der Unruhe der Energie entsteht, löst sich auf und dann ruhen wir in *Rigpa*, der Leere. Eine neue Art der Freude kommt auf, Freude der Leere, Freude Nicht-Ich zu sein. Es gibt dann keine spirituelle Praxis mehr. Der *Rigpa*-Zustand kann aber weitaus stabiler werden und noch länger anhalten.

Wenn man die Erfahrung alleine macht, muss man erst lernen, die Stadien, in denen man sich befindet, zu erkennen. Ein Meister kann einem helfen und sagen, wo man sich gerade aufhält und was als nächstes kommt. Man ist dann nicht so desorientiert. Es sind ja keine einmaligen Erscheinungen, sondern allgemein menschliche. Es sind die Gesetze des Bewusstseins. Wer das allerdings zum ersten Mal erfährt, der denkt: »nur bei mir selbst ist das so«, und fürchtet sich. Wir brauchen auch nichts zu erforschen, da andere das bereits vor uns getan haben, so geht alles schneller und einfacher. So haben wir mehr Ruhe und Sicherheit und sind nicht hin und her gerissen.

Ich: In der Dunkelheit erscheinen die Visionen wie Wirklichkeiten. Die Visionen werden die Wirklichkeit, weil in der Dunkelheit die Außenwelt nicht mehr sichtbar ist. Daher ist Yangtik der schnellste und einfachste Weg zu Visionen.

Thubten: Doch Visionen sind nur Visionen und irgendwann werden wir ihrer überdrüssig. Wir wollen schlafen, aber sie hören nicht auf. Sie sind die Botschafter unseres Urzustandes. Am Anfang sind wir geblendet von ihrer Schönheit und Leuchtkraft und gehen in ihnen auf; doch sollten wir versuchen zu schauen, wie sie aus der Urleere herausströmen und wie wir über sie zurücktauchen können in diese. Diese Visionen und Bilder sind Botschafter, Spiegelungen des Urzustandes in buntem Gewand, sie können uns ganz zurückführen, also beobachte sie genau. Visionen sind die letzte Station auf dem Weg in die Leere, sie gebären die großen, die Urformen des Denkens und Fühlens.
Wenn du tief in die visionäre Welt eintauchst, wirst du die große Wahrheit erkennen: Die stoffliche Welt besteht aus Licht! Die

stoffliche Welt ist verfestigtes, geronnenes, verlangsamtes *Thigle*-Licht. Das erkennst du in diesem Augenblick tief. Doch Materie entsteht nur, wenn wir die Lichtstrukturen packen und ihrer habhaft werden wollen – dann verdichten sie sich, werden Stoff. Auch dessen wirst du dir nun bewusst. Diese Erkenntnis wird zum tiefen Wissen, zur zweifelsfrei gewissen Erfahrung. Licht, so sehen wir, erzeugt die verschiedenen Elementarzustände, die so genannten Elemente und diese, in ihrer feinstofflichen Form, erzeugen später die Grundlage des Stoffs. Das Licht des Urzustandes wird zum Licht der Visionen, Bilder und Archetypen.

Unser Denken und Fühlen gründet sich, das siehst du in der Dunkelheit anhand der auftauchenden Bilder, auf Licht, auf Helligkeit. Licht heißt nicht nur Licht, sondern auch Klarheit. An sich ist da eine Klarheit, die wir oberflächlich betrachtet Licht nennen. Im Grunde aber es ist nur Klarheit. Betrachten wir diese Klarheit ebenfalls genau, sehen wir, dass es gar keine Klarheit ist, sondern Leere. Diese Begriffe Leere, Klarheit, Licht, Vision, Gefühle, Gedanken, Empfindungen, Materie bilden die Entwicklungsreihe des Lebens. Tatsächlich ist natürlich nur Leere da. Doch bereits unsere Begriffe für die Entwicklungslinie zeigen – fühlt man sich tief ein – dass es allesamt nur schlechte Beschreibungen mittels ebenso schlechter Begriffe sind. Was soll denn Klarheit sein? Gehe ich tief in diese Erfahrung hinein, ist da keine Klarheit. Gehe ich tief in die so genannte Vision, ist da keine Vision, sondern lediglich Energiebewegung, die sich aufgrund vorhandener Gedankenmuster zu Bildern formt. Aber noch tiefer geschaut, ist da auch keine Energiebewegung oder mentale Unruhe, sondern nur *Kunzhi*, das Leere, also keine menschlichen Zustände mehr.

Wer das mit Hilfe der *Thogal*-Übungen erkannt hat, kann seinen stofflichen Körper in den Lichtkörper des Sambhogakaya auflösen.

Existenz und Nichtexistenz sind eins, das ist der große zu erfahrende Widersinn. Es gibt nicht hier Existenz, da Nichtexistenz. Dieses Denken in Gegensätzen hält uns ewig in der Dualität gefangen. Der geistige Weg versucht diesen Widersinn zu ergründen. Er ist nicht beschreibbar, nur erfahrbar und das ist gar nicht so schwer. Allein unsere blumigen, buddhistischen Beschreibungen darüber erwecken den Eindruck, als sei es schwer, ja unmöglich.

Lasse ich die Dinge, insbesondere die Visionen, aber auch die Erinnerung an die stoffliche Welt auf mich wirken, schaue lange hin, sehr lange, andauernd, so lösen sich mein Denken, meine Begriffe, mein Wissen auf. Ich muss nun nichts mehr wissen, ich brauche dieses Wissen nicht mehr mit mir in Zusammenhang zu bringen. Ich werde unwichtig, verdämmere langsam und das ist angenehm, gibt Kraft; man wächst förmlich über sich hinaus, wird größer, sicherer, stabiler, wie ein Fels, unerschütterbar. Man wird das Sein, das Ganze, genauer die Natur, der Kern des Seins. Es ist wie ein Dröhnen, ein Gewitter kosmischer Größe, aber sanft grollend, ein Urton ist da.

Man kann versuchen, irgendeinen Gegenstand zu betrachten und durch die tiefe Versenkung darin seine innere Leere zu erfahren. Die Ausgangsbasis ist also, dass man vom Denken her um die Idee der Leere weiß – nun versucht man das Konzept durch derartige Übungen erfahrbar zu machen. Es gibt im Dzogchen verschiedene Übungen, *Zhine* genannt, mit denen man versuchen will, die Leere unmittelbar zu erfahren. Wir erkennen dann einerseits das Sein, wie es ist, andererseits, dass es Nichtsein ist, beides kommt nun zur Deckung. Das Sein bleibt immer bestehen. Viele denken, es würde sich irgendwann auflösen, ein recht häufiges Missverständnis. Alles bleibt, wie es ist, nur wir erkennen, während wir ganz normal im Sein verhaftet sind, gleichzeitig ein Nichtsein, seine Leere und Klarheit. Das Sein hat einfach zwei Seiten: Sein und Leere. Leere drückt sich als Sein aus, aber Sein ist nichts anderes als entfaltete Leere, ist also leer. Man muss vom dualistischen Denken fortkommen und in diese zentrale Erkenntnis vorstoßen, ansonsten bleibt man immer in einem Für und Wider hängen – für die Leere oder gegen sie, für das Sein oder gegen es. Der verwirklichte Mensch lebt wie alle anderen auch, aber er erkennt, ohne dass die anderen ihm das ansehen, die Leere des Seins. Viele glauben, einem Erleuchteten müsse man seine Erkenntnis ansehen, das ist ganz absurd, wie soll man das sehen? Er handelt auch nicht anders, er ist in nichts anders als andere. Nur wer feiner hinzuschauen vermag oder sich auf seiner Erkenntnisebene befindet, wird ihn erkennen.

Ich: Wenn wir unsere Gefühle im Alltag beherrschen können, so könnten wir sie doch auch im Traum und im Bardo des Todeszustands beherrschen?

Thubten: Wenn sich das Bewusstsein, die Seele, beim Tod vom Körper trennt, kann eine »schwarze Dunkelheit« erfahren werden und wir sehen dann ein weißes Licht aufblitzen. Jetzt, ohne Körperbasis, nur noch Bewusstsein, dämmern alle Bilder herauf, die wir in uns tragen. Die Bilder scheinen von außen zu kommen und wir müssen versuchen zu erkennen, dass alles unserem eigenen Bewusstsein entspringt – die Wirklichkeit selbst ist leer. Wohlgemerkt, das heißt nicht ein leerer Raum, sondern stets eine Leere von Einzelgegenständen, sprich eine Vereinigung aller Gegenstände und Zustände zu *einem* Zustand. Denn in Wirklichkeit gibt es keine getrennten Zustände und Gegenstände, alle sind ein Gegenstand, ein Zustand, nur dem beschränkten menschlichen Bewusstsein stellt sich die Einheit als eine Vielfalt dar. Alle Wesen sind vermutlich ein Wesen, die Weltvielfalt ist ein Wesen. Die Angehörigen meiner Gemeinschaft glauben zum Beispiel, dieses eine Wesen sei die Mutter von allem. Also: Wir binden uns fälschlicherweise an die Visionen, werden von ihnen davongetragen wie von einem eurer Filme.
Wenn Lichter in der Dunkelheit auftauchen, Blitze, Lichtpunkte, Lichtstrahlen, Lichtfächer, solltest Du versuchen, in reiner Gegen-

wart zu verharren. Wir üben auf diese Weise ihre innere Leere zu erkennen und lassen uns nicht von ihnen wegtragen. Die Lichter erscheinen von selbst, wir tragen bewusst nichts dazu bei. Sie entstehen einfach, weil es dunkel ist und das innere Licht der Seele, das immer da ist, nun besser wahrgenommen wird.

Die auftauchenden Farben können als Äquivalente von Bewusstseinszuständen gedeutet werden. Rot oder Weiß steht für Ärger, gelb für Anhaftung, blau für Unwissenheit, grün steht für Eifersucht. Das sind vier der Hauptemotionen.

Urzustand und Vision

Thubten: Die Menschen wollen den Urzustand erreichen. Das ist ein absurdes Unterfangen. Der Mensch ist jetzt der vollkommene Urzustand, was wollen wir eigentlich mehr. Der Urzustand besitzt zudem Echos seiner selbst in Gestalt des Seelischen und des Körperlichen. Wir sind also Urzustand, aber in seinen verschiedenen Ausdrucksformen. Eigentlich wäre alles in Ordnung, aber uns fehlt etwas: Wir wollen auch reiner Urzustand sein, die Echos des Urzustandes gefallen uns nicht so gut. Hier liegt die Wurzel aller Probleme. Wir sind Urzustand und doch spüren wir ihn nicht, weil seine eigenen Echos ihn verbergen. Was ist zu tun? Es bleibt nur die Möglichkeit, den Urzustand stärker durch seine sekundären Manifestationen hindurchstrahlen zu lassen, also seine Manifestationen, Seele und Körper, gewissermaßen zu reinigen, bildlich gesprochen, die Fenster klarer zu putzen, damit mehr Sonne hineinstrahlen kann.

Wir werden, solange wir leben, Menschen mit Körper und mit Seele bleiben, das steht fest. Wir können in diesem Zustand resignieren oder uns anpassen, aber wir können auch versuchen, den Urzustand jetzt zu erkennen. Er durchdringt uns ja ganz, er ist ja unsere Lebensessenz, er ist das Leben selbst. Der Urzustand ruht ohne Lärm und ohne auf sich aufmerksam zu machen *zwi-*

schen den Seelenzuständen. In den Pausen zwischen Denken und Fühlen sowie als Grundlage derselben ist er dauernd gegenwärtig. Wir müssen lernen, unsere Wahrnehmung etwas zu verschieben, dann spüren wir sein Grollen, Donnern und Rauschen. Wir bleiben zwar Menschen, ruhen dann aber stärker im Urzustand und nicht mehr nur in der Seele oder im Körper. Darum geht es. Im Todeszustand sind wir dem Druck des Körperlichen nicht mehr ausgesetzt, dafür umso mehr – als Ausgleich – dem des Seelischen, das sich im körperlosen Zustand stärker entfaltet. Erst beim »Zweiten Tod«, dem Ablegen des Seelischen, treten wir in die Freiheit des Geistes ein.

Visionen entstehen, wenn man den Urzustand erfährt. Das ist kein Widerspruch. Visionen, also das Seelische als innere Bilder projiziert, sind sozusagen die Knospen oder Samen des Baumes. Erfahren wir den Urzustand, können sich je nach unserer Ausrichtung auch Visionen einstellen. Visionen ruhen, wie Käse und Butter als Potenzial in der Milch, im Urzustand. Visionen können ebenfalls auftreten, wenn sich unsere Seele von sozialen und verstandesmäßigen Verblendungen löst, auch dann sehen wir klarer, was unsere Seele treibt. Visionen sind, allgemein gesprochen, ein Zeichen seelischer Entspannung.

Nun ist Vision nicht gleich Vision. Es gibt solche mit unschönem Inhalt, ganz unklare, weitgehend klare und solche, die fast vollkommen erscheinen. Das heißt, die Vollkommenheit der Vision nimmt immer mehr zu. Die vollkommene Vision stellt nur noch die Urgesetze des Daseins dar, ist gänzlich frei von Persönlichem und Menschlichem, nähert sich der Leere des Urzustandes.

Ich: Am Anfang waren meine Visionen häufig von *einer* Farbe dominiert – oft war am Anfang nur Rot – das veränderte sich mit der Zeit und alle Farben erschienen gleichzeitig, aber nicht als viele Farben, sondern alle Farben erkannte mein Bewusstsein als *eine* Farbe, so wie viele Geschwister eine Familie bilden;

die Aufteilung der Farben in unterschiedliche ist falsch, *es gibt nur eine Farbe*! – so habe ich das erfahren. Unsere menschlichen Farbunterscheidungen sind Ergebnis des Oberflächenbewusstseins. Hast du auch diese Erfahrung gemacht?

Thubten: Ja, das stimmt. Eine Vorstufe zur Vereinheitlichung aller Farben zu einer sind die Regenbogen. Kleine Stäbchen mit allen Regenbogenfarben darauf erscheinen im Dunkel, tausende, und schwirren durch den Raum. Hast du das gesehen?

Ich: Ja. Teilweise sind es Stäbchen, teilweise Flächen und teilweise halbrunde Regenbogen. Ich habe mich gewundert, was das soll.

Wahrheiten über Worte

Heute kommt Thubten wieder und ich erwarte neue Anweisungen. Doch ...

Thubten: (Braucht einige Zeit, um sich zu setzen und einzuwickeln. Solche Röcke sind umständlich. Da kommt die Stimme aus der Finsternis.) Du bist ein schlauer Mann. Du besitzt die Worte.

(Das scheint der Anfang einer profunden Unterweisung zu sein. Thubten hält inne. Ich warte gespannt, spitze die Ohren. Welche Worte? Das »schlau« scheint ironisch gemeint zu sein oder ernst? Haben nur Schlaue Worte? Ist schlau zu sein etwas Gutes? Was sind Worte? Ich warte voll Spannung. Da nach einer Viertelstunde nichts Weiteres gekommen ist, denke ich, die große Belehrung muss jede Sekunde beginnen. Tibeter haben einen langen Atem. Nach einer guten Stunde des Wartens bin ich wohl in Meditation versunken. Ich frage mich, ob Thubten noch da ist. Er bewegt sich jetzt, ist also noch da. Ich bin nun wieder wach, doch zunehmend verzweifelt. Die Worte, die Worte, welche Worte besitze ich? In der Tat, ich besitze Worte, aber was soll's.)

Ich: (Ich gebe auf und frage.) Du sprichst nicht weiter, also gehe ich davon aus, dass ich sprechen soll. Ich vermute, du willst, dass ich mittels Worten denke. Ich werde jetzt über Worte nachdenken in der Hoffnung, dass du beabsichtigst, das in mir zu bewirken. *Pause* Hier also mein Denken *in* und *mit* Worten.

Ja! Ich bin etwas ratlos. *(Ich gehe in mich und höre auf zu denken.)* Wir leben in einer Welt der Worte. Worte sind uns Wirklichkeiten. Wenn man sich länger im Dunkeln aufgehalten hat, verlieren sich die Worte und nur Erfahrung bestimmt uns. Erfahrung ist ganz anders als Worte. Im Grunde lässt sich nichts mittels Worten beschreiben. Worte helfen zwar beim Wiedererkennen von Dingen und Zuständen, aber die Gefühlswirklichkeit hat nichts mit dem zu tun, was Worte uns vermitteln. Sämtliches Gerede über Spiritualität, Erleuchtung, Meditation, hat mit der Erfahrung selbst nichts zu tun und verwirrt uns obendrein. Ich sehe immer, wie Wortglauben und Wortspiritualität ein unüberwindliches Hindernis darstellen. Ich sehe sofort, ob jemand nur über Geistiges reden kann oder ob er tatsächlich Erfahrungen durchlebt hat. In der Dunkelheit werden sämtliche Konzepte der Erleuchtung und Meditation weggeschluckt. Wir werden ehrlich. Alles was wir uns über zauberische Worte eingeredet haben, uns selbst haben glauben machen, zerbricht nun vor der schwarzen Wand. Wir werden erstmals ehrlich. Was ist denn unser Leben? Wer sind wir denn? Es stellt sich im Nichts der Schwärze heraus, dass ich mir hundert Selbstkonzepte eingeredet habe, um mich wunderbar zu finden, um mit mir selbst leben zu können. Schaue ich nun genau hin, bleibt nichts übrig. Ich stelle fest, dass all das, was ich mir eingeredet habe, wie in der Euphorie zu leben, leben zu müssen, gar nicht da ist und dass es auch gar nicht wichtig ist. Stattdessen steht jetzt etwas anderes im Vordergrund: Die Heiligkeit der Ehrlichkeit! Es befreit, ehrlich zu sein, *nichts* zu sein. Nach dem Verfall all meiner Vorstellungen habe ich nichts mehr in der Hand. Was soll schon Spiritualität sein? Meditation hat ganz aufgehört, weil ich erkannt habe, die Meditation ist nur ein Herumreiten auf mentalen Schablonen. Die Dunkelheit hat das nun weggeschluckt. Die große Suche nach der Ichauflösung geschieht hier nach einer Woche. Plötzlich ist mein Ich weg und wo ist die große Erleuchtung, nichts von alledem. Die Erfahrung ist eine ganz andere. Worte können das nicht belegen. Also wozu reden über Erleuchtung. Mir hängt das Wort zum Hals raus. Mich langweilt das ziemlich, mehr noch, es macht mich aggressiv. Entschuldige! Am liebsten würde ich dieses Wort vergessen. Dauernd sickert es in meinen Sprachschatz und verhindert mit seinem Fadennetz und den aus ihm hervorsprudelnden Gedankenketten und inneren Bildern die genaue Beobachtung dessen, was wirklich ist. Da ist keine Erleuchtung. Der Raum mag hell sein oder glitzern, mein Zustand mag erhaben sein und erhoben, ich studiere lediglich, wie sehr doch meine erlernten und angelesenen Definitionen ein Meer an Assoziationen in mich hineingewebt haben und wie ich aus diesem Spinnennetz nicht mehr hinausfinde. Mein ganzes Gehirn ist mir widerwärtig. Ich verachte mich für diesen Ozean an Worten, die sich nun klar als nichts anderes als Ängste enttarnen. Jedes Wort ein Panikschrei. Aber worauf bezieht sich die Panik? Lass mich überlegen: Es ist kein Grund zur Panik da. Warum also Panik? Es ist ein sich selbst bestätigender Prozess. Ich spreche, rufe, schreie, weil ein Wort das andere gibt, ein Schrei einen noch stärkeren hervorbringt. Ein Prozess der Verstärkung, so wie man im Alltag bei uns sagt: Ein Wort gibt das andere und schon hat man sich in der Wolle. Worte führen also zu noch mehr Worten. Das ist der Kunstgriff. Worte wollen sich am Leben erhalten und das bewerkstelligen sie mit dem Suchtcharakter der Worte. Kaum habe ich ein Wort ausgesprochen, überrollt mich eine sanfte Welle des Wohlgefühls. Mit dem Wort bin ich da, bin ich Ich geworden. Mit dem Wort entstehen die Welt und der Gegensatz. Mit dem Wort wird etwas benannt und etwas anderes anders benannt – Dualität, Vielfalt, das unentwirrbare Knäuel des Lebens nimmt hier seinen Anfang. Die unbenannte Welt – nun benannt und beschriftet – hat ihr

reines Gemüt verloren. Wenn ich eine Pflanze benenne, kann ich sie nicht mehr sehen. Wenn ich die Tiere katalogisiere, gibt es den Fuchs als reines Wesen nicht mehr. Füchse sind keine Füchse, es sind leuchtende Wesen. Ich sehe sie, wie sie in Verbindung stehen mit anderen leuchtenden Wesen, mit den leuchtenden Steinen und leuchtenden Bächen. Wie schmerzlich ist das festzustellen, ich unterscheide tief am Grund meines Wesens immer zwischen Bach und Baum. Was verdirbt mir die Geisteinheit der beiden zu erschauen? Es ist das Wort! Ich bin herausgefallen aus der kindlichen Schau der Einheit. Ich habe gelernt zu unterscheiden. Darin bestand meine Ausbildung, das wurde mir eingeredet als Sinn des Lebens. Ich habe mich bemüht, aber immer mit dem Gefühl der Schuld im Hintergrund, dass ich im Tiefsten lüge, mich selbst und das Erschaute beleidige, mit den Worten, die ich ihnen aufklebe. – Es gibt keine Worte, und es gibt das Wort Einheit nicht! Ja, so ist das …
(Ich erwarte keine Antwort. Und in der Tat Thubten geht grußlos. Wunderbar oder ernüchternd, ich weiß es nicht).

Dunkeltherapie heißt Seinserfahrung

Thubten: Der Schlaf ist eine Form des Wachseins und umgekehrt ist das Wachsein eine Form des Schlafs. Es sind Begriffe des Alltags, tatsächlich besteht ein Kontinuum zwischen beiden. Die Worte des Alltags sind sehr verwirrend, weil man sich im Alltag nicht bemüht, sich die Kontinuität des Geistes, der allein existiert, klar zu machen. Alles ist der Geist und er offenbart sich in Abstufungen. Daher lässt sich das Sein als eine Stufenfolge des Geistes erklären. Aber nun kann man sich wieder an die Existenz von Stufen binden. Wenn du richtig hinschaust, gibt es letztendlich keine Stufen, denn jede Stufe ist der anderen gleich. Der Verstand setzt Stufen, die Erfahrung erkennt die Stufen als das Gleiche. Du kannst dich nun fragen, mit deinem deutschen Verstand, was wohl richtiger ist.

Ich: Stufe wie Nicht-Stufe sind nur zwei Weisen des Geistes sich darzustellen, gut. Dies hieße, das Stufenmodell ist ein anerkennenswertes Modell für uns Menschen. Also wäre der katalogisierende Philosoph ebenso willkommen im Erleuchtungskabinett wie der allweise Einheitserschauer. Aber das nagt am Archetyp der Sehnsucht nach Einheitsgefühl und ist abscheulich, da es eine Blasphemie angesichts des gigantischen Umfanges des Geistes darstellt.

Thubten: (lacht) Ja, aber die Lösung besteht in einem Dritten. Dieses Dritte kann beide Konzeptionen so lassen, wie sie sind und dennoch leben. Ja, mein deutscher Freund, da hast du dir eine Aufgabe gestellt. *(Steht auf und will gehen, hält aber inne:)* Übrigens: Die Atemübung darfst du nun verdoppeln, ebenso die Intensität der Meditation.

DREI

Die spirituelle Intelligenz der Nacht – Theoretische Grundlagen

Leere, Licht und Leben

Drei Dimensionen gibt es nach fast allen alten Überlieferungen und Religionen. Die Drei-Dimensionen-Lehre ist menschliche Urphilosophie. Thubten sprach im Rahmen seiner Bön-Lehre von *Bon sku*, *Rdzongs sku* und *Sprul sku*. Im Buddhismus spricht man von den drei *Kayas* (Körpern oder Dimensionen): *Dharmakaya*, *Sambhogakaya* und *Nirmanakaya*. Ich spreche schlicht von Leere, Licht und Leben. Leere heißt, frei von allen Bestimmungen. Die zweite Dimension wird vor allem als Licht beschrieben, als »Licht der Vollkommenheit«. Es ist also nicht das uns bekannte Himmelslicht gemeint, eher ein seelisches Energielicht, das nicht von der Sonne kommt und das in der Dunkelheit heraufdämmert. Die dritte Dimension ist das Leben, wie wir es alle kennen.

Licht

Das Erste und zunächst Beeindruckendste in der Dunkeltherapie sind die Lichterfahrungen. Obwohl es dunkel ist, sieht fast jeder irgendwann Licht; es kommt meistens von links oder rechts hinten, vom Hinterkopf oder dem Ohr. Wir meinen unseren Schatten zu sehen oder es wird im Dunkelraum sanft hell, Funken und Blitze zucken, Farben und Formen, insbesondere Dreiecke schweben durch den Raum. Es heißt, dieses unstoffliche Licht sei unser Seelen-Licht. Wenn die Seele und damit das Seelenlicht die Grundlage für den Stoff bilden, wie soll man dann physische Sonnen verstehen? Damit gelangt man zu interessanten Spekulationen. Die Sonne, die uns das Licht gibt, wäre so gesehen ein besonderer Knotenpunkt im stofflichen Universum, durch den hindurch sich die seelisch-plasmatische Nachbardimension äußert. Sonnen wären also für diese Energiedimension Nadelöhre in die stoffliche Welt. Durch die Sonnen können nun Planetensysteme zum Leben erweckt werden. Andererseits existieren unbeleuchtete Planeten ebenfalls, brauchen diese also das Licht nicht? Bedürfen erst »höhere« Lebensformen des Lichts, genauer gesagt, einer dichteren Ausformung des Lichts? Hier werfen sich schwierige und große Fragen auf. Astronomische Fragen, etwa die nach den Schwarzen Löchern, müssten unter einem solchen Vorzeichen ganz neu betrachtet werden. Aber dafür ist die Zeit noch nicht reif.

Die Sehnsucht nach der Geistdimension

Wir Menschen bestehen aus drei Dimensionen. Getragen und ganz durchdrungen sind wir auf eine unsichtbare Weise vom Universalgeist. Das Universalgeistige ist nicht fassbar und deshalb kann es uns ganz durchdringen, es gibt uns die Lebensgrundlage. Kein Wesen lebt ohne Geist. Geist können wir sprachlich nicht bestimmen, und wenn wir es versuchen, gleiten wir immer nur ab in Beschreibungen des unter dem Geistigen stehenden Seelischen. Gerade diese Unbeschreibbarkeit aber stachelt einen geradezu an, das ausweglose Unterfangen dennoch wider alle Einsicht zu versuchen, und so kommt es in der spirituellen Literatur zum Urfehler aller Religionen: der Beschreibung des Geistes als Seelisches.

Es kommen Menschen zu mir in die Dunkeltherapie, die geistige Erfahrung suchen. Das stellt mich jedes Mal vor ein Dilemma. Die Menschen spüren tief und ernsthaft eine Daseinsschicht in sich, die sie jedoch nicht fassen können. Das Geheimnis der Dunkelheit zieht sie nun an, wie das Licht die Motte. Mit dieser Radikalkur, so hoffen sie, gelingt es ihnen in den Geist vorzustoßen. Tief in allen Lebewesen scheint eine Ahnung vom Universalgeist zu ruhen, aber dabei bleibt es. Der Drang, diese überwältigende Sphäre zu erreichen, in der alle seelischen und irdischen

Schwierigkeiten aufgehoben scheinen, führt nun dazu, dass man in seinem Leben allerlei Bemühungen unternimmt, ob nun im Rahmen einer Religion oder einer spirituellen Übung oder einfach, indem man gelegentlich Zipfel der Geisterkenntnis erhascht, alsgleich aber wieder verliert und so erneut angestachelt wird die Suche fortzusetzen. *Das Leben ist ein kompromissloser Versuch, über sämtliche Handlungen, Taten, Gedanken und Gefühle näher an die Geistzone zu rücken.* Das ist eine radikale Betrachtungsweise – radikal von radix = die Wurzel (lat.), also zur Wurzel, zur zugrundeliegenden Ursache gehend – und sie ermöglicht ein umfassendes Verständnis des Daseins. All unsere körperlichen und seelischen Bewegungen sind auf eine letztendliche Geborgenheit in einem universalgeistigen Feld hin ausgerichtet. Alle körperlichen Wohlfühlprogramme, alle psychischen Erholungs- und Lustbewegungen wollen immer nur eins: noch mehr davon. Sie wollen bis zum Letzten gehen, der Geisteinheit. Dies scheint in allen Lebewesen angelegt, auf alle Fälle in allen Tieren, wohl auch in den Pflanzen, auch wenn wir bei ihnen durch ihre ganz anders geartete Lebensweise keine für uns verständlichen Kriterien dafür entdecken. Alle Daseinsbewegungen streben zur Erfahrung hin, sämtliche Daseinsteile in mir zu spüren. Anders formuliert: Der Mensch spürt ein tiefes Leiden in sich, wie unbewusst auch immer in jedem versteckt, dass er nicht der Kirschbaum vor dem Haus, seine Lieblingskatze oder der Nachbar, noch das erdige Gefühl unseres Erdballs, noch die Planeten, noch der Kosmos, noch alle Lebewesen sein darf. Er fühlt sich furchtbar allein, ausgegrenzt von allen anderen Dingen und Wesen und nur durch äußerliche Minimal-Kontakte wie Reden, Schauen, Fühlen mit ihnen in Berührung. Unbewusst leidet er darunter, selten wird es ihm bewusst, denn so geboren und nichts anderes kennend, dünkt ihm dieser Zustand normal und als der einzig mögliche. Dennoch schwelt ein Brand der Sehnsucht tief im Untergrund seines Wesens, das nach vollkommener Verbindung, ja restloser Einheit mit allen Zuständen, Wesen und Dingen strebt. Dies nicht bzw. über Körper und Seele nur minimal zu erfahren, ist die unbewusst gefühlte Urkrankheit der Lebewesen. Diese Urkrankheit nun versuchen die diversen Spezies zu heilen mit den spärlichen, ihnen zur Verfügung stehenden körperlichen und seelischen Mitteln. Daraus entstehen nun sämtliche stofflichen und seelischen Bemühungen, die wir dann global als *das Leben* bezeichnen.

Ziel des Daseins der Lebewesen ist offenbar die Rückkehr zu ihrem Ur-Wesen. Dies zu erkennen in all unseren Handlungen und Gedanken, darum geht es. Dazu bedarf es großer Reflexionsfähigkeit, tiefer Einfühlung und von den Alltagssorgen befreiter Wachheit. Zudem: Diese Wahrnehmungsart kann nicht auf eine Zeit des Tages festgelegt werden, sie muss dauernd da sein, gleichgültig wo man sich aufhält oder was man gerade tut. Diese Wahrheit ist immer da, denn nur so kann man in allen Alltäglichkeiten den Geistdrang erkennen und aufspüren. Es geht also um völlige Durchdringung des Alltags als Geistbewegung. Geisterkenntnis heißt nicht, sich abzuheben in eine geistige Welt, sondern die nüchterne, stoffliche Welt und ihr seelisches Pendant als Ausgestaltungen, Verflüssigungen und Verfestigungen des Geistes zu erkennen *und* zu leben. Diese Sätze zeigen bereits, welch gigantisches Unterfangen angesichts unserer allgemeinen Schwäche hier angestrebt wird. Ein Realist sieht keine Möglichkeit, den Alltag so weit zu demaskieren und als Geist zu erfahren. Wie vor einer Mauer stehen wir, blind und hilflos. Und dabei taucht ein Phänomen auf, das wir jetzt in dieser Hilflosigkeit erfassen: Unser Gehirn, unsere Wahrnehmung scheint durch einen Filter fast vollständig abgedeckt zu sein gegenüber der geistigen Wirklichkeit. Wir haben positive Ansätze, echte Wünsche und tiefe Bedürfnisse, aber wir schaffen es nicht, die unsichtbare Mauer zum Geist hin zu durchdringen. So resignieren wir, bleiben der Trennung Körper-Seele-Geist verhaftet.

Warum ist da dieses dumpfe Gefühl, das einen nicht weitersehen lässt als die Augen erlauben? Es ist dies eine allgemeine Eigenschaft, unter der alle Wesen leiden. Dies ist der Ursprung

des universellen Leidens, das sich als tausend kleine Leiden ausdrückt. Unsere vielen Alltagsleiden sind gleichsam das zersplitterte große Urleiden, nicht mehr reiner Geist zu sein, abgesondert von ihm und als Fühl- und Denkwesen eingesperrt zu sein in einen Körper, ein Ich.
Wir leiden unter der Trennung in Körper, Seele, Geist. Alle drei Daseinsebenen sind zwar wir, aber gleichzeitig führen alle drei ein vollständig nur auf sich bezogenes Leben. Dennoch sind alle drei innig miteinander verbunden. Der Geist projiziert die Seele aus sich heraus und die Seele projiziert ein stoffliches Ebenbild von sich, den Körper. Wir stehen also vor einem Gegensatz: Einerseits sind alle drei Ebenen getrennt, andererseits erfahren wir uns als Einheit. Hier steht mein Körper, da meine Seele. Beide lassen sich in keiner Weise vergleichen. Meine Seele besitzt zwar irgendwie Einfluss auf den Körper, was sich aber unmittelbar nur zeigt bei psychischen Gefühlen, die auf die Körperempfindungen abfärben.
Wir spüren eine Trennung zwischen unserer Seele und dem Universalgeistigen, andererseits erahnen wir eine Einheit und Verbindung. In diesem Wechselspiel, dies zu spüren und nicht zu spüren, bewegt sich unser Leben. Die gesamte menschliche Kultur lebt von diesem Pendelrhythmus, wir stampfen Religionen aus dem Boden, die sich auf dieser Ahnung gründen, wir schaffen Kriege, Feindseligkeiten und Missverständnisse, die sich darauf berufen, dem anderen das Heil wahrer Geisterkenntnis zu bringen.

Dieses Etwas »Geist« verharrt im Hintergrund unseres seelischen Unbewussten und wird nur vage angedeutet als Sehnsüchte – alle Einheitssehnsüchte wie Liebe, alle Verbindungssehnsüchte wie Kontakte, alle schöpferischen Sehnsüchte wie Kunst oder Philosophie suchen mit ihren einseitigen Mitteln das Universalgeistige. Aber auch Süchte wie Alkohol- oder Nikotinsucht sind Ausdruck dieser Suche nach der Einheit. Auch die wilde Schar aller täglichen Handlungs-Irrläufer will zum Geist, doch wie Neujahrsfeuerwerk rasen sie ziellos in den Nachthimmel.

Ich fasse zusammen:

Das Leben ist eine Bewegung hin zum Universalgeistigen.

Das Leben ist eine Spiegelung, ein Echo des Universalgeistigen.

Das Leben, so wie es sich uns darstellt, *ist* das Universalgeistige.

Was ist Bewusstseinsklarheit?

Dunkeltherapie ermöglicht die Erkenntnis unserer Bewusstseinsschwankungen und das Erlangen der Stille bei gleichzeitiger Betrachtung des Auf und Ab, das wir selbst sein sollen. In der Dunkeltherapie geht es um das Abschütteln des Sklavendaseins unter den wechselnden Flaggen emotionalen Piratentums. In der Ruhe und »Reizstille« der Finsternis treten unsere Empfindungen, Gefühle und Denkvorgänge klar hervor und beweisen uns, dass sie nicht wir sind. Es sind schwankende Energieströme, denen Ideen und Stimmungen aufgesetzt sind wie Hüte. Wir sind wie Schiffe, wir glauben unter einer Flagge zu segeln, obwohl doch, wie wir feststellen müssen, Gedanken und Gefühle aus dem Nichts grundlos aufsteigen und ebenso grundlos plötzlich wieder verschwinden – so wie die Sonne aufgeht und untergeht – und das als ewiges Spiel und opernreifes Drama, hinter dem kein anderer Regisseur steht als der Wellenschlag der Bewusstseinsenergie. Das Erwachen zum Dasein ist ein Erkenntnisvorgang, der sich der Wahrnehmung ohne Wahrnehmungsorgane (Sinne) bedient, nämlich einer entwöhnten Wahrnehmung, die keine mehr ist, bzw. eine höhere Wahrnehmung *wird*. Wir bemerken irgendwann eine Bewusstseinskraft, diese ist wertfrei, inhaltsleer, einfache Pulsation.

Der Begriff Erleuchtung kommt in den asiatischen Bewusstseinsdisziplinen nicht vor. Er entstammt dem abendländischen Denken und verweist auf gedankliche Eingebung, Geistesblitz, tiefe Erkenntnis. Ein genialer Gedanke erleuchtet gewissermaßen. Der Begriff Erleuchtung hat nun seinen Siegeszug durch die spirituelle Landschaft angetreten und jeder, der sich irgendwie im Aufbruch und im Erkenntnisfeld fühlt, drängt zur Erleuchtung hin, ohne zu wissen, was das ist. Allein der Begriff macht Mut. Man liebt einfach das Licht. Man ist auf dem Erleuchtungspfad, man sucht Erleuchtung, kennt Erleuchtete, liest über Erleuchtung, und vor allem: Erleuchtung gibt es. All das gibt es in der Tat, aber nur als Jagd, die hinter einem Begriff herjagt, der keinerlei Boden unter den Füßen hat. Erleuchtung heißt ja lediglich einen präzisen Gedanken, ein klares Gefühl zu haben. Wer annimmt, dieser Begriff entstamme der asiatischen Philosophie, der irrt gründlich. In Asien kennt man den Begriff Erleuchtung nicht. Man ist dort nicht so sehr von imaginiertem Licht begeistert, sondern spricht schlicht von Bewusstsein und Bewusstseinsklarheit. Das nimmt sich viel einfacher und deutlicher aus, jeder kann sich darunter etwas vorstellen. Was aber Erleuchtung sein soll, das bleibt offen, wird zum Mythos, und bekanntlich halten sich Mythen lang, eben weil niemand weiß, worum es geht. Das Unergründliche zieht an.

Bewusstseinsklarheit ist schön, man bleibt ruhig, ist nicht aufgewühlt, erkennt messerscharf, fühlt eindeutig. Keine mentale Bewölkung, sondern scharfe Konturen. Bewusstseinsklarheit ist kein Mysterium, sondern lediglich Abwesenheit vom Potpourri unserer Gedanken und Gefühle, die dauernd auf uns einströmen und die Klarheit überlagern.

Ich betone: Wo Gedanken, Theorien, Wissen oder Gefühle vorherrschen, bleibt das Bewusstsein trübe. Es gibt Zustände, wo sich unser Bewusstsein entleert. Alle spirituellen Techniken zielen allein auf Bewusstseinsentleerung ab. Die tausend Methoden dazu sind unerheblich, denn es geht nicht um die Methode, sondern allein das Ziel und das ist immer das gleiche, weil alle Wesen das gleiche Bewusstsein haben. So ist es das Ziel, bewusst sein zu können. Die so genannte spirituelle Suche vereinfacht sich so enorm. Unter Bewusstseinsklarheit kann sich jeder etwas vorstellen, nämlich die Abwesenheit von Gefühlen und Gedanken. In der Dunkelheit wird das schnell erlangt, jedoch ohne weitere Methoden. Alle Menschen, die in der Dunkelheit waren und die meistens einem spirituellen Umfeld entstammen, also mit Meditationskissen und enormen Erleuchtungserwartungen angereist kommen, legten spätestens am zweiten Tag ihr Kissen in die Ecke und damit gleich ihre ganzen von Gurus und Gurubüchern angenommenen Theorien. Kaum einer meditierte in der Dunkelheit länger als drei Tage, dann legte er dieses Werkzeug in die spirituelle Werkzeugkiste. Die Dunkelheit selbst ist die Meditation! Es gibt ein offenes Geheimnis: Wer mit Methoden arbeitet, kommt nicht vom Fleck, wer einfach nur ist, hat es schon erreicht. In der Dunkelheit erkennen fast alle, dass es darum geht eben nichts zu tun, alles Spirituelle zu vergessen, auch alles Stoffliche, alles Psychische. Es spielt keine Rolle, ob sie Materialisten sind und allein die so genannte Faktenwelt verehren oder ob sie die psychotherapeutischen Helden sind, die sich dauernd auf dem Weg der Selbsterkenntnis tummeln, noch geht es darum, einen spirituellen Pfad entlang zu trampeln. Alle drei Versionen des Heils sind gleich gut oder gleich schlecht, letztendlich aber nur egozentrische Selbstinszenierungen, Wohlfühlprogramme für irrende Seelen, die ihren Popanz dauernd im Arm halten, um sich vor etwas Geheimnisvollem zu verstecken: vor schlichter Bewusstseinsklarheit. Nun, im Dunkeln versinken diese drei Kriegsschiffe, jeder erkennt alsbald seinen Irrweg als infantiles Getue des verklemmten Ichs, das sich immer, etwas haben wollend, an etwas klammert. Bewusstseinsklarheit jedoch ist immer da. Es geht lediglich darum, die Scheibe zu putzen, indem man die Gedanken und Gefühle, also gefühlte Theorien, wie etwas ist oder zu sein hat, aufgibt. Doch nun meint man zum Fensterputzen bedarf es des Putzlappens in Gestalt der berühmt-berüchtigten Methoden, Meditationen in zweitausend Spielarten. Tatsache ist, dass in der Dunkelheit, ohne jegliche Methode, ohne jegliche Guruhand, Gedanken wie durch Zauberhand von selbst erlöschen, eben wie alle Spukgestalten verdampfen, wenn das züngelnde Feuer erlischt. Und da im Dunkeln nicht mehr geheizt wird, da keine Kohle mehr da ist und auch kein Heizer, bleibt es kalt und die seelische Schattenwelt bricht zum Leidwesen aller Psychologen wie ein Kartenhaus in sich zusammen, die spirituellen Träume verblassen. Die aufgesetzten Schimären, die einem Heilige und Weise, der billige Erleuchtungsrummel und die tausend klugen Bücher in den Kopf gesetzt haben, verdämmern in der Schwärze, nichts bleibt als Klarheit. Zunächst hüpfen noch Seelenprobleme in die Klarheit, entfalten sich als Bilder, doch auch dies lässt irgendwann nach, denn Seelenenergie erschöpft sich, kommt nicht dauernd Nachschub in Gestalt von Außenereignissen. Und das ist der Sinn von Dunkelheit: keinen Nachschub zu bekommen. So mühelos ist das, es muss nur dunkel sein. Es ist einfach zu primitiv, um wahr zu sein. Dunkelheit ist ein anspruchsloser Weg ohne theoretischen Überbau, ohne Mystik und Mystifikation. Es bedarf keiner Egomanien, es muss nur richtig dunkel sein. Während wir nun gelangweilt vor uns hin sitzen, ohne Meditation, ohne raffinierte Übungen, schluckt der große Rachen der Schwärze alles weg und dann tritt das hervor, was wir sind, ohne die Filme, die auf dem Fernsehschirm auftauchen, nämlich ein Fernsehschirm im Ruhezustand. Nun sage ich nicht, dass das immer so sein sollte; ich sage, das ist eine Erholung, denn in der Bewusstseinsklarheit können wir wieder alle Fernsehschirme und Telefone anschließen, wir bleiben bewusstseinsklar und lassen uns nicht mehr attackieren.

Bewusstseinsklarheit als Universaltherapie

Mein Bewusstsein ist leer – das kann ich in der Dunkelheit erkennen – es ist ohne Vorstellungen, Entwürfe, Pläne, Haltungen, Ideologien, Wissen, Rechtfertigungen, Ich-Hysterie, Kontaktsehnsucht, ohne Wünsche, Hoffnungen und Zwangsgedanken, überhaupt ohne Gedanken, die in einer zwanghaften Reaktionskette stehen, also ohne den Zwang zu denken. Um dies erkennen zu können, ist es gut, keine Anregungen und Ablenkungen von

außen zu bekommen, weil das ganze Ketten von Gedanken heraufbeschwört. Es ist eine grandiose Erfahrung, nur mit sich und ohne sinnliche Verbindung zu anderen zu sein.
Mit dem Verlust der Welt verliert man sich ganz in sich selbst. Visionen, von denen man meint, sie seien real, tauchen wie Wale aus dem Meer auf. Im Alltag dagegen lenken uns die Umweltgeschehnisse ab. Andererseits werden wir nun von unseren eigenen Gedanken und Gefühlen sehr beherrscht. Wir nehmen nun an, unsere Gedanken seien wirklich wahr, wir verstricken uns vollkommen in sie, so wie im Leben auch, nur wird in der Dunkelheit das Räderwerk deutlicher, weil wir größere Bewusstseinsklarheit gewonnen haben. Nach einiger Zeit lässt das Zeitgefühl rapide nach, so dass sieben Tage sich bald wie drei anfühlen. In der ersten Zeit erscheinen viele Visionen, Lichtstrahlen, Lichtblitze, Energiebewegungen, Regenbogen und verschiedene Symbole, insbesondere geometrische Formen wie Dreiecke. Daran schließen sich reale Formen aus der konkreten Wirklichkeit an. Dabei muss man sich darüber im Klaren sein: Man selbst erschafft diese Visionen, sie sind nicht wirklich – was aber jedem schnell deutlich wird. Diese Visionen können lange, eine Stunde, einen Tag und länger vor einem stehen bleiben, ganz so, als seien sie die Wirklichkeit. Einige Visionen sind statisch, andere sind bewegt wie ein Film. In einigen ist man in der Vision mit drinnen, in anderen schaut man von außen zu. Die Vision kann vor einem stehen aber auch unter- und oberhalb von einem. Man sollte mit den Visionen und Gestalten darin sprechen und eine Kommunikation beginnen, die die Szenerie verändern wird. Man sieht im Übrigen die Visionen mit offenen wie mit geschlossenen Augen. Visionen wechseln plötzlich. Visionen sind seelisch gelegentlich sehr bewegend und machen tiefe symbolische Aussagen; Visionen übersetzen seelische Zustände in Bilder und Töne, in Farben und Bewegungen, entsprechend unseren Sinnen. Unsere Sinne sind gekoppelt mit Gefühlen. Unsere Körperausstattung und damit die Sinne sind materialisierte Übersetzungen, Projektionen des Seelischen ins Feste. Deshalb setzen unsere Sinne auch die ihnen übergeordne-

ten Gefühle in ihrem Rahmen um. So stellen sich Gefühle farbsymbolisch oder bewegungssymbolisch oder als Bildsymbole dar. Visionen darf man nicht, wie heute üblich, als etwas Spirituelles überbewerten, Visionen sind lediglich Ausdruck unserer Körper-Seele-Organisation. Natürlich ist das künstlerisch ganz wundervoll, aber man sollte sich über den ästhetischen Ausdruck hinaus nicht hinreißen lassen zu religiösen Deutungen. Visionen sind lediglich Produkte des Zusammenspiels von Seelengefühl und Sinnesorgan. Um unmissverständlich zu sein: Visionen sind Zeugnisse aufgeplusterter Psychen, kein Hinweis auf Bewusstseinsklarheit.

Ganz allgemein ist Folgendes festzustellen: Wenn unsere Sinnesempfindungen (nicht zu verwechseln mit Gefühlen, Gefühle sind seelisch, Empfindungen gehören zu unserem Körper) beginnen, seelische Gefühle auszudrücken, spricht das für eine größere Bewusstseinsklarheit, denn die Körpersinne übernehmen nun unbehindert das, was an Gefühlen vorhanden ist. Gefühle werden jetzt auf allen Sinnesebenen als Echos zurückgeworfen – das spricht für eine Lockerung und Transparenz unserer Seele-Körper-Organisation. Der Körper unterdrückt nun die Seele nicht mehr, er öffnet sich für sie. Ebenso öffnet das rationale Ich seine Zollgrenzen und lässt – obwohl von Natur aus in Fehde mit Seelengefühlen – diese die Grenze zu sich selbst öfters passieren.
Dunkeltherapie ist eine Basis- und Universaltherapie, eine Breitbandtherapie, die nicht spezifische Probleme behandelt, sondern den menschlichen Grundzustand durch erhöhte Bewusstseinsklarheit zu innerer Ruhe und Reinheit führt. Unsere westliche Psychotherapie arbeitet nach dem ärztlichen Modell. Eine Unzahl von Krankheiten wurde katalogisiert mit Tausenden von Symptomen. Ich bezweifle, dass es all diese Krankheiten anderswo gibt als auf den psychiatrischen Landkarten. Es handelt sich um künstliche, durch eingeengte Beobachtung erschaffene Symptomenkomplexe, solche, die in unserer Kultur gerne hochstilisiert werden und ein mythologisches, sich selbsterzeugendes und bestätigendes Glaubenssystem erzeugen. Andere Symptome dagegen, die wahren,

werden ganz ausgeschlossen, weil sie gar nicht bekannt sind und auch nicht existieren dürfen. Ohne ein »spirituelles Gedächtnis« ist Psychotherapie unmöglich, ohne Quelle kein Fluss, ohne Raum keine Erde. Die moderne Therapie, die moderne Welt als Ganzes, handelt ohne Verwurzelung im Urgrund, daher alle Irrtümer. Es ist jedoch paradoxerweise stets anzumerken: Das ist die Natur des Geistes, sich von sich selbst zu entfernen. Wie üblich beherrscht also ein Paradox die Welt, einfach damit es Spaß macht. Wie gesagt, Dunkeltherapie ist eine Universaltherapie, keine Psychotherapie, die gezielt Störungen beseitigen will. Die Dunkelheit will das nicht, weil es keine isolierten, gegen das Gesamtdasein abgegrenzten Störungen gibt. Dunkeltherapie bewirkt Leere und Klarheit. Leere heißt Abwesenheit von Gedanken und Gefühlen und damit Abwesenheit von Problemen. Ist dies erlangt, tritt Bewusstseinsklarheit auf. Es ist doch nur natürlich: Ist etwas leer, ist es klar; ist etwas voll, ist es unklar.

Durch Bewusstseinsklarheit verlassen wir das rationale Gehirn-Ich, werden ganz Seelen-Ich, und zwar höchstes Seelen-Ich, weil nun befreit vom Zwangscharakter dauernd denken und fühlen zu müssen; denn es gibt ein höheres Denken und Fühlen – wovon man in der modernen Psychologie noch nichts vernommen hat – und das ist reines Seelendenken, reines Seelenfühlen. Hierbei ist man dem Orientierungsrahmen von Raum und Zeit und rationalem Ich entkommen – hin zu einem Hyper-Ich, das statt zu denken, sofort und grenzenlos erfasst, statt zu fühlen, weite Zusammenhänge erfühlt. Dieses Hyper-Ich ist eben kein Ich mehr, sondern ein Wir, ein Vieles. Es kennt die Einengung im Korsett des rationalen Ich nicht, es ist ein ausschweifendes, sich in vielem erfahrendes Nicht-Ich. Dieses Ich ist größer, weiter, flächendeckender, so dass sich zwangsläufig alle paranormalen Erscheinungen daraus ergeben wie Hellsehen oder Zukunftsschau, weil es auch die Zukunft, andere Wesen usw. in sich hinein nimmt. Das ist keineswegs irrational oder paranormal, das ist die Grundlage des Seins, das ist der Vater unseres rationalen Miniatur-Ichs.

Wenn sich die Seele einen Körper umlegt

Charakter

Neugeborene sind bewusstseinsklar! Alte Menschen haben die Chance wieder Kinder, also bewusstseinsklar zu werden. Das Kind kommt aus dem Toten- sprich Lebensreich. Dort ruht es in der Bewusstseinsklarheit der Seele, nicht zu verwechseln mit der Bewusstseinsklarheit des Geistes. Diese besuchen wir nur kurz beim Tod, fallen dann aber zurück in die Sphäre der Seelenzustände. Wir leben dort in Bildwelten, Archetypen, Sinnbildern unserer Seele, die sich von den Erscheinungen der stofflichen Welt nur dadurch unterscheiden, dass sie feinstofflich-imaginär sind, später aber die stoffliche Welt erschaffen und die Grundlage für den individuellen Körper abgeben. Der Mensch treibt also nach dem Tod im seelischen Urstoff wie ein Kahn auf Meereswellen. Was ihm dort feinstoffliches Bild ist, erscheint uns hier als feste Form. Denn für den Feinstoffkörper sind feinstoffliche Gebilde wie Steine für den körperlichen Menschen. Diese Urstoffgebilde, die wir schaffen, stellen sich im stofflichen Leben als unbewusste Triebfedern und Symbole dar, als die uns leitenden und bestimmenden Lebenssymbole. Sie sind unsere eigentliche Führung, der Rahmen, in dem sich unsere physische Entwicklung im Irdischen vollzieht. Diese Symbole oder Archetypen waren im Urstoff die Realitäten unserer Welt, jetzt sind sie nur noch unsere unbewusst wirkenden Triebfedern. Sie sind der Rahmen, in dem sich unsere Entwicklung bewegt, denn sie bestimmen unsere Impulse und Interessen und wir tun nichts anderes, als das, was sie uns vorgeben. Sie sind das plasmatische Gengut, die Plasmabank, die unseren Lebenslauf bestimmt. Man muss sich darüber im Klaren sein, dass diese Symbole Handlungsanweisungen sind, genauer ein Handlungsrahmen und nur in diesem Rahmen, keinem anderen, kann gedacht und gefühlt werden.

Jeder Mensch untersteht solchen Symboltendenzen, untersteht ihrem Rahmen, kann also nur dies denken, nicht jenes. Das entfaltet dann seine Biografie, seinen Lebenslauf, daher auch Schicksal genannt. Schicksal oder Karma besteht aus eine Kette von Symbolen, die wie Wegweiser den Lebensweg vorgeben, Geburt und Tod bestimmen. So ist die Todesart selbst an ein Symbol geknüpft. Lieben ist an Liebessymbole geknüpft, Berufe an Berufssymbole. Wie beim Fahren auf einer Autobahn fahren wir diese Symbole in der Zeit ab, was wir dann Lebensweg nennen. Wir werden im Leben von einem Sinnkomplex in den nächsten geschleudert. Wie in einer Zentrifuge drehen wir uns darin einige Zeit, um alsbald in den nächsten Symbolwirbel geschleudert zu werden. Diese Sinnbilder sind Wirbel und sie erzeugen Zugkraft nach innen oder außen und lassen daher keine andere Richtung aufkommen. Wir leben immer inmitten eines solchen Symbolwirbels.

Dann gibt es die übergeordneten, langdauernden Symbolwirbel, das sind unsere Charaktere, die wiederum, ähnlich wie Bäume, Knospen abwerfen in Gestalt weiterer Symbolwirbel, die nun nicht so stark determiniert sind wie erstere. Sie sind weitgehend frei bestimmbar und beliebig, sie sind die Freiheit der Wahl, die wir auf dem Lebensweg erhalten. Doch auch sie sind Kinder der großen Charakterzwänge und nur Miniaturformen davon. Unsere Freiheit ist also nach wie vor von den großen Archetypen, die wir aus dem Jenseits mitbekommen haben, beschränkt. Das nun sind eine ganz neue Charakterkunde und eine Schicksalskunde zur gleichen Zeit.

Im Plasma ruhen sämtliche unserer Charaktersymbole und wir nehmen sie in Gestalt unserer Seele mit in diese Welt – oder anders herum gesagt, um die Seele herum bildet sich auf dem Niveau des sich verdichtenden Urstoffs ein stofflicher Körper, der nun gesteuert von unseren Seelenarchetypen diese konkretisiert in der Materie erfährt, was wir dann Schicksal nennen. Das seelische Programm wird nun äußerlich. Das ist das Geheimnis des Lebens. Wie es nun unsere Seelenarchetypen bewirken, dass wir auch im Leben auf sie stoßen, das ist ein weiteres Geheimnis der

Verbindung Seele-Stoff, das ich hier nicht bespreche. Der Körper ist nur die äußere Hülle der Charaktersymbole, es ist die Seele, die auf stofflicher Ebene ihre Symbole weiter auslebt. Symbole sind ja nur Codes, die sich in tausend Gestaltungen ausleben können, so entfalten wir dann im Leben die Möglichkeiten, die Echos unserer Symbole, mit anderen Worten, wir gehen unseren Lebensweg.

Die Lebenssymbole oder Egoarchetypen sind wie geschlossene Knospen, die sich erst entfalten in der stofflichen Welt. Stoff ist eine Entfaltungsebene, hier gibt es keine Knospen mehr, nur die entfalteten Blumen mit vielen Blättern und Blüten und Unterblättern, die die Möglichkeiten der Wahl darstellen. Wir wählen dann dieses oder jenes Blatt als Schicksalslinie oder als Tätigkeit und lassen die anderen Möglichkeiten außer Acht, einfach weil man nicht alle auf einmal wählen kann. Nun wird es interessant. Nicht nur das individuelle Schicksal, sondern alle individuellen Schicksale aller Wesen und Zustände bilden gemeinsam ein in sich zusammenhängendes Gemälde. Wie kann das sein, wenn jeder aus seiner Lebensblume willkürlich ein Blatt auswählt, da können doch nicht alle harmonisch zusammenpassen? Doch ist das möglich, denn jedes Lebensblatt ist so raffiniert geformt, dass es wiederum alle Möglichkeiten enthält, mit allen andern von Individuen ausgewählten Blättern zusammenzupassen. Es ist also nicht so, dass unbedingt nur zwei Blätter zweier Individuen zusammenpassen, sondern letztendlich alle. Das hängt zusammen mit der großen Synchronizität und Synergie und dem Echocharakter aller Zustände.

Das ist also die Grundlage, die es zu verstehen gilt: Wir gehorchen Gensymbolen, die in unserer Seele ruhen und die sich ausleben wollen, denn sie besitzen eine Triebkraft und diese äußert sich in der stofflichen Welt als Aktivität und Leben. Wie aber kommt es zu diesen individuellen Gensymbolen? Die Beantwortung dieser und weiterer, sich daraus ergebender Fragen liegt, meines Erachtens, außerhalb des menschlichen Denkvermögens. Hinter uns erhebt sich ein Massiv an Weltentstehung, das wir nicht überwinden können. Esoterische Lehren nehmen darauf teilweise Bezug, doch zufrieden stellende Thesen sind kaum zu erwarten, eher Vermutungen, komplexe und durchaus interessante Theorien, deren Wahrheitsgehalt sich jedoch nicht überprüfen lässt, weil es keinen Zugang zu diesem Bereich gibt.

Zwischen der Bewusstseinsklarheit der Kindheit und der Bewusstseinsklarheit des Alters liegt ein bewusstloses Leben. Man kann sich fragen, was das für einen Sinn hat, als Kind aus der Klarheit in die Tiefen des bewusstlosen Daseinszustandes hinabzutauchen, um sich darin durchzukämpfen zu einer möglichen Altersklarheit. Das ist die Frage nach dem Lebenssinn, genauer dem Sinn der stofflichen Verkörperung. Bewusstseinsklarheit ist ja der normale Zustand der Seele, wenn sie im Seelenreich lebt, allein der Körper verdunkelt ihre Klarheit. Was also bringt uns ein Abstieg ins Stoffliche? Wozu ein Ich der Seelenklarheit überstülpen? – Aber das lassen wir hier undiskutiert.

Das Kind wird geboren mit Seelenklarheit, die es im Plasma naturgemäß besitzt, und nun soll es ein enges Ich erlangen durch Anpassung an den Alltag. Das Ich ist das notwendige Kleid, das wir in der stofflichen Verkörperung brauchen, um darin zu leben. Stoff erzeugt automatisch ein Ich, erzwingt die Gesetze der Dualität, des Festen. Es überlagern die Gesetze der Natur und des Stoffes die der Seele. Nun stehen wir als Seele und als Körper da, sind zwei Gesetzen ausgesetzt, den seelischen und den stofflichen. Da beide zueinander in einem gewissen Widerspruch stehen, leidet die Seele unter den stofflichen Gesetzen und der Körper unter den seelischen. Der Körper erkrankt durch Seelenstimmungen, die Seele durch Stoffenge. In diesem Zwiespalt entwickelt und formt sich unser Lebensweg und führt zu den mannigfachen Verschränkungen und Bindungen.

Eines sollte klar sein: Die Seelenklarheit ist nicht die höchste Klarheit. Wir sind dabei vor allem mit Seelenbildern überfüttert, mit Seelenvorstellungen, die nichts anderes als Meinungen, Hoffnungen, Anschauungen sind. Die letzte Natur des Seins, der Urgrund ist ohne Bilder und Konzepte. Dennoch erscheinen im Seelenreich die Bilder licht und strahlend. Es sind leuchtende, also von einer gewissen Klarheit durchdrungene Erfahrungen und Bilder. Bilder an sich sind jedoch bereits Verunreinigungen, Konzepte, die den Urgrund niemals ganz darstellen können, aber es gierig versuchen. Alle Seelenzustände stellen demnach Versuche dar, trotz Körper, zurückzufinden zum reinen seelischen Urzustand. Dieses Unterfangen muss in jedem Fall kläglich scheitern. Die Sehnsucht der Seele nach ihrer Heimat ist verständlich und versucht sich mit allen Mitteln durchzusetzen, so wie jeder Gefangene versucht freizukommen. Denn das ist doch der Auftrag der Seele, das Stoffliche durch ihre Gegenwart zu spiritualisieren und auf Seelenniveau den Urzustand vorzuführen. Zudem – Seele und Körper, Plasmadimension und Stoffwelt sind Geschwister. Mein Körper ist ein exaktes Ebenbild meiner Seele. Das stoffliche Weltall ist exaktes Ebenbild des Seelenweltalls. Auch die stoffliche Existenz – schauen wir uns an, wie wunderbar sie ist – stellt den Urzustand dar mit den Mitteln der ihr eigenen Naturgesetze. Aber die Sachlage ist komplexer. Wir sind jetzt nicht bloß stoffliches Naturgesetz, sprich Körper, und nicht nur Seelengesetz, sprich Seele, sondern noch ein drittes, nämlich Geistgesetz, Geist pur. Wir sind jedoch nicht alle drei, als Potpourri zusammengemischt, das wäre falsch gedacht. Wir sind Geist pur, die anderen Zustände sind Verdichtungen des reinen Geistes! Wer das erkannt hat, hat höchste Erkenntnis erlangt.

Was ist Erleuchtung?

Der Begriff Erleuchtung ist eine Übersetzung dessen, was der Buddhismus vielleicht damit meinen könnte. Erleuchtung heißt innere Leere. Erleuchtung oder Erfahrung der Leerheit ist ein

Stufenprozess. Dabei werden alles Haben- und Seinwollen aufgegeben, alles Wissen, alle Vorstellungen und alles, was sich uns durch das Bewusstsein, also durch Denken und Fühlen vermittelt. Ist also diese Leere erreicht, so leben wir wieder wie zuvor. Wir haben und sind wie zuvor – nur, ohne es ernst zu meinen. Wir spielen damit.

Erleuchtung heißt, die Dinge zu erfahren ohne Konzepte. Man weiß dann nichts, ist nichts, will nichts. Aber wie kann das gehen, fragt man sich? Nun, da kommt etwas Neues hinzu. Erleuchtung leuchtet also nicht, sondern ist Leerheit von Ich, die ersetzt wird durch die Erfahrung, dass Fülle sich zurückführen lässt auf einen Urkeim und dieser ist paradoxerweise Leere pur! Durch diese Erfahrung steht der Erleuchtete gleichermaßen in der Leerheit wie in der Fülle, er ist beides, huldigt beidem, nur eins ist er dabei nicht, erleuchtet oder spirituell.

Es gibt eine Bewegung und ein Gesetz des Daseins, die in sich stimmig zu sein scheinen. Hat man einen eigenen Willen und stemmt man sich gegen diese Gesetze, so hat man allerlei Schwierigkeiten im Leben. Hat man keinen eigenen Willen, so hat man den Willen dieser Gesetze. Man fließt mit ihnen und hat keine Schwierigkeiten beziehungsweise gibt sich dem hin, was ist. Man kämpft nicht mehr ums Überleben oder Gewinnen und Besitzen- und Seinwollen. Man gibt sich hin!

Wer sich bedingungslos hingibt, erfährt die Dinge und Zustände so, wie sie sind, ohne menschliche Entwürfe, Meinungen, Überlagerungen. Die Dinge bestehen für sich selbst, ganz anders, als ein Mensch vermutet. Was weiß ein Mensch von einer Sonnenblume? Nichts. Alles was er darüber sagt und denkt ist zu 100 Prozent Annahme. Doch wenn ich nichts mehr weiß – und nun kommt das eigenartige der Erleuchtung – so kann ich selbst Sonnenblume werden. Daraus nun ergeben sich mitunter paranormale Phänomene wie: Die Sonnenblume wächst schneller in meinem

Beisein, die verwelkte Sonnenblume blüht auf. Der Kranke wird in meiner Gegenwart gesund. Oder: Ich sehe, was die Sonnenblume will – etwa Wasser; ich höre den Frosch sprechen und die Wolken tun, was ich denke, sofern ich noch etwas denke. Ich bin jetzt auf gleicher Ebene wie die Natur, weil ich nichts Menschliches mehr in mir habe. So entstehen übersinnliche Erscheinungen. Auch sehe ich die Toten, spreche mit nichtmenschlichen Wesen. Die Todesdimension ist mir nicht mehr unsichtbar. Sämtliche paranormalen Phänomene entstehen so. Aber dazu muss ein Mensch nicht durch religiöse Schulungen gegangen sein, das verdirbt ihn eher, sondern er wird entweder so geboren, was meistens der Fall ist, oder er erlangt es durch Schock, ein Todeserlebnis oder einen Unfall. Was aber passiert beim Unfall? Der Mensch verlässt mit seiner Seele den Körper und weiß nun definitiv: Seele und Körper sind zwei Paar Schuhe; und: Ich bin Seele, nicht Körper. Diese Erfahrung lässt ihn nur das Haben- und Seinwollen nicht mehr ernst nehmen, er lebt eher im Seelischen. Dadurch konzeptlos geworden, kann er entweder immer oder gelegentlich mit Tieren reden, Pflanzen verstehen, hellsehen, hellhören, fliegen, und zwar um so mehr, je stärker und länger die außerkörperliche Erfahrung war.

Man sieht, alles ist sehr einfach. Es geht ums Abstreifen menschlichen Wissens, Hoffens, Glaubens. Es geht darum, wahrhaft frei zu sein von allem Menschlichen. Dieser Befreiungsprozess bereitet jedoch enorme Schmerzen

Erleuchtung durch Therapie?

Ich glaube nicht, dass man durch Lehrer, Reden oder Übungen die angeborene Verfassung eines Menschen durchbrechen kann. Wir bestehen ja nur zu einem kleinen Teil aus erworbenen Selbstbildern, der größte Teil von uns sind angeborene Reaktionsmuster. Die neurotischen Strukturen sind ebenso wie die Begabungen angeboren. Wir sind nicht nur unserer Mutter aus dem Gesicht geschnitten, sondern dem Vater auch aus der Seele.

In der Psychotherapie scheitern Therapeut und Klient dauernd an den angeborenen Strukturen, insbesondere wenn diese nicht als solche erkannt werden. Es gibt nur eine Therapie: Das Angeborene zu erkennen, was bereits äußerst schwierig ist, und dann dieses fatalistisch anzuerkennen. Veränderung des Angeborenen ist unmöglich.

Es gibt dennoch einen Lösungsansatz:

Betrachten wir zuerst die Strukturen, aus denen wir bestehen:
- wir bestehen aus familiär angeborenen Strukturen
- wir bestehen aus kollektiv angeborenen Strukturen
- wir bestehen aus evolutiv angeborenen Strukturen
- wir bestehen aus in diesem Leben erworbenen Strukturen a. kulturell, b. individualgeschichtlich

Therapie oder spirituelle Disziplin gleich welcher Art kann dieses vorgefertigte Massiv niemals abtragen oder transzendieren. Es gibt daher keine Therapie, keine Erlösung, Rettung aus diesem Drama des Angeborenen und Erworbenen. Allein einige individualgeschichtliche Muster mögen korrigierbar sein.

Ich schlage daher vor, von Therapie und spiritueller Übung ganz abzulassen, da sie, wie die nüchterne Betrachtung zeigt, ohnehin niemals Erfolg versprechend sein können. Man kann jedoch dem Angeborenen etwas ebenso Angeborenes entgegenstellen und es allein dadurch überwinden: Durch das uns angeborene Bewusstsein der Klarheit. Klarheit ist immer da, jede Sekunde, sie braucht nur gepackt zu werden; doch hindern uns die besagte Konstitution und Konditionierung daran. Es bedarf also eines schwerwiegenden Eingriffs und der besteht darin, den Plasmaleib, in dem Angeborenes und Erworbenes gespeichert sind, vom Körper abzustreifen. Wir sprechen von einer Seelenablösung oder Plasmatrennung. In diesem Augenblick sind wir vom Körper und seinen angeborenen Verhaltensmechanismen befreit.

Der Mensch weiß eigentlich gar nicht, dass er einer ist. Wir merken gar nicht, dass wir leben, denn wir können dessen nur gewahr sein, leben wir achtsam, von Moment zu Moment. Aber uns überrollen die Momente, werden zu Stunden, Tagen, Jahren. Plötzlich ist ein Jahr vergangen, wir haben nicht gemerkt, was eigentlich los war in diesem Jahr. Wir reden ununterbrochen vom Leben und haben nie gelebt. Was also ist Leben? Leben von Augenblick zu Augenblick! Würden wir es erfahren, würden wir aufhören, es zu beschreiben.

Einige behaupten, man müsse zunächst seine Individualität entwickeln, ehe man Spiritualität entwickeln kann. Man soll also lernen, Selbstbilder zu kultivieren, enge Grenzen um sich ziehen, nur um sie dann wieder wegzuwerfen. Das klingt logisch und ist psychotherapeutisch vermutlich sinnvoll. Aber ich gebe zu bedenken: Jedes Wesen, jeder Mensch gründet sich mit seinem, wie auch immer verzerrten und unentwickelten Charakter auf Leere und Klarheit sowie den seelischen Urstoffsee und er kann durch Unfall und Schock jederzeit dort hineinfallen. Jeder kann ein Todeserlebnis haben, jedes Tier, jede Pflanze. Da wir dauernd in dem ruhen, was uns das Leben gibt, warum sollen wir dann erst diese Individuation durchlaufen. Leben ist ein systematischer Ablauf, der zwangsläufig und folgerichtig aus der Leere über den Urstoff hervorgeht. Den darwinistischen Irrtum der Zufallstheorie will ich hier gar nicht erst diskutieren. Die Frage nach Ursprung, Sinn, Aufgabe und Ziel des Menschen kann derzeit kaum erörtert werden, da Faktoren eine Rolle spielen, wie sie allein in den Urüberlieferungen der Menschheit Erwähnung finden, in der modernen Gesellschaft aber unbekannt bleiben, weil diese die Diskussion dieses Themas gar nicht zulässt. Wir spielen mit Theorien herum auf einem spiegelglatten Eissee und fallen dabei dauernd auf die Nase.

Nun wird behauptet, jeder Schüler brauche seinen entsprechenden individuellen Lehrer, nur so gelange er zur »Erleuchtung«, sprich Bewusstseinsklarheit und inneren Leere, weil der Weg jedem individuell angepasst werden müsse. Das hört sich weise an. Das ist auch Tradition in vielen religiösen Richtungen. Ich selbst muss jedoch aus meiner Erfahrung sagen, dass das ebenso wenig Erfolg verspricht wie eine globale Lehre, die den Suchern übergestülpt wird, ungeachtet ihrer Individualität. Die individuelle Lehre scheint mystischer, geheimnisvoller, persönlicher, aber das ist auch alles. Die verschiedenen Yogas haben dem ja Rechnung getragen, jeder Charaktertypus wurde einem Yoga zugeordnet.

Da wird versucht durch Liebe und Hingabe »Erleuchtung« zu erlangen, womit man die falsche Vorstellung sät, Liebe habe etwas mit Erleuchtungsleere zu tun. Dem ist keineswegs so. Erleuchtungsleere ist konzeptlos, Liebe ist ein Konzept. Dieses Daseinsgefühl allumfassenden Verständnisses und der Hingabe, das von menschlichen Gesellschaften so geschätzt wird, tritt nicht auf in der Erleuchtung, denn diese Liebe, dieses Liebesgefühl ist viel zu dicht gestrickt, zu klebrig, zu umgarnend selbst bei aller kosmischen Verliebtheit. Der Klarheitszustand kann damit nichts anfangen. Erst völlige Klarheit ist völlige Liebe, aber eben eine Klarheitsliebe – also keine Liebe.

Die Schüler des Liebes- und Hingabe-Yogas werden lediglich große Liebende im Sozialbereich, in jedem Bereich des Menschlichen überhaupt, aber Klarheit erlangen sie niemals damit. So wird normale Liebe mit Hilfe von spirituellen Konzepten einfach überhöht und dann macht man sich vor, in einem Erleuchtungszustand zu schweben. Man ist nichts anderes als ein aufgeblähter Liebessack, wo die sexuelle Lust veredelt zu kosmischem Mitgefühl einen Popanz aufbaut. An diesem dichten Gefühl, was aber eben nur ein Gefühl ist, kann man sich selbst hochhalten, achten und gut fühlen und andere empfinden einen dementsprechend auch als gut. Das ergibt alles eine schöne Atmosphäre, blumig-weich und verschmelzend, ist aber nichts als ein Konzept.

Das Dasein ist nicht weich, noch kennt es Hingabe. Wozu und wem sich hingeben, wenn es nichts und niemanden anderes gibt? Konzepte über Konzepte, verspiritualisiert bis zum geht nicht mehr und vor allem: Unter der Decke lugt das fette Ego heraus. Bekanntlich sind religiöse oder spirituelle Menschen die egobehaftetsten Konzeptionalisten, die mit ihrem tiefen Wissen und klugen Glauben alle anderen Konzeptionen in die Tasche stecken. Sie haben einfach die richtige Theorie und sind die Bestausgerüstetsten. Alle Religionskriege, alle Religionsstreitereien haben das bewiesen, aber die Kriege sind nur die Spitze des Eisbergs; alle religiösen Gruppierungen, die jeden Tag neu aus der Erde, besser gesagt, dem Ego schießen, sind krampfhafte Egomanien. Es gibt kein Konzept von gut und richtig in der Bewusstseinsleere.

Der See der Widerspiegelung

Der so genannte Erleuchtete leuchtet nicht, er ruht lediglich in der Klarheit. Klarheit ist wie ein spiegelglatter See, der alles widerspiegelt. Das ist ein schönes Sinnbild – die Klarheit als spiegelglatter See, der alles um sich herum reflektiert, Bäume und Wolken. Aber er ist nicht die widergespiegelte Form, auch wenn sie sich glasklar auf ihm abbildet. Die Klarheit ist also 1. sie selbst, ein Nichts 2. alles, was sich auf ihr widerspiegelt 3. alles, was sich auf ihr widerspiegelt ist sie auch nicht. Der See (Seele = See) hat also drei Aspekte, die recht geheimnisvoll und unergründlich tief sind. Aber es gibt noch den ungenannten vierten Aspekt: 4. Der See hat eine große Tiefe. Die Tiefe stellt die Schichten der Klarheit dar.

Zunächst möchte ich auf Punkt 2 und 3 eingehen. Dabei handelt es sich um allbekannte, spirituelle Lehre: Der See ist klar, aber alles, was sich auf ihm widerspiegelt, ist er auch. Die Klarheit besteht also aus Klarheit sowie aus der Unklarheit der Weltdinge. Und nun kommt die interessante Wendung: Der See ist klar, er ist ein Nichts und mit den Strukturen auf ihm kann er sich nicht identifizieren, weil seine Klarheit gewissermaßen kein Ego besitzt.

Wenn sich also die Strukturen auf ihm als Wolken bewegen, reagiert der See nicht darauf. Zudem schwimmen auf Seen immer Wolken, man gehört einfach zusammen. In praxi heißt das: Auf dem Erleuchteten, in ihm und in seinen Handlungen schwimmen kunterbunt Strukturen, aber die degradieren ihn nicht zum egozentrischen Normalmenschen, denn er ist nicht mit ihnen identifiziert. Er ist immer nackt, auch wenn er Kleider anhat. Daher kann er ja alles machen und erscheint als der universelle Typus in allen Berufen und Tätigkeiten des Lebens. Erleuchtete sind vollkommen getarnt, sie sind das Leben selbst.

Ich sage nun nicht, dass viele Erleuchtete herumlaufen. Aber in allen Berufen finden wir Ichlose Menschen, die Ichlos etwas ausüben und gelegentlich oder öfters kleine Erleuchtungserlebnisse haben, sie als solche aber nicht würdigen, weil sie nichts von Erleuchtung wissen.

Die Natur der Vision

Vision, Traum und Vorstellung

Die moderne Psychologie unterscheidet hunderte von psychologischen Zuständen. Ist die Seele wirklich so komplex? Ich halte das für ausgeschlossen. Das Sein schafft nur Dinge aus einem Guss, es schafft keine komplizierten Strukturen. Diese werden, scheint mir, von dem blinden Heer moderner Psychologen, die nicht erkennen, wie sich alles zu einem Ganzen webt und nur tausend Zustände sehen, wo doch nur Bewusstsein aus einem Stück vorliegt, hervorgebracht. Gelänge es uns, die Seele als aus einem Stück geschnitzt zu erkennen, dann begänne wahrhaft Psychologie. Doch will ich dieser Frage hier nicht nachgehen, sondern nur einen Teilaspekt besprechen.

Zunächst: Was ist eine Vision? Eine Vision ist nichts anderes als ein Traumbild, wie es jeder tausendfach gesehen hat. Wie aber entstehen oder was sind Träume? Träume sind unsere inneren

Vorstellungen, wie wir sie am Tag hundertfach haben! Jeder hat innere Gefühle auch Vorstellung genannt oder innere Bilder, sofern er, während er fühlt und denkt, auch gleichzeitig Bilder sieht oder annähernd sieht. Dauernd stellen wir uns etwas vor, fühlen etwas, denken, spüren. Während des Tages werden die Bilder selten bewusst. Meistens bleibt ein Gefühl ein Gefühl, ein Gedanke ein Gedanke, aber schauen wir genauer in uns, dann geht mit allen Vorstellungen unbemerkt, weil überstrahlt vom Tageslicht, eine Bildsequenz einher. Wenn ich mir mein Elternhaus gedanklich vorstelle, dann sehe ich es fast vor mir. Denke ich an meine Frau, steht sie nebelhaft im Hintergrund. Doch bemerken wir die Innenbilder nicht mehr, weil wir nicht auf unser Innenleben achten. Sämtliche Gedanken und Gefühle gehen latent einher mit Filmen und Bildern. Doch die hellen Tagesstrukturen überlagern diese feinen Bilder. Das Sonnenlicht tötet die inneren Lichtbilder.

Und nun komme ich zum Wesentlichen: Wenn es dunkel wird, wir schlafen gehen oder wir in einem Dunkelraum sitzen, gibt es keine Ablenkung mehr durch helle Außenlichtstrukturen; nun können die inneren Bilder leichter gesehen werden. Kommt noch der Schlaf hinzu, der unser rationales Ich ausschaltet, so stehen mit einem Mal Traumlandschaften vor uns. Träume sind lediglich unsere normalen Vorstellungen unter den Bedingungen von Dunkelheit und Schlaf. Der Schlaf bringt unser rationales Ich zum Versiegen, so dass Ichkontrolle und Verstandeskontrolle aufgehoben sind und sich die inneren Bilder so besser entfalten. Wir sprechen dann vom Traum, aber es ist die Fortsetzung unserer Alltagsvorstellungen. Ebenso in der Dunkeltherapie. Unsere Vorstellungen setzen sich fort, doch nun ist es stockfinster, es gibt kaum eine Außenablenkung, der Blick kann sich mehr auf die dauernd vorhandenen Bilder richten. Glasklar und lebensnah stehen dann unsere Gedanken vor uns. Denken wir an unser Elternhaus, steht es leibhaftig vor uns.

Nun stellt sich die Vision jedoch als symbolische Geschichte dar, unterscheidet sich also von realistischen Bildern. Jetzt wird es erst interessant: Unsere Gefühle und unser Denken gründen sich ebenfalls allein auf symbolische Bilder. Reden wir allerdings im Alltag, so keineswegs in Symbolen, sondern nüchtern realistisch. Wir übersetzen nämlich nun mittels Sprache unsere symbolischen Grundgefühle in abstrakte Worte. Doch können diese niemals unsere symbolischen Innenlandschaften genau wiedergeben, weshalb wir im Allgemeinen unzufrieden sind mit unserer Sprache. Worte sind ein blasser Abglanz unserer Tiefengefühle. Gefühle arbeiten deshalb mit dem, was wir Symbole nennen, weil diese eine Art Supersprache darstellen. *Ein* Symbol ist so viel wert wie ein ganzes Buch. Das Buch beschreibt logisch und mit tausend Worten einen Sachverhalt, den das Symbol in einem einzigen Bild ausdrückt. Wir sind zwar stolz auf unsere Sprache, Sprache ist jedoch ein spastischer Prozess im Vergleich zur Supersprache der Symbole.

Die Ursprache ist synthetisch, synergetisch, synchronistisch, das heißt, sie verschmelzt unterschiedliche Zustände zu einem, sie leitet alle Gegensätze aus einem ab und zeigt, wie Analogieketten aus nur einem Zustand hervorgehen, so dass alle Verzweigungen letztendlich nur einer Quelle entspringen. Die Sprache dagegen teilt, setzt Gleiches gegeneinander, besitzt für *eine* Sache viele Worte, die Vielfalt vorgaukeln. So erscheint uns, im Licht des Alltags, eine unglaubliche Seinsvielfalt zu existieren, die uns überfordert. Unsere Tiefenseele lässt sich von dergleichen Aufblähungen und Verdopplungen und Vervielfältigungen jedoch nicht einschüchtern, sie spürt, es gibt nur wenig und kann sich so leicht orientieren und den Überblick behalten. Eigentlich erzeugt nur der Verstand mit seiner Bindung an Worte diese Vielfalt, weshalb wir die Überschau verlieren und uns in Konflikte und Gegensätze hineinreiten und leiden. Die Wirklichkeit aber ist einfach, sparsam und mit wenigen Begriffen zu erfassen. Die Seele spricht die Ursprache, der Verstand die Sprache der künstlichen Vielfalt.

Die Forschungen zur Ursprache der Menschheit – es wird gezeigt, dass sämtliche Sprachen unseres Planeten auf eine Handvoll Wurzelsilben zurückzuführen sind – werfen auf unsere Frage ein ganz neues Licht. Die Ursilben wie Kall oder Tal ziehen hunderte von Begriffen zusammen. Die Ursprache der Seele besteht aus Symbolen, Archetypen, Urbildern. Es wäre interessant zu untersuchen, ob zwischen den Ursilben und den Urbildren Beziehungen bestehen. Hierbei aber will ich es zunächst belassen. Ich wollte lediglich zeigen, dass normale Vorstellungen, Gefühle, Träume und Visionen alle das Gleiche sind. Diese Gleichheit erleichtert das Verständnis des Bewusstseins, vieles wird, so betrachtet, einfacher, schlichter, natürlicher.

Eine Vision zu haben ist nichts Mystisches oder Abnormes, sie ist Vorstellung und Traum unter der Bedingung der Dunkelheit. Aber natürlich können Visionen uns auch am helllichten Tag erscheinen, wenn die Seele sich von einem großen Druck befreien will und sich kompromisslos in den Vordergrund schiebt und so selbst die normale Lichtwahrnehmung überlagert.

Visionen, Gedanken und die Erfahrung der Leere

Das Erste, was jeder in der schwarzen Welt erfährt, ist die Leerheit unserer Gedanken. Es kommt unweigerlich zur Erkenntnis, dass all unsere Gefühle und Gedanken in sich leer sind, ohne Realität und Substanz, wie Phantome und Schatten. Der reine Geist ist gedankenleer und das ist unsere Essenz, unser wahres Wesen. Gedanken sind wie unruhige Wellen auf dem Ozean. Endlich kann man sich von der eigenen Unruhe distanzieren. Man weiß, die Wirklichkeit besteht nicht aus unseren Gedanken, sondern aus dem leeren Urgrund dahinter. Das gelingt keiner Psychotherapie, das ist aber der Höhepunkt und das Ziel echter Psychotherapie.

Man kann auch eine intellektuelle Analyse der Assoziationsketten vornehmen. Jeder Gedanke setzt sich – so erkennt man bald – aus mehreren anderen zusammen und ist daher in sich selbst ohne Substanz. »Analyse des abhängigen Entstehens« nennen das die Tibeter. In der Dunkelheit ergibt sich das mühelos von selbst durch die zunehmende Bewusstseinsklarheit. Während die moderne Welt versucht, den Gedanken- und Gefühlswirrwarr komplett zu machen, erzeugt die Dunkelheit eine brillante Hyperbewusstheit, die sich unspektakulär, ganz von selbst einstellt. Diese Klarheit, Leichtigkeit und Freiheit bewirkt bewusstes Sein, das seinerseits zu scharfem Denken und unkorrumpiertem Fühlen führt, mehr noch, das bewusste Sein überbietet diese beiden beschränkten Erfahrensweisen durch ein Hyperdenken und Hyperfühlen, was sich als einfaches bewusst da sein zeigt.

Das Beste ist, diese Wahrnehmung selbst erfahren zu haben, denn dann braucht man nicht endlos darüber zu philosophieren und sie dadurch metaphysisch zu überhöhen, zu mystifizieren oder in einen irrealen, religiösen Kontext einzubauen. Bewusstseinsklarheit ist ruhig, gelassen, denkt und fühlt nicht, verwendet weder Sprache noch Wissen, ist einfach und entscheidet immer richtig. Das klingt schnell wie etwas Okkultes oder Transzendentes, tatsächlich ist es die banalste Leistung unserer Seele, die Grundlage des Seelischen. Dass dieses Allereinfachste von Religionen vereinnahmt und metaphysisch und spirituell verbrämt wurde, rührt daher, dass der auf den Irrwegen des Alltags spazierende Mensch diese Urbetrachtung verloren hat und sie sich nur noch irgendwie transzendent vorstellen kann. So wendet er sich den Irrealitäten der Religion und Philosophie zu, in gut gemeintem aber nie erfüllbarem Hoffnungsdrang. Dabei ist alles so einfach. Setzen Sie sich zehn Minuten irgendwohin und schauen Sie. Die Irrealität allen Geschehens dämmert sogleich herauf, wenn Sie nur schauen, ohne Denken, ohne Wissen. Das wirkliche Dasein steht immer vor uns. Die Dunkelheit hilft uns lediglich, störende Außenreize ebenso auszuschalten wie die eigene innere Unruhe und den unerquicklichen Leistungsdrang. So kann der Urzustand hervortreten.

Es gibt verschiedene Visionsarten, wobei ich nicht die Vision von Verstorbenen oder anderen Orten oder zukünftigen Ereignissen meine, sondern schlicht und ergreifend Bilder, statische oder bewegte, einige bleiben nur Sekunden, andere Stunden stehen. Es gibt Visionen wie Filme, in manchen Visionen befindet man sich selbst mitten in der Vision, in wieder anderen sieht man von außen zu. Visionen stehen nicht immer frontal vor einem, sie können seitlich, oben oder gar hinter und unter uns ablaufen.

In einer Vertiefung oder Erweiterung des Visionären, wenn man noch klarer geworden ist, noch weniger da ist, innerlich erloschener ist, also Bewusstseinsklarheit herrscht, geschieht etwas Neues. Bewusstseinsklar bin ich, wenn weder Gefühle noch Gedanken mich belasten und auch mein Ichgefühl weitgehend geschwunden ist. Man fühlt sich rein, leer, sauber, von großer Kraft durchdrungen, aber auch von tiefer Gelassenheit, weil da nichts in einem ist, das einen zu Aktivitäten aufstacheln könnte. Ich würde sagen, da ist auch so etwas wie eine Leichtigkeit, die übliche Schwere ist weg, man könnte fast fliegen, schweben, man hat kein Körpergewicht mehr. Das Sichtfeld kann hell sein, makellos hell, nicht unbedingt strahlen, aber doch von einer Brillanz, einem Glanz, der tief diese Helligkeit durchdringt. Diese Helligkeit hat fast etwas Lebendiges.

Ich möchte es so umschreiben: Sie nimmt einem jegliche Angst, man fühlt sich nicht allein; um es in einem Vergleich auszudrücken, sie ist wie ein klarer Himmel. Man fühlt sich gut, nicht euphorisch, aber herrlich, alles stimmt, keine Gegensätze. Ja, ich glaube, der helle Himmel ist die beste Beschreibung, keine Wolken. Thubten sprach gelegentlich vom wolkenlosen Himmel. Ich glaube, er meinte genau das. Da ist ein Gefühl von Aufgehobensein, von Geborgensein, nicht etwa Gemütlichkeit, man ist nicht aufgehoben aus Angst, sondern ist einfach grundlos da. Es gibt übrigens keinerlei Gefühle oder Denken, man ist da, aber nicht mehr man selbst. Das Bewusstsein hat sich irgendwie verselbstständigt. Das Normalbewusstsein hat etwas Klebriges, es haftet an, im Allgemeinen will es immer etwas. Jetzt ist es, was es eigentlich ist, es ist einfach da, reines Gewahrsein, ohne spezifische Eigenschaften des Wollens und Habenwollens. Das ist keine großartige Beschreibung, ich weiß. Der Zustand ist von deutlicher Präsenz, klar, rein, makellos und: Es gibt nichts zu sagen.

Visionen, Traumgestalten und Nicht-humane Wesen

Wie schon erwähnt sieht man die Visionen in der Dunkelheit mit offenen und mit geschlossenen Augen. Visionen sind innerlich, erscheinen aber subjektiv außen. Man sollte mit den Visionen und Gestalten sprechen und eine Kommunikation beginnen, das kann die Szenerie verändern. Zwischen den Visionsphasen nimmt die Bewusstseinsklarheit zu und man kann unter Umständen sehen, was außerhalb passiert. Dann ist es nicht leicht zu unterscheiden was innen und was außen ist, was Vision und was Hellsehen ist.

Unser Bewusstsein öffnet sich. Traditionelle Begriffe wie Unterbewusstsein usw. verlieren hier ihre Bedeutung, es sind nur blasse Hilfsmittel. Das Auftreten von Traumgestalten aus dem Unterbewusstsein vertieft sich und es erscheinen gelegentlich Wesen nicht-physischer Art, von Feen bis zu Außerirdischen. Der Kontakt hier ist schwierig zu lenken. Es kann zu Übergriffen dieser Wesen, zu sexuellen Vergewaltigungen, zu dubiosen Angeboten und Reisen in Höhlen und nicht näher definierbare Orte kommen. Diese Kontakte besitzen sehr viel mythische Qualität, werden aber als hyperreal erfahren.

Es tauchen aus dem Unterbewusstsein leibhaftige Gestalten auf. Mit ihnen kann man kommunizieren wie mit Menschen. Sie können Rat geben und uns weiterhelfen. Aber auch Rat, den wir noch nicht verstehen.

Dunkeltherapie ohne richtige Erfahrung wie der Geist funktioniert, gleitet ab und kann eine nicht ungefährliche Dimension bekommen. Der Dunkeltherapeut muss selbst mehrfach die Schwärze erfahren und seine Erfahrungen tief integriert haben. Er muss zum Bewusstseinsforscher geworden sein. Normale Psychotherapeuten sind hier fehl am Platz, sie würden die Erfahrungen der Menschen nicht richtig deuten können und stattdessen versuchen, sie in ihr ewiges Psychogespräch zu verwickeln. Genauso schlimm aber wäre es, den Erfahrungen mit religiösen und spirituellen Konzepten zu begegnen, besser gesagt, sie ihnen überzustülpen.

Eines habe ich als ganz wesentlich erkannt: Es geht darum, genau zu beobachten, wie sich aus der Klarheit schrittweise das Normalbewusstsein kristallisiert. Dann erkenne ich, wie sehr Klarheit und Unklarheit letztendlich identisch sind, gewissermaßen wird Klarheit nur materialisiert in Formen, Farben und Zuständen. Ich kann nun, auch wenn ich es nicht in Worte fassen kann, sehen, wie sich aus Klarheit eine gegensätzliche Vielfalt von Gedankenformen und Gefühlsräumen aufbläht. Ich kann auch die Weltvielfalt sehen als eine Form der Klarheit!

Wie kommt es zu Visionen?

Es ist im Grunde alles sehr einfach. Die Dunkelheit lässt keine neuen Reize entstehen, ich dämmere vor mich hin. Die alten Gedanken, die noch da sind und umherschwirren, nehmen mit der Zeit ab, sie fliegen sich zu Tode, stürzen ab, erlöschen, weil der Gedanke ausgedacht ist. Vielleicht senden sie noch einige Zeit schwache Echos ihrer selbst aus. Irgendwann ist der Vulkan unseres Denkzwangs erloschen. Nun kommen Quasigedanken hinter ihnen hoch, immer ältere, tiefere, unergründlichere Urgedanken, die Väter und Urväter dessen, was wir Gedanken nennen. Das Gleiche gilt für die Gefühle. Eine Version dieser gedanklichen Urväter sind die Visionen.

Ich bin nicht meine Gedanken. Ja, jetzt kann es vorkommen, dass ich Geschehnisse sehe, die außerhalb der Dunkelheit passieren, ich sehe, wann Thubten kommt, wie er kommt. Es beunruhigt mich nicht. Ich glaube, das versteht man unter Hellsehen, wohl weil in der Tat vor allem eine diffuse, neblige Helligkeit präsent ist, diese ist die Widerspiegelung eines entsprechenden Bewusstseinszustandes. Ich empfinde die Helligkeit nicht nur vor mir wie einen Computerbildschirm, sondern auch innerlich. Ich bin hell! Und ich spüre, ich bin hell geworden, weil nichts mehr in mir ist, ich bin wirklich ich selbst geworden. Die vielen Gedanken und Gefühle bin nicht ich, das kann ich nun mit Fug und Recht behaupten – ich habe es erfahren. Und es ist so einfach! Die Leichtigkeit und Schlichtheit des Vorgangs zeigt, wie sehr alles zu meiner Verfügung steht und ich gar nicht viel zu tun brauche. Es bedarf keiner strengen, spirituellen Foltermethoden. Und: Spirituell bedeutet hier gar nichts, nicht nur das Wort gehört zum Repertoire der normalen Gedankenwelt, es gibt keine Spiritualität im Gegensatz zur Normalwelt. Es gibt keine Notwendigkeit sich abzuheben vom Weltlichen – alles ist weltlich, alles ist spirituell. Solche Gegensätze sind unwesentlich, gar nicht vorhanden. Im Grunde ist da kein Gegensatz, denn Gedanken und Gefühle schwimmen wie Wolken in der Klarheit und Helligkeit. Die Klarheit, das ist der Himmel. Der klare Himmel ist in der Tat das beste Ebenbild der geistigen Klarheit. Nicht umsonst lieben wir den Himmel und wer weiß, vielleicht gibt es nicht umsonst einen Himmel.

Ich gebe zu, es ist fast unmöglich im Gewimmel des Alltags Klarheit zu erlangen; wir sind dauernd abgelenkt, dauernd zieht eine Wolke vorüber, die wir sofort packen wollen. Taucht eine Wolke auf, ist sofort auch eine Bewegung in ihre Richtung vorhanden. Kaum erscheint etwas, will man es auch haben, sein, verstehen, fühlen, verändern. Im Dunkeln wird man abgeklärt, die Staubkörnchen haben sich gesetzt, das Wasser ist klar. Im Lebensalltag ist man aufgeklärt, man weiß und kann und macht. Die tiefe Ruhe der Klarheit bewirkt aber von sich aus, dass man nichts mehr selbst machen muss. Ich habe keinen Impuls selbst zu handeln:

Ich sehe, der Gang der Dinge besitzt in sich selbst eine Handlung und dieser Gang ist immer richtig. So erfahre ich alles, lasse zu, ohne zu tun und zu wollen. Indem ich nüchtern und neutral bleibe, geschieht alles wie von selbst. Wehre ich mich mit Argumenten und Handlungen gegen den Strom, zermürbe ich mich selbst. Keine Philosophie, kein Wissen, ich bin nicht gut oder schlau oder weise oder spirituell. Diese Begriffe wirken wie sprödes Holz, sie entstammen nicht der Klarheit. Ganz anders ist der klare Zustand. Alles ist einfach. Warum aber macht der Mensch alles so kompliziert, warum verwirren wir uns in den Worten, streiten und bekriegen uns, wo doch die Klarheit da ist und wir alle in ihr schwimmen. Erstaunlich! Wie kann das sein?

Mein Eindruck ist folgender: Entferne ich mich aus dem Klarheitszustand, verdichtet sich die Klarheit zu meinem Ich, sie fokussiert und verengt sich, die weite Leere verkleinert sich zum Ichpunkt, von dem aus nun ein Ich erfährt, dass da Unterschiede in der Welt sind, die es nun versucht auseinander zu halten. Die Weite ist zum engen Ich geworden, die Leere ist zur Vielfalt verkommen. Es ist wichtig, das zu verstehen: Klarheit, Leere, Sein können sich verengen, werden dann trübes Denken, Vielfalt und Ich. Das Ich ist also der Stiefsohn des unpersönlichen, universalen Seins. Die Vielfalt ist die Stieftochter der Leere. Und Gedanken und Gefühle sind der Wechselbalg der Klarheit. Das zu erfahren bedeutet, man pendelt nun gelassen zwischen Vielfalt und Leere, Ich und Sein hin und her, ohne noch zu wissen, ob das Ich der Seinszustand oder dieser das Ich ist, ob die Vielfalt leer ist oder die Leere vielfältig. Die Unterscheidung zwischen Welt und Nichtwelt erlischt. Das ist nichts Überkosmisches, Transzendentes, man steht äußerlich trotzdem an der Straßenbahnhaltestelle und wartet wie alle anderen.

Aus der leichten Klarheit wird ein wolkiger Himmel. Die Klarheit verringert sich und alles wird schwer, Gewitterwolken ziehen auf. Zugleich dämmert da eine Art magnetischer Zustand herauf, etwas Klebriges, das anzieht und sich festhält. Das ist ein Gefühl oder ein Denkvorgang. Diese sind nichts weiter als Zustände der Anziehungskraft. Gefühl und Denken ziehen dauernd Sachen an sich heran, mit denen man dann wider Willen verbunden ist. Diese Anziehung ist wie eine Krankheit. Man kann es von der anderen Seite auch als einen Willen beschreiben, der etwas will, indem er wie ein Magnet zu anderen Magneten hingleitet und sich verbindet. Wille ist eine Anziehung, die zu Verbindung führt. Aber auch das spürt man aus der Perspektive der Klarheit als krank, als gestört. Eine Art Leiden überschattet das Anziehen und Heranholen im Vergleich zur Klarheit, wo nichts angezogen wird – es ist einfach alles da, und zwar mit Leichtigkeit. Es gibt nichts zu tun, nichts zu denken und zu fühlen. Das ist sicherlich schwer vorstellbar vom Normalbewusstsein aus, obwohl es ja nur einen halben Schritt von der Klarheit entfernt ist.

Auch Liebe, unsere höchste Tugend, ist sehr von dieser magnetischen Anziehungskraft beherrscht, während in der Helligkeit und Klarheit die Liebe ersetzt ist durch eine Superliebe, den Kern der Liebe im einfachen Dasein. Das ist das Erstaunliche, einfach hell und klar da sein, das ist die eigentliche Liebe, weil da nicht manipuliert wird und auch nichts gemacht wird. Man steht gewissermaßen nebeneinander als Paar und muss doch kein Paar sein, denn die Helligkeit löscht das aus und an Stelle dessen bleibt Beschwingtheit des Seins übrig. Liebe erscheint mir schwer zu sein, absichtlich, zielorientiert und auf Kosten von anderem zu gehen. Leichtigkeit lässt alles zu. Normalpsychologisch gesprochen wäre es allumfassende Liebe, doch davon spürt man nichts. Was heißt allumfassend, was Liebe. Der Gedanken, man müsse alle lieben, kommt nicht auf, das ist wieder nur eine verkrampfte Philosophie.

Die Klarheit lässt einfach zu – aber was, es ist ja nichts mehr da. Und wenn doch etwas da ist, ist es wie ein Glas, durchsichtig und schwimmt ohnehin von selbst im Himmel, ich muss es nicht anstupsen, damit es schwimmt, noch einen Namen dafür haben. Die Klarheit bewirkt, dass alle Sachen stimmen. Vom Normalbewusstsein aus kann man nun fragen: »Aber mein Gott, wie kann einfach alles so stimmen, wo doch so viel schief läuft in der Welt.« Aber ich stehe in der Helligkeit und finde nichts, was schief läuft, vielleicht läuft nicht einmal etwas. Vielleicht erzeugen nur unsere Deutungen das Chaos, nicht die Ereignisse selbst. Mein Eindruck während des Herabschwebens von der Klarheit zum Denken ist, dass die Ereignisse, so wie sie sind, richtig sind und tiefe Wurzeln in der Klarheit haben – und allein unsere verkrampften Deutungen ein Chaos heraufdefinieren, das dann zu weiterem Chaos führt.

Schlafen, Wachen, Träumen

In der Dunkelheit wird der Schlaf leichter, weil man das Gefühl für Tag und Nacht verliert; man schläft und wacht auf, schläft und wacht wieder auf usw. So verwischt sich der Unterschied zwischen Tag und Nacht, Traum und Wirklichkeit, so entwickelt sich Wachheit im Schlaf und Traum und eine Schläfrigkeit am Tag, der ja dunkel ist und dadurch ebenfalls traumhaft wird. Denken und Fühlen enthüllen nun ihre höchste Kapazität und werden zur Vision. Lebendige Bilder, Filme und Wesen stehen im Raum, statt dass man sie lediglich denkt oder fühlt, ebenso visionäre Klänge und Gerüche und Körperempfindungen.
Klarheit und Präsenz sind vorherrschend, denn die Klarheit des Wachzustandes wird in den Traum mit hinein genommen, es wird eine Art Tagtraum. Dunkeltherapie ist daher eine Tagtraumtherapie, zumindest in bestimmten Stadien. Die Traumanalyse erreicht hier ein ganz neues Niveau. Das Schlafen wird unterwandert von Wachheit und die Wachheit verliert das Schlafhafte. Denn es ist ja der Mangel des Schlafes, nicht wach zu sein, so wie es der Mangel des Tagesbewusstseins ist, nicht die Tiefe des Traumbewusstseins zu besitzen. Unser normales Schlafen und Wachen sind unterentwickelte Zustände, wir schöpfen unser wahres Potential nicht voll aus.

Fülle und Leere

Wenn ein geliebter Mensch gestorben ist, hinterlässt er in uns ein Gefühl der Leere. Stirbt meine Frau und bin ich für den Rest des Lebens allein, bleibe ich in einer ungeheuerlichen Leere sitzen, das Leben erscheint nun sinnlos. Bricht ein Krieg über ein Land herein und vernichtet alles, so wird die Existenz nicht nur fraglich, sondern sinnlos. Man verkümmert seelisch, weil nichts das Selbstwertgefühl mehr hochhält. Das kulturelle Ich stirbt. So ging es den vielen Stammeskulturen, die von den europäischen Eroberern überrollt wurden. Sie starben zuerst seelisch, dann körperlich aus, verwelkten bei lebendigem Leib, weil keine kulturelle Wesenseinheit, keine Lebensaufgabe mehr für sie bestand. Wenn ich meinen Beruf verliere, stehe ich allein, mittellos, nackt da. Das Leben ist formlos geworden. Arbeitslose, die in diesem Vakuum leben, haben keinen Lebenssinn mehr, sie vegetieren dahin. Wenn die Kultur, der Beruf, die Geliebten nicht mehr da sind, verkümmert der Mensch, er stirbt bei lebendigem Leib. Sein erweitertes soziales und kulturelles Ich wurde ihm genommen. Wenn Trennungen anstehen, tritt große Leere auf, das ist das Leiden aller sich Trennenden. Die Reaktion darauf ist, dass man versucht, die Lücke schnell zu füllen mit neuen Aktivitäten, neuen Bekanntschaften, neuen Lieben, neuen Idealen – das Leben erblüht dann wieder.

Im Allgemeinen suchen wir Menschen nicht die Leere, sondern die Fülle. Das Leben jedoch lässt in regelmäßigen Abständen die aus der Fülle herausgegriffenen Selbstbilder untergehen durch Trennung von Menschen, geistige Neubesinnung, Umbrüche aller Art. Dann setzt ein Suchen nach neuen Lebensbestimmungen ein. Wir sind also dauernd hin und her gerissen zwischen Leere und Fülle. Doch die Fülle erkennen wir an, vor der Leere flüchten wir.

Menschen, die in der Fülle leben, verehrt man dafür, dass sie das Lebensziel erreicht haben. Sie haben Beruf, Aufgaben, Hobby,

Reisen, Geliebte, Kultur, Besitz, gesunden Körper, wachen Geist, Wissen. Das macht nach westlichen Maßstäben den vollkommenen, gesunden Menschen aus. Tatsache ist jedoch, dass jedem Menschen die Leere in gewissen Abständen begegnet und er sie meidet oder sie vorschnell beendet, indem er kurzschlussartig neue Bekanntschaften schließt und unüberlegt Weltanschauungen übernimmt. Fülle nutzen wir, Leere meiden wir. Doch damit meiden wir die Hälfte unseres Lebens. Spirituelle Übungen betonen die Leere. Dunkeltherapie ist die drastischste Form des Rückzugs aus der Fülle. Es ist dabei an sich merkwürdig, dass allein die Augen, die das Licht entzogen bekommen, so maßgeblich auf sämtliche anderen, seelischen und körperlichen Zustände einwirken. An sich sollten wir ja die Dunkelheit gewöhnt sein, möchte man meinen. Da ist der Abend, die Nacht, da sind die geschlossenen Augen, der Schlaf. Wir kennen die Dunkelheit, doch erfahren wir sie nur als Unterbrechung der Helligkeit. Wir billigen die Nacht, nicht aber die Nacht am Tag. In der Dunkelheit erlöschen fast sämtliche Tätigkeiten, ich kann nichts mehr sehen und werde ganz auf meine innerseelischen Vorgänge zurückgeworfen. Und das bereitet Angst! Im Licht wird das Seelische überflutet, tausend Dinge treten mir entgegen, denen gegenüber ich mich verhalten muss. Das Seelische wird weggedrückt, es kommt nicht an gegen die Macht der äußeren Reize. Diese Reize verstärken sich mühelos, geben wir uns ihnen hin oder führen uns mehr Reize kurz hintereinander zu. Dabei stellt sich der Gesichtssinn als mein stärkstes, am meisten geöffnetstes Wahrnehmungsorgan dar. Nun, im Dunkeln, bricht die äußere Welt zu einem großen Teil weg, das Seelische erlebt seinen großen Auftritt. Aber die Dunkelheit schluckt bald auch dieses weg, eine neue Daseinsebene kristallisiert sich heraus.

Von der Fülle zur Leere

Unser Bewusstsein ist nicht nur ein Speicher für alles einmal Erfahrene, es ist auch ein Organ, das hinter den Kulissen unseres Wachbewusstseins selbsttätig arbeitet, Szenarien entwirft und unbewusste Bilder hervorzaubert, speichert und sie so anlegt, dass sie vom Wachbewusstsein – kaum entspannt es sich etwas – sofort erfahren werden. Im Grunde sind wir auf diese Weise gespaltene Wesen. Was unbewusst vor sich geht ist jedoch der größere Teil unseres Wesens und nicht unbedingt ungefährlich: Es ist der uns wesentlich prägende Teil. Die Denk- und Gefühlsmaschinerie lässt sich nicht stoppen, auch nicht im Schlaf oder wenn wir wach durch den Alltag rennen, sie läuft weiter und spinnt Fäden zu Netzen und Mustern zusammen, die dann in Augenblicken der Entspannung, des Träumens, der Versunkenheit an die Oberfläche heraufdämmern und uns einfallen als Ideen, Gedanken, Gefühle, Kreativität, als unbewusste Handlungsmuster. Das Bewusstsein führt also im Wesentlichen ein Eigenleben ganz unabhängig von unserer Steuerung! Die meisten Menschen glauben, sie seien frei, selbsttätig und bewusst, sie seien Herren über sich selbst. Gerade hinter dieser Illusion kann das Unbewusste selbstschöpferisch arbeiten und dies sind wahrhaft wir. Wir sind nicht der wache Mensch, wir sind der unbewusste beziehungsweise unterbewusste Mensch!

Bekommt zum Beispiel unser Wachbewusstsein von außen irgendeine Idee, so wird sie sogleich vom Unterbewusstsein und dem Bewusstseinsapparat aufgegriffen und schöpferisch und selbstständig weiterbearbeitet – hinter unserem Rücken. Der gehörte Satz und die zusätzliche, unendliche Linie sich daraus entspinnender Informationen, Glaubenssysteme usw. werden ebenfalls gespeichert. Diese sind nun jederzeit abrufbar und können als so genannte eigene Ideen und Gefühle vom Wachbewusstsein erfahren werden. So entstehen Gedankensysteme, Philosophien, Lebensüberzeugungen, Ansichten, Glaubenssysteme. Dies ist sehr gefährlich. Betrachten wir dies einmal anhand religiöser Anschauungen. Zum Beispiel: Eine Person ist mit einer bestimmten psychologischen, religiösen oder theoretischen Betrachtungsweise in Kontakt gekommen. In der Dunkelheit nun kann sich diese Ansicht befreien vom schwach werdenden Korsett des Realitätsbewusstseins und stellt sich nun dar als eine tiefe Weisheit, die scheinbar von selbst empor dämmert. Überrascht glaubt der Mensch nun, dass etwas von selbst, ohne sein Zutun, emportaucht.

Ich wiederhole: Gedanken und Gefühle des Wachbewusstseins vermehren sich inflationär im Unterbewusstsein, und zwar ohne absehbares Ende, weil die unendlichen Kombinationsmöglichkeiten von Gedanken notgedrungen zu einer unendlichen Reihe von Gedanken führen. Das heißt: Ist einmal ein Gedanke entstanden, bilden sich von nun an ohne Pause weitere Gedankenketten im Unterbewusstsein bis hin zu unserem Tod. Darin besteht die Gefahr schöpferischen Denkens und Fühlens. Im Laufe des Lebens häuft sich bei jedem von uns auf diese Weise eine umgekehrte Pyramide an potentieller Information an, aus der wir, wenn wir ins Unterbewusstsein eintauchen, schöpfen können. Der Informationsreichtum leistet jedoch keinen Beitrag zu Problemlösungen, wie man zunächst meinen möchte, sondern allein einen Beitrag zum Informationswirrwarr. Kurzum: Je mehr wir wissen, je mehr wir erfahren und erfühlt haben, desto größer wird das Problem zu leben. Wir meinen allerdings irrtümlicherweise, je mehr wir wissen, desto eher gäbe es eine Lösung.

Die Einheit enthält alles, bei der Vielfalt haben wir Schwierigkeiten, die Teile zu einem Ganzen zusammenzusetzen und als Einheit zu überblicken. Wir Menschen erkennen die Einheit aller Lebensfaktoren nicht. Folglich erkennen wir nur diese oder jene Fakten und die verschiedenen Fakten passen dann nicht zusammen, weil viele sie verbindende Fakten fehlen. So entstehen Dualität, Nicht-Wissen, Verzweiflung darüber, Angst vor den Lücken zwischen den einzelnen Wissensbrocken. Und unser Handeln besteht darin, von Wissensbrocken zu Wissensbrocken zu springen, ohne jedoch eine Verbindung zwischen ihnen herzustellen. So stehen Wissenssysteme unverbunden nebeneinander, widersprechen und befeinden sich. Die Welt der Dualität und Gegensätze entsteht. Wir sind nun gezwungen, uns für *einen* Gegensatz zu entscheiden und geraten so immer tiefer in die Abhängigkeit von Einseitigkeiten, werden zu Kämpfen gezwungen, nehmen einseitig Stellung und verheddern uns immer mehr. Schließlich spüren wir den Widerspruch und unsere Einseitigkeit nicht mehr. Wir haben uns ganz festgelegt auf eine Meinung, ein Wissensfragment. Daraus ziehen wir nun unsere Kraft, wir berufen uns auf das richtige Wissen, eben auf einen isolierten Wissensblock.

Kultur und Leben heißt für uns Ausweitung der Vielfalt, des Wissens, des Tuns. Kulturen wachsen so lange, bis sie zusammenbrechen. Ein Wissensgebiet wächst so lange, bis es an Altersschwäche zusammenbricht oder eine andere Wissenstheorie es in die Ecke drängt und aussterben lässt. Menschen bauen sich auf und sterben, Wasser steigt und fällt. Diesen Ebbe- und Flutmechanismus gibt es nur in einem System der Vielheit, das die Einheit nicht kennt. Einheit bleibt stabil, Vielheit muss schwanken, um sich bewegen zu können, nur so kann Wissen aufsteigen, Leben geboren werden, etwas Neues entstehen, jedoch nur, wenn das Alte stirbt. Der Tod ist also eine unmittelbare, logische Notwendigkeit in einem System der Vielheit, ebenso das Leben. In der Einheit gibt es weder Geburt noch Tod. Bereits im unmittelbaren Zustand nach dem Tod gibt es weder Geburt noch Tod.

Dieses Gesetz von Leben und Tod in einem Vielheitssystem wiederholt sich nun auf allen Ebenen der Vielheiten. Nehmen wir den Lebenslauf eines Menschen. Ein Mensch häuft Wissen, Erfahrungen und Gefühle an, bewusste und unbewusste. Er verstrickt sich im Laufe des Lebens immer mehr in seine Erfahrungen, man nennt das Identität gewinnen, er meint immer mehr zu wissen, man nennt das Weisheit, sein Gefühlspektrum nimmt zu, man spricht von Gefühlsreichtum, gar Abgeklärtheit – tatsächlich nehmen die Alternativen zu, doch wir wissen immer weniger, was tatsächlich los ist. Am Mittelpunkt des Lebens kehrt sich der Prozess jedoch um, obwohl wir weiterhin Wissen sammeln, findet eine gewisse Vereinheitlichung, ein Zusammenziehen des

Wissens zu wenigen Denkblöcken statt. Wir wissen nun mehr, indem wir zwischen verschiedenen Gebieten eine Identität herstellen. Diesen Vorgang der Vereinheitlichung nennen wir dann wahrhaft Weisheit. Am Ende lösen sich die Details immer mehr in Ganzheiten auf, die Einzelheiten stehen nicht mehr so feindlich gegeneinander, sie haben sich kennen gelernt und sich befreundet. Gegensätze werden also als Einheiten erkannt. Gegensätze werden als notwendige Ergänzungen erkannt.

Kaum erkennen die Menschen nun etwas, meinen sie gleich etwas Besonderes erkannt zu haben; Stolz, Ehrgeiz, Glauben, Ehrfurcht setzen ein, ja, religiöse Hingabe, Erleuchtung, Gottbesessenheit. Kaum dämmert also ein I-Punkt der Einheit herauf, isoliert der Mensch diesen und hält dieses Echo der Einheit bereits für die Einheit selbst.

Der Widerspruch zwischen Anspruch und Wirklichkeit in der Dunkelheit ist erschreckend. Erschreckend ist, was sich der Mensch einbilden kann ohne reale Ergebnisse in der Hand zu halten. Allein vom Glauben lebt in der Tat unser Ich. Die Fahne, die der Selbstbefreiung voranflattert, vermeint man entdeckt zu haben. Doch diese Fahnen flattern nicht lange in der Dunkelheit, ihre grellen Farben erlöschen bald, das Spiel des Windes verlässt sie. Denn der Wind der Psyche – Psyche = Wind, Luft, Hauch, Atem – verebbt. Windstille herrscht in der großen Nacht. Die Psyche, verantwortlich für dieses Spektakel der Heilssuche, Erleuchtung und spirituellen Romantik erlischt, wenn die Schwärze alles Strandgut der Gedanken verschluckt in ihrem nicht vorhandenen, endlosen Raum. Dann sitzen da wieder Kinder. Kinder, die aber nichts lernen wollen, und es gibt keine Schule, denn man erkennt die Schule nun als Täuschungssystem, welches Wissen vorgaukelt, aber Pseudowissen erzeugt, um abzuhalten vom eigentlichen *Unwissen* der Nacht: dem Urwissen, Unwissen zu kosten.

Da nun kein Wissen, keine Erfahrung, weder Ich noch Identität, weder Religion noch Spiritualität oder Therapie mehr nötig sind, alle blumigen Systeme des Selbstbetrugs, des Betrugs ein Selbst (das erreicht werden muss) zu verkünden, verblüht sind – bleibt da nun etwas oder nicht?

Stufenweg zur Einheitserfahrung

Wenige Menschen besitzen ein Gespür für die große Einheit allen Daseins. Dies ist die göttliche, die mystische Erfahrung an sich, die allen Religionen die Grundlage gibt. Im Allgemeinen erfahren wir uns jedoch als Individualität, abgetrennt von den »Zehntausend Dingen« der Erscheinungswelt. Daraus ergibt sich die feste Überzeugung: Ich kann die Dinge und Wesen meiner Umwelt beeinflussen, verändern, drehen und wenden, wie ich will, sofern ich dazu über die Mittel und die Kraft verfüge. Den Willen schöpfen wir aus dem Ichgefühl – dem Gegenteil des Einheitsgefühls – denn ein starkes Ich bedeutet ein starker Wille, und das Ich erschafft sich aus dem Individualitätsgefühl. Dasein heißt demnach für jeden Organismus, sich allein aus eigener Kraft durchsetzen im Leben.

Nun gibt es einige Menschen, die hinter diesem Gesetz des Alltags ein weiteres Gesetz spüren. Sie überkommt gelegentlich ein unmissverständliches, wenn auch schwaches und leicht zu vertreibendes Gefühl, dass gar nicht so sehr der eigene Wille, das eigene Machen und Tun sie bestimmen, sondern dass ein allgemeines Gesetz über ihrer Person steht, an dem sich ihr Leben entlang hangelt von Knoten zu Knoten und dem sie nur Ichlos zu folgen brauchen. Sie fühlen sich eingebunden in ein Geschick, in ein Schicksal, das sie mit anderen Menschen und Dingen verbindet. Dem fest im Gehäuse seiner Individualität sitzenden Alltagsverstand erscheint dies schockierend, unsinnig und leicht widerlegbar, denn die eigene Tatkraft, die eigene Entscheidung und Willenskraft versetzen scheinbar Berge. Wer entscheidet sich: Natürlich Ich! Der tiefer Spürende würde dies, oberflächlich betrachtet, zugestehen, subjektiv hat auch er das Gefühl, selbst Vollstrecker der ureigenen Impulse zu sein. Doch hinter dieser Willensentscheidung seiner Individualität erahnt er ein größeres Gewirr an Entscheidungsfäden, ein komplexes Netzwerk, das als treibende Kraft eben jene, scheinbar individuellen, Entscheidungen hervorbringt.

Der Individualist kann, nach Ansicht des Kollektivisten, nicht hinter seine eigenen Impulse schauen, er gilt als beschränkt, besitzt kein Gefühlsmikroskop, welches die äußere Haut durchdringt und die verzweigten Wurzeln der Geschehnisse aufspürt. Der tiefer Spürende fühlt sich als Forscher im Meer unendlicher Verzweigungen, der Rationalist stilisiert sich zum großen Realisten und fühlt sich in dieser Haut ausnehmend gut und vor allem stark – denn Individualitätsgefühl und Stärkeempfinden sind identisch. Der Kollektivist schwimmt mit, mit dem, was er hat. Er fühlt, er hat sich nichts erarbeitet, alles wird ihm geschenkt; so sinnt er nach übers Dasein und dessen geheime Gesetze. Der Rationalist und Realist ist dagegen ganz auf den Ausschnitt seiner eigenen Impulse und Entscheidungen fixiert. Doch leidet er gelegentlich an seiner Urkrankheit, dem Individualismus. Individuumszentrierung wird ihm an jedem Wochenende zur Beengung, löst Angst und damit panischen Beschäftigungsdrang in ihm aus. Denn: Der Individualist *muss* in der Angst leben, verloren gehen zu können, das ist die andere Seite der Medaille des Realismus.

Großes Alleinsein im Ego, hochstilisiert zum Besonderen, ist ein wackliges Podest, von dem man leicht herunter gestoßen werden kann. Der Kollektivist dagegen hat es diesbezüglich einfacher, sagt er sich doch: »Bin Teil eines breiten Stromes, fließe mit den Dingen im Gleichmaß, werde geflossen, bin weder verantwortlich für Quelle noch für Mündung, bin ein Stück Treibholz, bin Welle, Wind, Wolke. Die kollektive Schicksalsgemeinschaft eines Flussabschnitts hängt zusammen wie die Zweige eines Baumes, wir sind Baum.« Der Kollektivist kann nicht vom Podest fallen, weil er auf keinem steht. Er leidet dafür, aus der Sicht des Individualisten, unter dem Symptom der kollektiven Ichauslöschung. In der Tat, der Kollektivist lässt sich treiben vom Schicksal, so als ob er selbst es nicht bestimmen könne, was dem Individualisten ein Gräuel ist und dem Kollektivisten oft auch zum Verhängnis wird: Er geht unter im breiten Strom, verliert seine Begrenzung oder passt sich bis zur Ichverneinung an und leidet unter dem Mangel an eigenen Grenzen. Der Individualist verachtet den Kollektivisten ob seiner Schwäche, dem Abgeben seines Willens an den Fischschwarm. Er bleibt heroischer Einzelgänger, schmiedet faustisch sein eigenes Schicksal.

Man kann den Menschen in der Dunkelheit hinweisen auf das Gefühl des Schicksals, das Lebensplasma, die Einbettung des Lebens in einen Strom, die Hintergrundursachen seines Schicksals. Man kann die Erkenntnis sich entwickeln lassen, dass jedes Ding das Ganze und alles *ein* Ding ist, dass der Mensch selbst das Ganze ist, er nur als Ganzes existiert. Diese unlogische, paradoxe, scheinbar der Wirklichkeit entgegengesetzte Erfahrung gründet nicht, wie die der Individualität, auf Logik und geradlinigem Denken. Hier beginnt eine höhere, umfassendere Form der Weltwahrnehmung. Über der Logik steht eine Über-Logik, das Mit-Denken. Es kommt zustande:

1. Durch das synästhetische Gefühl: Alles hängt durch ein gemeinsames Gesetz zusammen, ist dadurch schön, gut und wahr. Es gibt keine Fehler im hermetischen System universaler Verbindungen.
2. Durch die Ästhetik der Schönheit; daraus entsteht die Ethik des Guten, bzw. das Gefühl, das Schöne ist immer gut.
3. Durch die Ethik des Guten entsteht die Philosophie des Wahren. Man erkennt, das Schöne und das Gute müssen immer wahr sein. Dies ist der erste philosophische Impuls, der Impuls der Liebe zur Weisheit.
4. Diese Trinität zusammen erzeugt einen heiligen Schauer

der Präsenz einer Existenz, die das eigene Individuum weit überschreitet. Man fühlt sich klein, bescheiden, eingebettet in diesen Naturstrom von schön – gut – wahr. Aus dieser platonischen Triade ergibt sich nun, dass alle Natur belebt ist durch eine, zwar unsichtbare, aber real tätig wirkende Hintergrundkraft, ein Lebenselixier, das auf eine andere Welt und ein anderes Sein hinweist, das zu ergründen sich der Kollektivist nun in den Kopf setzt und daraus seine Hauptbefriedigung zieht. Der Individualist ist ihm bloßer Schmarotzer ohne Tiefgang, der von der Lebensessenz nährend stiehlt, sie aber verschweigt, um sich selbst den Orden an die geschwellte Ich-Brust zu heften.

Die Einheitsschau

Spiritualität ist das größte Hindernis auf dem Weg zu sich selbst. Spiritualität ist der nicht-spirituellste Zustand, den wir in uns tragen. Dagegen ist jede intellektuell-geistige Anregung eine Form von Spiritualität, nämlich der aufblühende Gedanke, dass das Leben wunderbar und erhaben ist. Die Sucht nach dauerndem Wunder dagegen, nach Schwelgen im Farbenrausch und Liebestaumel, diese Sucht nach Ekstase, Mystik, verzaubert sein, diese Einheitssucht mit allen Dingen und Wesen in Liebe und Verzückung eins sein zu wollen – das sind durch intellektuelle Konzepte gespeiste, gefühlsmäßige Phantasien. Es sind Vorstellungen, die wir uns vom ganz anderen machen. Da wird von der Einheit aller Dinge gesprochen, weil wir unter dem Eindruck der Vereinzelung aller Dinge stehen und es mit dem Verstand nicht schaffen, alle Dinge von einander abzuleiten und zu vereinheitlichen. Dagegen setzt man die mystische Erfahrung, die angeblich die Einheit aller Dinge erfahren lässt.

Ich möchte die Einheitserfahrung kurz darstellen. Letzthin bin ich Zug gefahren. Das Vorbeifliegen von tausend Erscheinungen, Bäumen, Feldern, Menschen, Bahnhöfen, Häusern ließ das wunderbare Gefühl aufkommen, dass diese Erscheinungen sich gar

nicht so sehr voneinander unterscheiden, eher sich annähern, ein Teppichmuster bilden, ein Gemälde. Mehr noch, dass sie, obwohl in Form und Charakter so unterschiedlich, in undefinierbarer Weise doch verbunden sind, ja letztendlich alle gleich, sogar eins sind, ein Lebewesen, so dass einen die Individualität gar nicht mehr stört, eher als interessantes Nebenprodukt erscheint. Die Einheit ist also sehr wohl erfahrbar, nicht aber wie es das Schlagwort von der mystischen Einheit will. Es bleiben vielmehr bei der Einheitserfahrung die Einzelerscheinungen als solche bestehen und imponieren als solche. Das ist ja paradoxerweise die Einheitserfahrung, dass sie aus der Vielfaltserfahrung besteht.
Einheit drückt sich als Vielheit aus, sonst gäbe es sie nicht.

Die Seele

Die Energie der Seele

Wir erleben unsere Gedanken und Gefühle so, wie unser Körper andere Körper erfährt – als außerhalb von uns stehend. Diese Aussage überrascht zunächst. Wir sagen doch immer *meine* Gedanken, *meine* Gefühle. Aber schaue ich genau hin, so gehören meine Gedanken und Gefühle nicht mir, ebenso wenig wie mein Körper. Ich bin nicht mein Körper oder bin ich mein kleiner Finger, meine Haare, mein Herz? Bestenfalls bin ich Bewohner meines Körpers. *Der Körper ist mir, aber ich bin nicht er.* Das wird immer verwechselt. In der Dunkelheit sehe ich deutlich: Ich bin nicht meine Gedanken, ich bin nicht meine Gefühle! Gefühle kommen und gehen, angeregt durch äußere Reize. Ebenso hat mein Körper angenehme oder unangenehme Empfindungen, wird er gestreichelt oder gekniffen. Das ist meine erste klare Erfahrung in der Dunkelheit, da ich genügend Zeit habe und mich nicht dauernd durch neue Reize ablenke.

Nicht anders die Gedanken. Sie setzen sich zusammen aus gespeichertem, angelerntem und zufällig aufgegriffenem Wissen. Dieses verknotet sich zu neuen Formen, Gedanken genannt und diese überfallen mich, der ich dann meine sie zu denken, dabei sind es doch nur innere Reize, die in mein Bewusstsein drängen. Unterstützt werden sie vom dauernden Zustrom äußerer Reize, die eben die gespeicherten, inneren Reize aktivieren und mit ihnen Bindungen und Ehen eingehen und das Ganze nennen wir dann: Ich denke! Das erkenne ich in der Dunkelheit nun als lächerlichen Trugschluss. Hier habe ich Zeit, genau, in Zeitlupe gewissermaßen, zu beobachten, wie es zu solchen Gedanken und Gedankenketten kommt. Jetzt kann man mir nichts mehr vormachen. Ich verfolge genau, wie von einem äußeren Reiz eine innere, gespeicherte Vorstellung wachgerufen wird, sich beide verbinden – und schon steht ein fertiger Gedanke vor mir als aussagekräftige Überzeugung, die dann in der Folge ein Gefühl auslöst, das unterscheidet in gut oder schlecht oder neutral, interessant, wichtig, banal, süß oder bitter.

Umgekehrt kann eine Körperempfindung ein Gefühl auslösen, dieses einen Gedanken und der wiederum eine Handlung. So vermischen sich unsere vier Lebenszustände Körperempfindungen, Seelengefühle, Gedanken und Handlungen zu einem unentwirrbaren Geflecht, das wir dann unseren Charakter nennen. Selbst aber haben wir gar keinen Überblick mehr über die Ereignisse, wir reagieren blindlings. Wir haben kaum die Zeit, um Ursprung und Verlauf einer solchen Kette aufzuspüren, denn schon überfallen uns Schwärme neuer Reize, wir müssen dauernd reagieren. Und: Wir lieben dieses Spiel und wollen immer schneller mitspielen. Wenn ich aber aus meiner Ruheposition hinüberschaue ins Getriebe des Alltags, sehe ich klar: *Je mehr ich fühle, denke und handle, desto süchtiger werde ich danach!* Die Sucht aber erzeuge nicht ich, sie wird von der Eigendynamik dieser Lebenskette erzeugt, sie ist ein Selbstläufer. Es ist wie ein Schwungrad, einmal angeworfen, läuft es für eine lange Weile von selbst weiter. Diese Fliehkraft der Gefühle und Gedanken erfahren wir als Sucht und diese Sucht möchte keine Pause, keine Ruhe, kein Nachdenken und schon gar nicht eine 49-tägige Dunkelklausur.

Dauernd kommen Gedanken und Gefühle hoch, die mir eindeutig mitteilen: Junge, es ist Zeit ans Licht zu gehen. Jetzt reicht es aber wirklich. Worauf habe ich mich da eingelassen, war ich vollkommen blind? Es sind also nicht nur Gedanken und Gefühle, die uns in einem Wirbeltanz halten, es ist zusätzlich ihre Fliehkraft, die uns den Atem nimmt.

In der Stille des Dunkels ist es bald nicht mehr ein ununterbrochen rauschender Gedanken- und Gefühlsstrom, der über mich herfällt, es sind nur noch vereinzelte, leuchtende Gedankenfäden und Gefühlskugeln, die mir alle sehr bewusst sind. Ich sehe sie bereits an ihrer Wurzel heraufdämmern, verfolge sie wie sie wachsen, sich verzweigen und wie sie sich mir aufdrängen wollen als wichtig, schön und hässlich, gut und schlecht. Ich aber schaue sie von außen wie hereinkommende Gäste an, lasse sie erst einmal im Vorzimmer warten, lade sie dann ein ins zweite Wartezimmer, lasse sie stehen, nicht sich setzen und schaue sie mir in aller Ruhe an, ehe ich ihnen gestatte sich vorzustellen, denn oft sind sie ganz andere als sie vorgeben, die meisten sind Lügner. So nehme ich ihnen den Schwung, die Überzeugungskraft. Gebremst entfalten sie sich langsamer und so kann ich sie genau studieren. Und so enthülle ich ihr wahres Gesicht. Es ist nicht so, dass sie sich unbedingt mit Absicht verkleiden und verstellen, sie sind bewusstlose, hektische Spione, kopflose Krieger, Botschafter, die selbst nicht wissen, was sie zu überbringen haben. Ich behandle sie als Lakaien und so werden sie eingeschüchtert und klein, verhalten sich abwartend.

Meine Kraft ist die Ruhe, die viele Zeit. In meiner Leere fühlen sie sich nicht geborgen und schmelzen schnell dahin wie Wasserpfützen in der Sonne. Es ist auch ein Genuss dabei, so einen einzelnen Gedankenstrang wie eine Wolke heranwehen zu sehen, sich aufblähend, sich verzerrend und teilend. Ich sehe jetzt das Gesetz, das Gedanken und Gefühle leitet. Dadurch können mich diese Wolken nicht mehr beeindrucken und ergreifen. Ich sehe, sie selbst sind Gesetzen unterworfen, sie leben nicht aus eigener Kraft, sondern aus der Kraft ihrer gesetzmäßigen Abläufe. Und: Sie erlöschen, ziehe ich ihnen den Boden, die Energie unter den Füßen weg. Und dieser Boden heißt: Unruhe. In der Dunkelheit brechen die Kartenhäuser meiner Gedanken und Gefühle in sich zusammen. Ich sehe ernüchtert, dass sie nur Pappe waren, bedruckt mit ein paar grellen Mustern.

Eine Einbildung ist so wirklich wie ein Händedruck. Wir werden verfolgt von unseren leibhaftigen, inneren Bildern. Unsere Gefühle und Gedanken sind reine Energiekomplexe, die auf die Seele wirken, die eine Art Energieempfänger und Energieerzeuger ist. Auf ihrer Ebene wirken sie, wie gesagt, so, wie ein stofflicher Körper auf einen anderen wirkt. Gedanken und Gefühle sind damit real. Ob sie realistisch sind, das ist eine andere Frage. In der Stoffwelt wirken auf uns andere Stoffe, Gespenster haben hier keine Wirkung. In der Seelenwelt aber haben selbsterzeugte Gespenster die größte Wirkung.

Was aber soll das sein: Energie? Energie äußert sich durch eine magnetische Anziehung, durch eine Art Gebundensein, Hypnotisiertsein, eine Kraft, ein Angezogensein. Tausend Worte wären zur Beschreibung möglich, aber sie alle bleiben aussagelos. Jeder weiß, wovon ich spreche und muss in sich selbst nachschauen, wie er das Phänomen des psychischen Magnetismus auf einen Nenner bringen und in Worten ausdrücken kann.

Will man eine Lösung für die Energiekomplexe, die uns beherrschen, finden, muss man raffiniert denken. Die Energie ist nur so lange da, wie Ich da bin. Bin Ich als Gegenwart aufgelöst, existiert auch keine Energie mehr, die mich umfängt, einbettet, beherrscht. Das Ich stellt also den Mittelpunkt der Energie dar, eine Art Hafen, in den alle Energieboote einlaufen. Ohne Hafen können die Boote nicht landen. Wird der Hafen zerstört, gibt es auch keine Berührung mehr mit Energiekomplexen.

Was aber ist das Ich? Das Ich löst sich auf, wenn keine Boote mehr in den Hafen einlaufen, es wird dann nicht mehr versorgt und stirbt. Was aber muss zuerst gehen, die Boote oder der Ich-Hafen? Im Grunde muss zuerst der Bootsverkehr beschränkt werden, dann kann der Hafen verkleinert werden. Wenn gar keine Boote mehr kommen, löst sich phantastischerweise auch der Hafen in Luft auf. Es gibt jedoch auch den direkten Weg: die Auflösung des Hafens, des Ichs. Dann stranden alle Energieboote und werden vom Meer verschluckt. Das wird erreicht durch die Untersuchung des Ich. Wo ist mein Ich? Woran lässt es sich festmachen? Wo ist seine Basis? Ist es real oder eingebildet? Wir stellen dann durch logische und nüchterne Überlegung fest: Uns als Ich gibt es nicht. Dennoch bleibt der Körper bestehen sowie eine Art von Gegenwart, »der Geist«, nenne ich es hier einmal. Bei der Untersuchung des Ich zählen wir lange Listen von Faktoren auf, die es nicht ist. Das Ich ist nicht mein Name, nicht meine Finger noch meine Beine, das Ich ist nicht die Kleidung, der Besitz, das Haus, das Auto, das Ich ist nicht meine Frau noch mein Wissen. All das erkennen wir alsgleich als Nicht-Ich, als angelernte, hinzugesetzte, angeklebte Beschreibungen. Wir erkennen, diese sind nicht wir. Das ist nun eine rein verstandesmäßige Übung.

Eine zweite Übung besteht darin zu erfühlen, was wir nicht sind. Ich fühle, ich bin nicht mein Haus, ich bin nicht meine Freundin, ich bin nicht meine Mutter, noch mein Sohn, noch mein Hund, ich bin nicht das angelernte Wissen, ich bin nicht meine Gefühle von Sehnsucht, Angst und Freude! Aha, jetzt passiert etwas. Ich bin nicht mein Denkablauf, ich nehme ihn als aufgesetzt und äußerlich wahr. Ich bin auch nicht der Schmerz im Zahn, es ist nur ein Zahnschmerz, er betrifft mich nicht. Aber was bin ich? Ich bin nicht mein Lebenslauf, ich nehme nur daran teil. Schließlich nach langen Nicht-Ich-Entdeckungen bemerke ich: Ich bin nicht geboren! Weiter bemerke ich, Ich zu sein ist eine Beschränkung, ein Lebenslauf, wie eine Radspur im Wüstensand, die der nächste Sturm alsbald verweht. Zurück bleibt etwas Ich-Ähnliches, ein Großes Ich, das die Enge des Ichgefühls nicht kennt, das sich nicht an bestimmten Energiekomplexen messen lässt, das frei davon ist.

Aus diesem Nicht-Ich, so stellt man bald fest, kommt zwar keine plasmatische Energie, doch aber eine freie, unpersönliche Daseinskraft. Diese ist etwas ganz anderes als die magnetische Energie des Ich. Sie bindet nicht, zwingt nicht, lässt uns weder gut noch schlecht fühlen. Es ist keine Fühlkraft, kein Gedanke, keine Idee und völlig unkörperlich. Hieraus resultieren Freiheit, Sicherheit, Geborgenheit im Dasein, hieraus entspringt das Leben überhaupt. Im Gegensatz zum seelisch-magnetischen Plasma beeindruckt diese »Kraft« nicht durch Kraft, sondern durch dauerhafte Gegenwart; sie steht da wie der ewige Stein, ohne Meinung, Wissen, Wollen. Aber sie gibt Festigkeit und Dauer.

Im Angesicht dieser Nicht-Kraft zerfallen alle seelischen Energiekomplexe zu wesenlosen Schatten, enthüllen sich als lächerliche Übertreibungen. Im Angesicht dieses Stein-Seins verliert unser Ich seine Konturen und wird selbst makelloses Da-Sein. Wir erkennen dann die Gefahr des Ich-Seins, Wünschens, Wollens, Wissens, weil es korrumpiert, obwohl es frei erfunden ist. Wissen ist wie ein Gemälde, eine freie Phantasie. Ein Bild zeigt die Beliebigkeit dessen, was gemalt werden kann. Es gibt keinen Grund für eine bestimmte Form und Farbe. Alles ist möglich, alles kann auch anders sein. Wir müssen uns nicht beschränken oder binden an eine Form, an ein Bild. Wir können auswählen, welches Bild wir malen wollen, das Nicht-Ich zwingt uns zu nichts. Und doch: Es gibt Übergänge vom Nicht-Ich zum Ich, eine zarte Skala von Abtönungen, die schließlich in einem farbigen, schweren Ich enden. Der Weg zum Nicht-Ich verläuft über diese feine Farbskala, von schwarz zu weiß. Je näher wir auf der Farbskala dem weiß stehen, desto näher dem Nicht-Ich?

Es gibt das große Unbekannte, etwas gänzlich Unstoffliches, etwas ganz und gar nicht von seelisch-plasmatischer Kraft Erfülltes: Jeder Name wäre denkbar. Bezeichnen wir es zunächst durch das, was es nicht ist. Es ist nicht magnetisch, es zieht uns nicht an noch stößt es uns ab, es beherrscht uns nicht. Und: es kennt kein Ich.

Der Sitz der Seele

Plasma strömt aus dem Herzen

In der Nacht verliert das Gehirn jegliche Dominanz und der Ort, wo das Bewusstsein, die Seele, sitzt, kommt zum Tragen: das Herz. Über das Herz allein, das sich embryologisch vor allen anderen Körperteilen zuerst voll entwickelt, strömt die Lebensenergie, das Plasma und erbaut nach dem in ihn eingravierten Plan einen Körper. Über das Herz zieht sich beim Tod die Lebenskraft zurück aus dem Körper, verschwindet mit dem letzten Herzschlag und kehrt zurück in seine Heimat, die Plasmawelt. Der Trugschluss des modernen Europäers, das Gehirn sei das Zentrum seines Seins, zeigt deutlich, wo Wissenschaft gestrandet ist. Keine alte Hochkultur, kein Stamm hat je dergleichen Unfug gedacht. Wer im Dunkeln sitzt, findet den Sitz der Seele wieder, spürt instinktiv, wo seine Kraft sitzt. Deuten Sie einmal mit der Hand dorthin, wo Ihr Zentrum und Leben sind – nur Idioten zeigen auf den Kopf. Eine falsche Wissenschaft dominiert den Menschen, ein falsches Weltbild, das auf naturfernem, geistfernem Leben basiert. Materielle Objekte und Roboterwerkzeuge sollen nach dieser kranken Weltschau die Geisteskraft ersetzen.

Man kann einwenden, diese Entwicklung sei seit der Machtübernahme des Patriarchats, das die großen, kosmisch und energetisch ausgerichteten Steinzeitkulturen abgelöst hat, folgerichtig, denn habe eine Kultur erst einmal die mechanischen Gesetze und ihre Wirkungen entdeckt, müsse sie zwangsläufig diese Linie fortsetzen und ihr Heil in externen Robotern statt in sich selbst suchen. Es mag sein, dass eine Kultur diesen Umweg gehen muss, um erneut zurückzukommen zum Ausgangspunkt, der Erkenntnis und Erfahrung, dass das Sein selbst eine Energie ist, die alles lenkt und dass es lächerlich ist, ihm noch einen kleinen Roboter um den Hals zu hängen, der alles etwas erleichtern soll. In der Seinserfahrung erfahren Sie die wahre »Robotermechanik«, Natur, die Seele selbst, einen Roboter der gigantischen Art, der punktgenau jedes mit jedem »vernetzt« und alles miteinander identisch macht; bei dieser Einsicht fallen alle mechanischen Kinkerlitzchen der mechanischen Welt, der mechanischen Psyche von Ihnen ab.

Das Herz ist der Sitz der plasmatischen Seele, über das Herz wird die Lebenskraft gesteuert, das Herz ist das Nadelöhr, durch das Bewusstsein in den Körper fließt und durch das es beim Tod diesen wieder verlässt. Kurzum: *Das Herz ist das Gehirn.*

Seinszustand gegen Ichzustand

Was ist Seinstherapie?

1. Seinstherapie untersucht zunächst unsere *kulturellen und persönlichen Konditionierungen* durch Muster und Regeln und verfestigte Erfahrungen. Danach führt sie weiter zum Entkonditionierungsprozess, der allein von der Dunkelheit durchgeführt wird, nicht vom Therapeuten.
2. Seinstherapie sucht das Leben des Betroffenen nach Seinserfahrungen ab, gräbt hier und da welche aus und versucht im Gespräch ein logisches Verständnis dafür zu etablieren. Es ist dies ein rationales Gespräch. Des Weiteren untersucht man gemeinsam, wo denn eine Seinserfahrung hier im Dunkel stecken könnte. Es geht einfach darum eine *Sensibilisierung* zu erreichen für das, was das Sein ist, nämlich einfach Sein. Sämtliche Hilfsmittel werden da ins Feld geführt.
3. Ist all das gelungen, geht die Suche weiter nach dem *höchsten Seinszustand*. Dieser ist ja in uns angelegt, sonst würden wir

nicht leben können, also muss er aufzutreiben sein. Doch gelingt das nur in Ausnahmefällen. Wir nähern uns hier der Großen Kunst, dem Opus magnum, der Erkenntnis und Erfahrung des *Ur-Analogons*, des Zustandes, in dem alle Fakten sich als *Wiederkehr des Immergleichen* enthüllen, dass also die Vielfalt ein Trug- und Schattenspiel des Ur-Einen ist, dass jedes eine Analogie, ein Spiegelbild von allem anderen ist.

Westliche Psychotherapien beschäftigen sich mit dem Ich des Einzelnen. Dunkelheit führt uns dagegen weg vom Ichzustand und lässt einen reinen Seinszustand heraufdämmern. *Seinszustand heißt, das Sein selbst zu sein* und nicht, wie im *Ichzustand, das Sein durch die Brille einer Individualität und Kultur von außen zu betrachten.* Man kann in den Zoo gehen und Tiere durch die Gitter anschauen und sich ein Bild, eine Idee vom Gefühlslebens des Tieres machen oder man kann selbst in den Käfig hineingehen, selbst das Tier werden und spüren, was gefangen sein heißt. Im Seinszustand ist die Individualität zu einem gewissen Grad erloschen, abgestreift. Was jetzt als Sein erfahren wird, ist befreit von Kulturmaßstäben und persönlichen Ichzuständen, an deren Stelle nun jene Freiheit des Nichts tritt. Dieser Zustand ist nicht ausgefüllt mit Gegenständen wie ein mit Möbeln voll gestelltes Zimmer; dieses Zimmer ist leer, man kann frei atmen ohne dauernd an irgendeiner Ecke der Ichstruktur anzustoßen. Da der Seinsraum leer ist, geschieht kaum etwas.

Es steht auch keine Uhr im leeren Raum, daher ist einem nicht klar, wie viel Zeit vergangen ist. Da es dunkel ist, irritieren keine Farben und Bilder, keine durch die Gegenstände ausgelösten Assoziationen kommen in einem hoch. Die Zeit steht relativ still. Der Raum selbst ist nur innerlich gegeben, im Allgemeinen als ein halluzinierter, imaginierter Raum, der mit dem tatsächlichen nicht übereinstimmt. So ist meistens die Decke ersetzt durch einen weiten Himmel oder einen Baldachin in verschiedenen Farben.

Nach oben hin öffnet sich am ehesten unsere an die Wirklichkeit angelehnte Raumkonzeption. Neben der Auflösung der Raum-Zeitkoordinaten rutschen wir nicht mehr dauernd in persönliche Erinnerungen oder Zukunftsprojektionen hinein; auch unsere Ichgefühle lösen sich auf und werden ersetzt durch die Erfahrung einfach da zu sein. Da zu sein ist eine eigenständige, real existierende Qualität, die wir im Alltag nur gelegentlich, blitzartig erfahren als Augenblick zwischen den strukturierten, realistischen Beschäftigungen mit den Ereignissen und Gefühlen dieser Welt. Obwohl unter allen tagtäglichen Erlebnissen, Beschäftigungen, Handlungen immer das Meer der reinen Seinserfahrung liegt. Jeder, der kurz ablassen kann von seinen Dauerbeschäftigungen, kann das sofort und zu jedem Zeitpunkt erfahren.
Doch die meisten Menschen springen davon, kaum findet eine solche Berührung und Betroffenheitserfahrung statt – denn das reine Sein macht betroffen, weil wir sofort erahnen, dass wir diese eigentliche Wahrheit verdrängen. Die Seinserfahrung liegt dauernd unter der Oberfläche unserer Auseinandersetzung mit Gegenständen und inneren Tätigkeiten.

Die eigentliche Kraft zur Existenz erhalten unsere Ichzustände aus der Angst, in den Seinszustand hineinzufallen. Mit anderen Worten: Wir beschäftigen uns dauernd mit Dingen und Ideen, aus Angst ins Meer zu fallen, in der Annahme, wir könnten nicht schwimmen. Tatsächlich aber kann jeder von Natur aus schwimmen und sich frei im Seinsmeer bewegen. Diese falsche Annahme nicht schwimmen zu können, wird hervorgerufen vom Ichzustand, der nur sich selbst kennt und will. Der Ichzustand will nicht sterben und wehrt sich, indem er andere Zustände verteufelt. Daher unsere Angst nichts zu tun, herumzusitzen, nicht zu denken, nicht zu fühlen. Der Seinszustand versucht dennoch dauernd durchzubrechen. Es gibt Kulturen, die dies grundsätzlich gestatten, so alle alten Stammeskulturen, die noch nicht durch ein Übermaß künstlich hergestellter Utensilien in ein Netz der Abhängigkeit zu ihren Produkten geraten sind. Es ist nämlich ein

Witz der Weltgeschichte, dass der Mensch, je mehr er an materiellen oder geistigen Gütern hervorbringt, in die Fänge eben derselben gerät und anstatt durch sie ein Hilfsmittel zum Leben in Freiheit zu erhalten, von ihnen abhängig wird und durch sie noch mehr in den Ichzustand hineinbefördert wird.

Es gibt zwei Arten von Menschen, jene die handeln und mit äußeren Gegenständen arbeiten und sich auf diese Weise ablenken, um dem Seinszustand zu entkommen; dann jene, die glauben, durch Ablehnung äußerer Handlungen sich besser in Gefühlszustände vertiefen zu können. Sie ersetzen die Außenbeschäftigung durch Innenbeschäftigung und unterscheiden sich insofern in keiner Weise von ersteren. Was im zweiten Falle bleibt, ist die dauernde Konfrontation mit der künstlichen Ichstruktur und dem, was man als sich selbst empfindet. Tatsächlich ist eine innere Ichstruktur eine Persönlichkeitsstruktur ohne innere Festigkeit und Wirklichkeitswert, denn auch darunter schlummert nur das Seinsmeer.

Andererseits lebt ein Lebewesen nur, erhascht es alle paar Sekunden einen Blick auf den reinen Seinszustand. Seinszustände sind daher im Alltagsleben des Menschen reduziert auf *Seinsblitze*, die zwischen zwei Augenblicken auftauchen und wieder versinken, kaum dass wir sie bemerkt haben. So wie wir den Tiefschlaf benötigen, um uns zu erholen, so die Seinsblitze, um uns im Dauerkampf des Alltags zu erholen.

In der Dunkeltherapie dämmert also, ob wir wollen oder nicht, bei den meisten Menschen der Seinszustand herauf. Bei einigen stärker als bei anderen, je nachdem, wie sehr sie sich, unterstützt durch die Dunkelheit und entsprechende Gespräche, wagen hineingleiten zu lassen eben in einen leeren Raum, eine leere Zeit, ein leeres Ich. Dies mag einem Tod, einem Aufgeben gleichkommen oder einem Realitäts- und Ichverlust und davor hat unser Ich, wie gesagt, Angst. Als Gegenkraft hilft es, den dauernd gegen-

wärtigen Seinszustand zu spüren, der immer anwesend ist, auf dem sich der Ichzustand wie ein Tänzer auf dem Parkett bewegt. Dazu bedarf es erleuchtender Gespräche – weshalb das richtige Gespräch zum richtigen Zeitpunkt in der Dunkeltherapie so wichtig ist. Es bedarf vom Therapeuten großer Sensibilität, er sollte ansatzweise ebenfalls im Seinszustand ruhen, damit eine hohle Diskussion, die das Heraufdämmern des Seinszustandes verhindert, in der Dunkelheit nicht aufkommt. Therapeuten sollten daher besser keine sein, sondern *mehr,* was jedoch höchst selten der Fall ist, eben weil es sich im Allgemeinen um Ego-Therapeuten handelt, die nicht nur Egoprobleme behandeln, sondern von ihrer Grundstruktur her selbst vor allem Ego sind.
Der Seinszustand ist der Urgrund, aus ihm entsteht alles, wenn man ihn etwas bewegt. An sich steht er, metaphorisch gesprochen, still wie ein spiegelglattes Meer. Regt sich etwas in ihm, fällt zum Beispiel ein Blatt hinein, so entstehen Wellen, eine Struktur wird geboren, ein schöner Wellenkreis bildet sich und das ist dann die Schönheit des Daseins. Da das Wasser eine gewisse Dichte besitzt, lässt es bei Wind nur eine bestimmte Struktur, eben Wellen entstehen, das entspricht dem, was wir Naturgesetze nennen. Die Daseinsstrukturen im Materiellen wie im Geistigen gehorchen Gesetzen, diese Gesetze ergeben sich aus der Art des Seinszustandes. Die Naturgesetze sind gewissermaßen geronnene Abbilder der verborgenen, innewohnenden Struktur des Seinszustandes, der selbst jedoch ohne Gestalt ist und dem die Struktur nur als Potenz innewohnt. Dies scheint ein Widerspruch zu sein, wer sich jedoch hinein vertieft, wird den vermeintlichen Widerspruch als Logik erkennen.

Der Seinszustand entspricht dem Urstoff, dem Plasma. Plasma ist an sich ohne Qualitäten, enthält aber latent alle in sich. Diese zeigen sich, sofern das Plasma angestoßen, aufgewirbelt oder angeregt wird. Die Welt ist damit die ausgefaltete Form des Plasmas, ihr Kind, ihre Schwester, ihr Analogon.

Wer sich im Seinszustand befindet, erkennt die äußere Welt als Trug, die eigenen Handlungen in der äußeren Welt als sinnlose Selbstbeschäftigung, er entscheidet sich, vieles zu verändern, auch wenn im Alltag die guten Vorsätze und Erkenntnisse im Rausch der Ereignisse oft schnell wieder zusammenbrechen. Die Menschen in der Dunkelheit sagen, die wirkliche Welt sei hier drinnen, die äußere ein Schein, obwohl sie wissen, dass, kaum wieder im Licht, die dunkle Welt nicht mehr zurückzuholen ist. Die Seinserfahrung bleibt nicht bestehen, sie fällt mit dem ersten Lichtschimmer in sich zusammen, aber man hat sie einmal erfahren und weiß nun, wo das wirkliche Leben ruht. Man hat einen Orientierungspunkt, von dem aus man das Vielerlei und Allerlei des Alltags richtig einzuschätzen vermag, auch dann, wenn man in ihm gefangen ist und ihm nicht entfliehen kann. Der Mensch weiß dann, wo sein eigentliches Zentrum ist, nämlich außerhalb des scheinbar selbstständig fließenden Stroms der Ereignisse und Zustände.

Seinsanalogien – Der Zusammensturz der Vielfalt

In vertieften Zuständen erkennen wir: Alle Erscheinungen und Ereignisse im Dasein entströmen einem Seinsfeld, einer Urgestalt, einer Art Homunkulus, darin sind sämtliche Lebensformen enthalten. So etwas ist verstandesmäßig nicht vorstellbar, aber so ließe sich eine entsprechende Erfahrung in Worte kleiden. Praktisch gesehen erkennt man zunächst, dass der Erscheinungsvielfalt gemeinsame Faktoren zugrunde liegen, womit sich viele scheinbar unterschiedliche Dinge als die gleichen zu erkennen geben. Auf diese Weise enthüllt der Tiefenblick immer weitere Gemeinsamkeiten bis schließlich feststeht: Sämtliche Daseinszustände lassen sich zurückführen auf eine Urform – um der Sache einen Namen zu geben – einen Seinshomunkulus, der alles ist und nichts. In der Seinstherapie untersuchen wir, wie die Seinsvielfalt zusammenfällt, wenn man das Gesetz der Analogie anwendet und es zu einer Verringerung der Seinsfakten durch das Zusammenlegen vieler zu tendenziell einem Faktum kommt – wenn man also

Immergleiches in allem sieht und so beruhigt schließlich nur noch mit wenigen Einheiten konfrontiert ist statt mit einem unübersichtlichen Meer unzusammenhängender Erscheinungen. In der Suche nach der großen Analogie – darin besteht die letzte Arbeit in der Seinstherapie. Das ist das große Werk.

Bewusstseinsstufen in der Schwarzen Welt

Im Dunkel stellt sich zuerst die allgemeine Situation der Seele dar. Ihre ausführliche Besprechung würde in Psychotherapie ausarten und hat daher keinen Zweck. Besser ist abzuwarten, bis sich die Hintergründe der seelischen Konflikte darstellen und als Vision oder Traum erscheinen. Diese nun sagen recht ungeschminkt, was dem Visionär fehlt. Die Vision ersetzt also die Arbeit des Therapeuten. Bei der Visionsdeutung mag der Betreuer vorsichtig helfen, aber er sollte natürlich ausreichend das Repertoire der Traum- und Visionsdeutung beherrschen. Vom Herumspielen an Bildinhalten mit Hilfe von abwegigen Traumtheorien rate ich dringend ab. Die Vision thematisiert zunächst rein persönliche Konflikte. Dabei ist dem Besucher der Schwärze zu empfehlen, dass er mit den visionären Gestalten spricht und eine Beziehung zu ihnen aufbaut. Die Gestalten werden antworten. Alles ist für sie möglich, bis hin zu körperlichen Berührungen. Der Kontakt zum Visionsbild sollte sein wie zu einem Freund im Leben. Man muss wissen, dass Visionen im Dunkel hyperreal wirken, gleichsam körperlich und überdeutlich. Andererseits sind Visionsgestalten nicht allwissend, sie sind ja nur auf die Schwärze projizierte Selbstbilder, die sich dort leicht aus eigenem Antrieb bewegen. Sind die seelischen Programme leer gelaufen, erlöschen auch die Visionen. Es kommt nun zu grundlegenden Einsichten ins Existenzdrama, das mag sich zunächst ebenfalls als Vision darstellen, kann sich aber auf allen Sinneskanälen äußern als hörbare, taktile oder Geruchserscheinung. Im Vordergrund jedoch stehen Gefühlsvertiefungen, die schließlich ihren eigenen Horizont überschreiten und sich zu Übergefühlen, sprich universalen Seinserfahrungen erweitern.

Es wird nun das, was die materielle Welt zusammenhält, als Schabernack erfahren. Zeit löst sich auf in Nicht-Zeit. Raum löst sich auf in Nicht-Raum. Das Ich löst sich auf in ein Wir, ein Alles. Logische Verbindungen brechen zusammen und universale Gemeinsamkeit dämmert herauf. Materie wird transparent und flüssig, ja superflüssig und gibt ihren Urstoff preis. Die Unterschiede zwischen Mineral, Pflanze, Tier, Mensch lösen sich auf, verblüffende, haarsträubende, erschütternde Vereinigungen überfallen uns. Die Pforte zum Jenseits öffnet sich, die Jenseitigen brechen herein, man selbst bricht ins Jenseits ein, Totenstunde. Aber auch nicht-irdische Rassen treten auf, unbekannte, unheimliche, strahlende, der nicht-irdischen Welt angehörige Spezies durchkreuzen unseren Dunkelraum. Aber all das bleiben Erscheinungen und sie sind nur Einsprengsel in dem sich ausweitenden Nichts, dem Ich-losen Zustand, in dem wir zunehmend den Tag verbringen und aus dem wir gelegentlich aufwachen in den Normalzustand. Diese Nicht-Ich-Zustände sind es, die erholen und reinigen, die unser Ich auf den Boden seiner Existenz zurückbringen, denn das Nichts ist die Basis des Lebens und dasjenige, was zuallererst *erfahren* – nicht erkannt – werden muss.

Individuation durch Trennung

Am Anfang der Entwicklung des Selbstbildes steht beim Kind der Körper, die Körperempfindungen wie Schmerz, Lust, Kälte, Wärme. Das merkt das Kind einfach, das muss es feststellen, *das bin ich*, da, wo die Schmerzen sind. Das Selbstbild bildet sich auf der untersten Stufe, auf der des Körperlichen. Das ist unser Körper-Ich im Gegensatz zum Gefühls- und Denk-Ich. Das Körper-Ich hebt sich ab von der Umwelt, wir werden so aus der Einheit mit der Welt herausgezogen. Das Selbst-Ich besteht aus Gefühl und Denken. Auch hier definieren wir die Außenwelt gefühlsmäßig als da draußen, nicht bei mir.

Das Selbstbild baut sich mit der Kindheit auf, man wird zum Individuum, was man als Kind nicht in diesem Umfang ist. Man löst sich aus der Einheit heraus. Man kann von Trennungs-Individuation sprechen. Wir müssen also untersuchen, wie Kinder sich fühlen und zu individuellen Menschen werden, um herauszubekommen, wie wir umgekehrt das künstliche und weitgehend falsche Ich wieder ablegen können.

Was ist das Ich

Wir sind gebunden an den Körper und die stoffliche Welt. Sie seien die wirkliche Welt, meinen wir. Das ist jedoch grober Unfug, denn: Ich bin ich und nur teilweise mein Körper. Ich bin Ich. So erfährt das jeder. Jeder lebt in seinem Ich. Die stoffliche Umwelt ist uns fremd, ebenso unser Körper, denn Ich bin im Körper drinnen. Da das Ich jedoch stofflich nicht aufzufinden ist, muss es unstofflich sein, was aber soll unstofflich heißen. Wo kein Stoff ist, sagen wir, ist nichts. Das Ich ist nichts und gleichzeitig bin ich da. Dieser Widerspruch ist der Urwiderspruch. Denkt man rein materialistisch, so ist er nicht zu lösen oder man flüchtet in so kranke Vorstellungen wie, dass mein Ich sich aus Nervenexplosionen im Gehirn, also als Illusion, ergibt. Dererlei ist nicht ernst zu nehmen.

Was aber ist das Ich? Das ist die Schlüsselfrage. In der Dunkelheit untersuchen wir diese Frage. Da fast alle Außenreize weggefallen sind, fällt es uns leichter unser reines Ich zu spüren. Doch die Analyse ist schwierig. Wie soll ich mich selbst am Schopf aus dem Sumpf ziehen, wie soll ich mein Ich untersuchen? Es gibt keinen Griff und keinen Begriff, um es zu fassen. Das Ich ist keine Hand, die man schüttelt.

Rationales Ich und Seinsgefühl

Wir haben festgestellt, unser Ich besteht zunächst aus dem rationalen Ich, also unserer Körperidentifikation zusammen mit unseren erworbenen, sozialen Wertsystemen und Meinungen. Dass diese nicht unser wahres Ich sind, ist leicht zu begreifen. Wer aber selbst das nicht begreift, sollte Abstand von dem ganzen Unterfangen nehmen, seinen Beruf ausüben und im Sozialen schwimmen wie ein Fisch. Er taugt nicht für psychologische Forschung und das trifft auf die meisten Menschen zu. Sie sind restlos beherrscht vom rationalen Ich und Körperbewusstsein. Was aber tun nun die Wenigen, die der Frage nach der Existenz auf den Grund gehen wollen? Sie stellen zunächst fest, dass das Ich, spüren wir es stark, eine Art Raum ist. Kein dreidimensionaler Raum, sondern ein seelischer Raum. Ein seelischer Raum hat nichts mit den Grenzen des stofflichen Raums zu tun. *Seelischer Raum ist ein Seinsgefühl.* Weiter lässt sich das nicht beschreiben, daher schweige ich, man muss es selbst erfahren. Wir bewegen uns ja jetzt in der Erfahrungskunde: Was man sagt, das muss man zuvor erfahren haben. Theorien, Spekulationen, wilde Worte sind ganz unangebracht. Beweise erbringt man, indem man etwas erfährt. Hat man es erfahren, ist das der Beweis, dass dem so ist.

Wir stellen fest, das Ich oder die Seele zu haben, heißt *da zu sein*, Dasein in einem seelischen Umfeld, einem hellen Feld, das allein aus Gegenwartsbewusstsein besteht. Das Ich ist damit ein Gegenwartsbewusstsein, ein Jetztzustand, das ist die letzte Definition, zu der wir gelangen können. Der Körper ist – sitzt man ruhig forschend da – nicht mehr präsent. Auch das sozial-rationale Ich mit seinen tausend Inhalten ist jetzt wie ein Vulkan erloschen. Was übrig bleibt, ist allein »Ich bin noch da!« Wenn wir es allerdings nur verstandesmäßig betrachten und es nicht erfahren haben, fragen wir weiter »Was ist Ich?« Hier hören also Denken und Sprechen auf!

Offenbar gibt es nur einen wahren Ich-Zustand und das ist der eigene, sofern er nicht überlagert wird von äußeren, über die Sinne wahrgenommenen Erscheinungen und dazu zählen auch aufgewühlte Gedanken und Gefühle, auch sie empfindet meine Plasmaseele, mein Ur-Ich, als ich-fremd. Solange wir nicht davon ausgehen: Es gibt zwei Seelen in unserer Brust, rationales Ich und Seelen-Ich, lässt sich keinerlei Verständnis fürs Seelenleben erlangen.

Viele Menschen kommen mit großen Meditationserwartungen in die Dunkelheit und hegen allerlei Pläne. Spätestens am zweiten Tag jedoch geben sie ihre Pläne und geistige Übungspraxis enttäuscht auf. Sie stellen fest: Meditation ist ein erkünstelter, der wahren Natur aufgezwungener Vorgang. Je mehr Meditationstechnik man anwenden will, desto stärker sträubt sich etwas in uns. Allein einfaches Dasitzen ist erwünscht. Man will nicht mehr dauernd irgendetwas tun. Man will sich nicht mehr selbst manipulieren und spiritualisieren, denn man spürt tief: Jede bewusste Aktivität entspringt einer seelischen Unruhe! Auch das Meditierenwollen kommt aus einer tief versteckten Unruhe und Unsicherheit heraus.

Das Ur-Ich

Das Gleiche trifft auch auf innere Gedankenabläufe zu. Man will nicht mehr denken, man hat es satt hineingezogen zu werden in Denkabläufe, die sich im Kreise drehen und immer ein Ziel oder eine praktische Seite haben. Man empfindet normale Denkbewegungen als ekelhaft, ausgeleiert, abgenutzt, schablonenhaft. Davon möchte man frei sein, weil das Ur-Ich im Dunkeln viel mehr hervordringt. Die wahre Natur unseres Daseins dämmert zart herauf und möchte nicht mit engherzigen Denkergüssen und überschlauen, sozialen Meinungen zugeschüttet werden. Alle aus dem rationalen Ich stammenden Klugheiten widern an, auch wenn sie noch dauernd im Kopf kreisen und man sich nicht von ihnen lösen kann. Man erkennt wie künstlich, wie schlangenhaft betörend diese, in einem selbst rotierenden, starren und wesensfremden Denkmuster sind, man möchte sie loswerden, sie engen ein, sie sind falsch, erfassen nicht das ganze Dasein. Das Gleiche gilt für Gefühlswallungen aller Art. Insbesondere spirituelle Gefühle stellen sich meistens als nichts anderes als angelesene, tote Muster heraus, die gar nicht dem eigenen Urgefühl entspringen.

Man sieht erstaunt, wie sehr man spirituellen Falschmeldungen aufgesessen ist und wie schwer sie sich nun entfernen lassen. Man erkennt das ganze sozial-rationale Ich als ein willkürliches, x-beliebiges Bauwerk, das im Angesicht des aufsteigenden Ur-Ichs in sich zusammenbricht. Nun möchte man alles loswerden, doch so einfach geht das nicht. Das soziale Ich war das einzige, das wir kannten, und sein Aufgeben lässt Angst aufsteigen, sogar Todesangst. Es ist nicht einfach, Ur-Ich zu werden. Wir sind von Natur aus nur Ur-Ich, ein rationales Ego hat sich uns jedoch im Laufe der Entwicklung übergelegt, sich in uns gedrängt. Die gesamte Kultur gründet sich auf rationalem Ich und verliert man dieses, verliert man gleichzeitig seine Kulturzugehörigkeit, meint damit gar sein Leben zu verlieren. Sich hineinfallen zu lassen ins Ur-Ich ist die größte Tat des Menschen, eine Art Tod, doch wer ist dazu fähig? Dunkelheit erleichtert dies und möchte nur dies. Was zunächst als seelische Erscheinung im Dunkeln auftaucht, das sind unsere Abwehrstrategien gegen unsere vorsichtigen Annäherungsversuche an das Ur-Ich. Die Dunkelheit bewirkt einen Verfall des rationalen Ichs und lässt parallel dazu das »irrationale« Ur-Ich heraufdämmern. Das Emporstreben des einen und das Verdämmern des anderen macht den Prozess der Dunkeltherapie aus.

Es erhebt sich nun eine große Frage: Kann der Mensch ganz Ur-Ich werden, solange dieses Ur-Ich umschlossen ist von einem materiellen Körper? Ich weiß es nicht. Was ich weiß ist lediglich, dass es keine Beispiele dafür gibt. Zudem: Wir müssen unterscheiden zwischen dem Ur-Ich unserer Plasmaexistenz und dem letzten Ur-Ur-Ich unserer Geistexistenz, das wird meistens verwechselt oder miteinander identifiziert.

Plasma war bei den Griechen ein anderes Wort für Seele. Der Begriff Plasma wurde jedoch in der Neuzeit von der Physik mit einer sehr einseitigen Definition besetzt. Den Begriff Plasma setzten die Griechen gleich mit Psyche – Luft, Hauch und Atem. Psyche ist Plasma, der Urstoff. Seele ist der erste Stoff, aus ihm heraus wurde die Materie geschaffen.

Materie-Ich und Kultur-Ich

Die »altbewährte«, doch längst überholte Dualität von Bewusstem und Unbewusstem, wie in der beschränkten, abendländischen Psychologie gang und gäbe, hat zwar etwas Grundlegendes erahnt, ist aber nicht zum Grundlegenden vorgestoßen. Das Unbewusste oder Unterbewusstsein ist unser Ur-Ich. Das rationale Ich besteht jedoch nicht nur aus dem aufgesetzten Kultur-Ich, wie die Psychologie bisher annimmt. Grundlegender als das Kultur-Ich ist das Materie-Ich. Die Seele, wenn sie ein materielles Körperkleid um sich herum entwickelt, bekommt ein Kleid aus Raum, Zeit, Kausalität und Materie angezogen. Das bewirkt nicht das Kultur-Ich, sondern das Materie-Ich, der Druck von Raum und Zeit, von Kausalität und Stoff. Ein Materie-Ich ist unbekannt in den seichten Gefilden westlicher Psychologie, wo es doch unser bedeutendstes Ich ist, so bedeutend, so allesdurchwehend, dass es bisher niemand erkannt hat. Das Materieuniversum prägt dem postplasmatischen Embryo seine Gesetze ein. Die Materiegesetze brennen sich vom ersten Tag der Empfängnis ins plasmatische Ur-Ich ein. Empfängnis ist kein irgendwie gearteter biologischer Vorgang, sondern: Eine Seele, sprich ein plasmatisches Ur-Ich, nimmt materielle Verkörperung an. Das Erste aber, was uns unser Ur-Ich mitteilen will, ist: Ich bin nicht der Körper, ich *wohne* in einem Körper. Das Materie-Ich wird an erster Stelle geformt, danach entwickelt sich erst das Kultur-Ich, das Ich, das dem Neugeborenen von der sozialen Umwelt aufgezwängt wird. Die großen Urängste rühren nur teilweise vom Aufgeben des Kultur-Ichs her, Todesängste echoen vor allem aus dem untergehenden Materie-Ich herauf, erst sekundär aus dem, sich in Rauch auflösenden, so geschätzten Kultur-Ich.

Gespräche erlöschen
Auch das Bedürfnis zu sprechen erlahmt, je länger wir im Dunkeln sind, flammt aber rhythmisch immer wieder auf. Es kann ein Gespräch mittels Worten unmöglich die Wirklichkeit erfassen. Worte sind hilfreich und gut, aber sie verbauen, sind sie einmal ausgesprochen, dem Ur-Ich sein ureigenes Gefühl, denn Worte sezieren und unterteilen, packen alles in kleine Kästchen. Das wird tief gefühlt von dem, alles nur in einer Gesamtschau integrierenden Ur-Ich und es wehrt sich dagegen, indem es das Kultur-Ich in Intervallen mit Gefühlen flutartig überschwemmt und so irritiert und blockiert. Andererseits raubt das alles verbindende Gefühl des Ur-Ichs dem Kultur-Ich den Atem. Auf diese Weise fühlt es sich verängstigt und versucht, durch seine noch vorhandenen rationalen Ichanteile zu flüchten – in Ausreden und die sattsam bekannten Pseudorationalisierungen. Der Atem des Plasma-Alls nimmt unserem Kultur- und Materie-Ich den Atem. Wir spüren unsere Bedeutungslosigkeit und gleichzeitig unser Eingebundensein in universell-plasmatische Zusammenhänge. Die Verflechtung ist derart übergreifend, bis ins minutiöse Detail gehend, dass wir es aufgeben, mit Hilfe des rationalen Ichs, das hier gänzlich überfordert ist, alle Fäden zu verfolgen.

Allein das Ur-Ich erfasst in genialer, transphysischer Gesamtschau alle Fäden auf einmal, blitzartig und vollkommen. Diese Einsicht ist nicht rational, nicht verbal, nicht logisch, nicht körperlich gespürt. Anschließende Analysen der Erfahrung von Seiten des rationalen Ichs versagen regelmäßig, weil es einfach nicht alle Gerichte auf einmal in einem Kochtopf kochen kann. Ein rationales Ich kann immer nur *ein* Faktum benennen, beschreiben und erkennen, und zwar auf Kosten aller anderen Fakten. Daher die Divergenzen und Feindschaften und alle Einseitigkeiten des menschlichen Lebens und Denkens. Man bedenke zudem, Wortdenken ist nichts anderes als korrumpiertes Fühlen. Denken ist zu definieren als Fühlen, überlagert durch Sprache und Kulturwissen. Die Plasma-Seele, das Ur-Ich, dagegen vereinigt alle scheinbar inkompatiblen Fakten zu einem einzigen, umfassenden Faktum und formt ein Kunstwerk, nicht eine engstirnige, kleinkarierte Meinung.

Das Erlöschen der Selbstbilder

Immer wenn wir etwas verlieren, entsteht eine Leere, einfach weil es nicht mehr da ist. Andere Zustände sind aber noch da. Also ist es eine Teilleere.

Wir halten im Allgemeinen unsere Selbstbilder für unsere Identität. Jeder ist auf der Suche nach Erkenntnissen, Anschauungen, Wissen, Erfahrungen, die ihm ein Gefühl von Identität geben. Will man ihm diese wegnehmen, zum Beispiel durch Kritik, so wird er sich wehren, und zwar ganz unkritisch ichbezogen. Der Mensch besteht aus einem Schachtelsystem von Grenzen, die sich ergänzen, verheddern, überlagern und durcheinander kommen. Die Leere wird aufgefüllt durch hundert irreführende Ichgefühle und hundertfaches Ich-Wissen.

In der Dunkelheit ergeben sich keine neuen Möglichkeiten, Identität durch Erfahrung und Wissensaneignung zu verdichten. Es ist ja nicht so, dass die Ichbilder, einmal aufgebaut, immer bestehen bleiben; sie müssen ständig neue Nahrung und Bestätigung und Rückhalt durch neue Reize bekommen. Bleiben diese aus, lösen sie sich auf. Das genau bewirkt die Dunkelheit.

Zunächst versuchen die Personen ihre Identität aufrechtzuerhalten durch körperliche Betätigung und intellektuelle Diskussionen, sie klammern sich an das, was sie haben. Beziehungen und Existenzkonflikte stehen im Vordergrund: Diese sollen, so plant man, verbessert werden. Wenn diese nach einiger Zeit – obwohl nicht unbedingt gelöst – vom längeren Atem der Dunkelheit verschluckt werden, hat der Klient keine Basis mehr für ein Ich. In der Dunkelheit findet also keine psychotherapeutische Auflösung von Problemen statt, sie relativieren sich vielmehr im Angesicht der tiefen Seinserfahrung im Dunkeln. Da die wenigsten meditieren oder richtig meditieren, wirkt nun die Dunkelheit allein. Es entstehen Zeitlücken, in denen nichts passiert oder erinnert wird, Dämmerzustände, in denen man gar nicht da ist, Löcher der Existenz. In diesen Phasen erholt man sich einerseits, andererseits löst man sich langsam auf, was das Gleiche ist.

Wenn wir ehrlich und offen in uns hinein horchen, ist da keine Identität. Jene, auf die wir stoßen, erkennen wir sogleich als oberflächlich. Doch wir können ja nicht leer bleiben, es muss etwas geschehen und da nehmen wir erneut Identitäten an, so als ob es tatsächlich welche wären.

Meine Methode besteht gelegentlich darin, alle Selbstbilder und Ich-Identitäten zu ergründen und aufzählen zu lassen – und die müssen einmal ehrlich zugegeben werden. Da gehören alle Eitelkeiten, Gefühle, Arroganzen, Stolz, Angst, bürgerliche Titel und Wissen dazu. Da gehört vor allem dazu, dass man meint etwas zu wissen und dass dieses wahr sei. In Anbetracht der Leere ist nichts wahr. Aber die Leere muss nicht nur negativ empfunden werden wie beim Blackout. Die Leere der Ichauslöschung ist nur ein vorübergehender Zustand, danach tritt die echte Leere auf, die keine Angst macht, weil kein rationales Ich mehr da ist.

Alle stofflichen Dinge, Tätigkeiten, Begierden, das Tun-Müssen, die Verpflichtungen, enthalten unser Selbstbild. Werden diese nicht mehr zugelassen, zum Beispiel im Gefängnis, bei schwerer Krankheit, bei Schwäche, bei Lebenskonflikten, so stirbt unser Selbstbild – wir sagen unser Ich. Man kann eine Hierarchie der Enge und Weite des Ichs aufstellen. Von ganz im Engen lebenden Menschen mit festen Anschauungen, konventionellem Wissen und Berufen bis zu ganz im Weiten lebenden.

Beim Verlust des Lebens in Gestalt seiner farbigen Vielheit entsteht ein Seinsgefühl, welches ganz allgemein als Leerheit beschrieben wird, das aber keineswegs leer ist, im Gegenteil voll, weil die universale Verbundenheit aller Erscheinungen dahinter steht und immer erfahren werden kann. Die direkte Leere ohne Gedanken und Gefühle als: »ohne etwas« zu betrachten, das ist die eine Möglichkeit. Die andere ist die Erkenntnis der Einheit von allem. In der Dunkeltherapie treten Leerheitserfahrungen zunächst punktförmig und blitzartig und durch ihre Kürze unbemerkt auf. Diese kurzen Leerheiten bereiten die Ichauflösung in Gestalt des Schwarzen Lichts vor.

Der Raum ist leer und doch angefüllt mit psychischer Struktur, mit dem, was wir unsere Persönlichkeitsfaktoren, unsere Identität nennen. Durch diesen engen, strukturierten Raum aber kann das Sein nicht durchdringen, es herrscht nun ein Mangel an Leersein. Unsere Persönlichkeit besteht aus Schichten und Hüllen, mit denen wir uns gleichsetzen. Schauen wir genau hin, ist das Gefühl für Ich schwach und hauchdünn. Wo soll überhaupt ein Ich sein? Bestenfalls wie Wolken irren die Ichschichten durch den Himmel, aber sie werden leicht weggeblasen oder lösen sich schnell auf. Das Erste, was wir bei der Betrachtung unseres Ichempfindens bemerken, ist doch leerer Raum, Nichts. Das Ich ist kein Felsbrocken. Keiner kann es sehen, finden, spüren. Im Grunde hat man das Gefühl, wenig Ich zu haben, man fühlt sich leer, lasch, lose, hohl. Aber das fühlt sich jeder über den Tag hin hunderte von Malen, ja ganze Strecken über sind wir hohl. Oder wir bemerken uns als Ich gar nicht, weil wir auf Dinge konzentriert sind – wir arbeiten dann umso effektiver.

1. Unser Ich besteht aus Glaubenssätzen, Wissen, Erfahrungen aller Art. Schauen wir genau hin, was ich jetzt bin, so ist das zunächst schwer zu sagen, denn wir sind es nicht gewöhnt uns zu beobachten.
2. In Wahrheit fällt uns nichts ein, weil gar nichts da ist.
3. Nach einiger Zeit, in der wir nichts finden, gehen wir dazu über, rein intellektuelle Glaubenssätze und Anschauun-

gen aufzuzählen, die wir aber nicht beobachtet haben, wir rufen sie einfach aus dem Gedächtnisspeicher ab. Fragt man Menschen, was ihr Ich sei, bringen sie nur Zitate aus dem Gedächtnis, sie beobachten sich nicht wertfrei. Die Schwierigkeit dabei ist, sich länger zu beobachten, ohne Meinung und Wissen mit hinein zu mischen, denn alsbald schleichen sich bekannte Gedankenstrukturen, Worte, Sätze, Wissen hinein. Nur am Anfang ist da ein leerer Raum.

Die Ichuntersuchung hilft die Gefühle und Gedanken zu klären, dadurch wird es weniger dicht in uns, wir haben mehr Luft, wir werden freier, wir nähern uns dem leeren, seelischen Raum. Sind alle Gefühlswolken und Denkberge aufgelöst, entstehen automatisch Klarheit, Himmel, Raum, Licht. Bei Veränderungen, wenn alte Selbstbilder fallen, dämmern Leere und seelischer Raum herauf. Davor allerdings hat unser rationales Ich Angst, weil es dann nicht mehr da ist, und so greift es schnell wieder auf Halbwissen und Halbgefühle zurück. Der Ich-Mensch unterliegt einer Sucht nach Fülle, nach mehr Ich, nach Formgebung, in dieser fühlt er sich so wohl wie im Eigenheim mit hundert überflüssigen Möbelstücken.

Wir schaffen Selbstgrenzen, Selbstbilder, Ich-Identitäten und drängen so die große Offenheit zurück. Die Leerheitserfahrung ist nur ein Anfang. Der Raum wird umso tiefer, je dünner und subtiler unsere Selbstbilder werden. Je mehr wir uns von der trennenden Sichtweise »hier Ich, dort Welt« freimachen und aufgehen in eine »Ich-Welt-Einheit«, desto weiter und klarer wird der Raum. Irgendwann nehmen wir die Welt nicht mehr vom Ich-Standpunkt aus wahr, sondern grenzenlos. Man kann Menschen daher einteilen entsprechend ihrer Fähigkeit zur Leere, eine Stufenfolge der Leereerfahrung bildet sich.
Doch die Frage ist, kann man aus dieser Leerheit heraus überhaupt lebensnah handeln? Zudem: Die Leerheitserfahrung kann nicht das Ende sein, denn der Körper muss nach wie vor bedient

werden. Daher geht es darum, innerlich leer zu sein, während man äußerlich normal handelt. Es geht nicht um meditative Abgeschiedenheit und Klosterdasein, sondern um in der Fülle sein durch innere Leere. Denn: Fülle ist nur richtig wahrnehmbar, kann sie sich auf einer leeren Bildwand widerspiegeln.

Auch die Zeit gründet sich auf Leere. Überschaut man sein Leben, wird es zum Ende hin subjektiv immer kürzer. Kurz vor dem Tod und bei der Lebensrückschau sehen wir, dass fast keine Zeit vergangen ist, die Kindheit war gerade eben. Alles war nur ein Augenblick, den wir wie einen Kaugummi ausgedehnt haben. Es spielt daher keine Rolle, wie lang oder kurz wir gelebt haben, es bleibt immer der Eindruck der Nichtzeit zurück – und der ist schmerzlich, hatten wir doch geglaubt, es hätte uns gegeben. Aber nur Luft, Leere, weiter Raum. Und die Geschichtsdaten um mich herum verwirbelt der Seinswind ebenfalls. Nichts bleibt zurück. Das erstaunt, erschüttert, ernüchtert. Wir können allerdings nicht einfach sagen, es habe keine Zeit gegeben, dagegen sprechen ja alle Bücher und alle lebenden Menschen. Es hat Zeit gegeben, aber als Ausdruck geronnener Nichtzeit, so spricht das Orakel.

Das Gleiche betrifft die Entfernung. Wir messen sie anhand unserer Schmerzen und Anstrengungen, wenn wir sie zurücklegen. Entfernung ist daher eine subjektive Einschätzung des Körpers, die Seele kennt keine Entfernungen, sie ist überall in Windeseile, überall gleichzeitig.

Seelenraum und Seinszustand

Das, was uns im Leben am wenigsten auffällt ist das Bedeutendste: Der Seelenraum. Es gibt verschiedene Seelenraumerfahrungen, die in der Dunkelheit auftreten. Wir müssen uns zunächst fragen: Wie sieht das Grundgefühl aus, in dem wir im Alltag stehen? Darüber macht man sich wenig Gedanken, da es anscheinend nichts anderes gibt. Und solche Zustände wie Trunkenheit, Krankheit, Gedächtnisstörungen, intensive Gefühle usw., verbannt man zu den abnormen Zuständen oder in die Psychologie. Aber wer aufmerksam beobachtet, stellt fest: Ich spüre mich als ein Ich, einen zentralen Punkt aus Gegenwart und Jetzt. Ich spüre mich als Körper und als das, was wir Bewusstsein nennen, ich bin bewusst, ich bin. Aber das gehört bereits zu einer tiefen Selbsterforschung. Im Allgemeinen sind wir bewusstlos, wissen nicht, dass wir bewusst sind, wir leben einfach, indem wir auf das reagieren, was kommt. Das Grundgefühl, bewusst zu sein, nehmen wir nicht wahr, uns berühren die vielen Ichzustände, Lust, Liebe, Lethargie und Langsamkeit. Tausend Gefühle und Körperempfindungen, auf die wir dauernd reagieren müssen. Die wenigsten Menschen untersuchen in stillen Stunden, was das denn überhaupt ist: Bewusstsein. Irgendwie kommen sie da nicht weiter, sie haben Selbstbeobachtung nie geübt. So bleiben sie lieber in der Bewusstlosigkeit und dem Pendelschlag des Reagierens ausgeliefert, ja, das ist es, was sie tun möchten: reagieren und agieren – da fühlt man sich zu Hause.

In diesem Zustand ist man dumpf, man spürt bestenfalls einen engen Ichraum um sich herum, aber es gibt umfassendere Bewusstseinszustände, in denen sich der Ichraum erweitert.

1. Klarer Raum: Auflösung des Körper-Ichs

In der Dunkelheit löst sich irgendwann unsere Identifikation mit dem Körper auf. Dadurch haben wir den Eindruck, ein Klarer Raum umhülle uns. Dieser ist heiter, leicht, leer, klar, weit. Die äußere Ich-Identität in Gestalt unseres Körpers ist zurückgetreten, die innere, seelische pulsiert nach wie vor. Sobald die Körpergrenze nicht mehr so stark gespürt wird, beginnt sich ganz subtil auch die Ichgrenze, das rational-soziale Ichgefühl aufzulösen, denn rationales Ichgefühl und stoffliches Körpergefühl sind eng miteinander verbunden. Diesen Zustand erfährt man leicht in der Entspannung, der Meditation, beim Ausruhen jeglicher Art. Durch das Wegfallen des Körpergefühls – im Liegen, im Vorschlafstadium, im Traum, aber auch bei sportlichen Leistungen oder wenn der Körper so schmerzt, dass er stirbt – ist das Seelen-Ich befreit von der Enge der Körperwelt und das drückt sich aus als klares Seinsgefühl, als weiter Seelenraum, als tiefer Seinszustand. Einfach nur Sein wird gespürt. Ist das Körpergefühl weggefallen, fällt gleichzeitig auch ein Teil des rationalen Ichs weg.

Die Widerspiegelung des Körpers im Ich löst sich auf, wir haben kein Gefühl mehr, dass wir einen Körper besitzen. Wir erfahren einen dichten Raum, der nicht klar, sondern absolut schwarz ist. Dieser entsteht, wie gesagt, wenn wir das Gefühl für die eigene, innerkörperliche Identität loslassen. Todesangst tritt auf, die Angst, den Körper zu verlieren. Die Schwärze erfahren wir, wenn unsere Gleichstellung von Körper und Ich erlischt. Denn Körper-Ich und Selbst-Ich werden fälschlicherweise als eines genommen. An sich ist jedem klar, dass er nicht sein Körper ist, das ist eine Banalität, aber wir *haben* einen Körper. Unsere Seele hat mit der Geburt einen Körper um sich gelegt bekommen, aber die Seele identifiziert sich nicht hundertprozentig mit diesem Kleid, unterliegt aber dem Diktat der Körperwünsche, weshalb sie irgendwann aufgibt und meint Körper zu sein. Interessant ist, dass beim Absterben der Körperidentifikation Schwärze auftaucht.

2. Schwarzer Raum: Auflösung des rational-sozialen Ichs

In einem zweiten Schritt verlieren wir nun immer mehr unser rationales und soziales Ich. Da aber noch Ich zurückbleibt, kommt bei diesem Rest-Ich Angst hoch vor einer letztendlichen Auflösung. Der hierbei empfundene Seinszustand ist noch leerer, klarer und weiter. Das drückt sich aus als zunehmende, jedoch unangenehme Schwärze. Uns wird förmlich schwarz vor Augen, auch wenn es bereits dunkel im Zimmer ist. Das Gefühl dabei ist furchtbar oder wenn der Zustand noch nicht bewusst wahrgenommen wurde, etwa wenn wir »vor uns hin dösen«, angenehm. Meistens jedoch – da ungeschult in dieser Sache – bewirkt der Identitätsverlust das Gefühl zu fallen (die Seele löst sich jetzt schrittweise ab von ihrem, im Körper gespeicherten rationalen Ich), zudem tritt das Gefühl auf »Ich bin für immer allein im leeren Kosmos«. Das lässt eine bisher unbekannte, archaische Angst hochkommen, gegen die jede Angst vor realen Dingen verblasst. Im ersten Klaren Ich-Raum haben wir Angst uns aufzulösen, beim Schwarzen Ich-Raum haben wir Angst, nicht mehr zu wissen, wer wir sind. Was ist da zu tun? Wir müssen, um die Angst zu überwinden, mitfließen mit dem Ereignis, unser Selbstgefühl aufgeben, was aber einem echten Selbstmord gleichkommt. Gelingt uns das, so kippt die Angst, und wir erfahren diesen Raum als ichlose Ruhe und transzendenten Frieden.

3. Krafterfüllter Raum: Die Leere stellt sich dar als Fülle

Ist die Angst vor Ichauflösung überwunden, hat sich stattdessen Frieden eingestellt, erkennen wir dieses Seinsfeld als angereichert mit Lebenskraft, der Kraft der Schöpfung selbst. Es enthält eine immense Potenz und Kreativität, die alles Beschreibbare übersteigt. Menschlicher Schöpferdrang ist dagegen ein Nichts. Wir erkennen auch, dass unser enges Körperbewusstsein ein Kleinformat dieses Schöpferraums ist und unser rational-sozialer Ich-Raum genauso.

4. Leerer Raum

Jetzt wird die völlige Leere erfahren, alle trennenden Grenzen zerfallen. Ein enges Körper-Ich kann die Leere nicht erleben. Gehirn- und Körper-Ich begreifen diesen Zustand nicht, einfach weil Ich- und Körpergrenzen Enge suggerieren. Vielleicht hatte ich mich in diesen vier Wänden durch Gewohnheit wohlig eingerichtet; nun aber kann sich mein rationales Ich nicht mehr wehren.

Doch auch wenn wir alle beschränkenden Identifikationen abstoßen, bleibt immer eine kleine Erfahrung Individuum zu sein zurück. Es bleibt auch die Leerheitserfahrung letztendlich eine individuelle Erfahrung. Wir können offenbar nicht *Alles* werden, die Seele ist und bleibt Individuum. Die weite Essenz des Seins, die über mich weit hinausgeht, erfahre ich immer noch von einem Ich-Punkt aus.

5. *Letzte Leere*

Über der Leerheitserfahrung steht eine letzte Ebene, ultimativer Raum, höchste Wirklichkeit, das ist unsere wirkliche Grundlage. In der Todeserfahrung stellt sich das als der Lebensrückblick und das Eintauchen ins Licht nach der Tunnelerfahrung dar. Der schwarze Tunnel ist identisch mit dem Blackout in der Dunkeltherapie. Wir geben an diesem Punkt unsere individuelle Seelenexistenz auf, tauchen ein in eine unpersönliche, überpersönliche Trinität von Licht, Liebe und Wissen. Diese drei Begriffe sind in Wahrheit einer, denn das Licht stellt sich als pure Liebe heraus und die Liebe als gigantisches Wissen. *Also ist Licht wahrlich Liebe und Wissen, Liebe ist wahrlich Licht und Wissen und Wissen ist wahrlich Licht und Liebe.* Allein die Sprache mit ihren vielen Worten suggeriert uns unterschiedliche Zustände. In der Erfahrung der Leere fallen alle Begriffe auf wenige und letztendlich nur auf einen zusammen. *Die Essenz des Daseins ist also Licht, Liebe und Wissen – und die sind eins.*

Ist Religion möglich ?

Religion ist nicht möglich! Dennoch gibt es sie und Millionen folgen ihr. (Allein Tiere besitzen vermutlich keine Religion – sie leben Naturreligion.) Die Lehren können jedoch von den Mitgliedern selten praktisch umgesetzt werden, das einzig Mögliche ist Mitglied zu werden bei einem Verein, dessen Ziele man niemals selbst verwirklichen kann, aber dafür erhoffen darf. Religion kann daher bestenfalls Sozialarbeit werden oder Krieg gegen Andersdenkende. Beides ist praktikabel. Selbsterkenntnis in Gestalt von Gotteserkenntnis oder umgekehrt aber erlangt keiner. Lehren und Übungen kommen beim Volk nicht an, sie strengen an. Selbst die lehrenden Priester, Pfarrer, Mönche vertreten die Lehre lediglich intellektuell, müssen aber gegenüber dem Fußvolk so tun, als lebten sie sie. Scheinheiligkeit ist daher die landläufigste Form der Heiligkeit, in Gestalt des dauernden Geredes und Prediger-tums, denn es ist leicht zu reden. Alle halten nun die sprachlichen Dogmen hoch, niemand lebt sie. Kurzschluss: Erleuchtung ist unmöglich!

Prinzipiell ist Erleuchtung möglich, praktisch kaum. Tausende von Übungen und hunderttausende von Büchern aber geben uns Hoffnung. Doch der Bücherwald ist ein Hindernis auf dem schönen spirituellen Weg. Jeder predigt und schiebt den Konkurrenten den Schwarzen Peter in die Schuhe. Religion bleibt ein Hoffnungskult, man hofft man könne etwas erreichen, man befinde sich auf dem Weg der Verwirklichung. In Wirklichkeit wird man einfach nur älter und formuliert das Wissen der Kindheit eloquenter, weil man nun besser sprechen kann. Daher das dauernde Gerede, man befinde sich auf dem spirituellen, geistigen, religiösen Weg, sei Mitglied einer Religion, einer Gemeinschaft, eines Kultes. Damit soll gesagt werden, ich bin fast schon erleuchtet oder werde es bald sein, im Gegensatz zu euch, ihr Andersgläubigen. Tatsächlich schafft keiner etwas, alle hoffen nur, erschaffen Hoffnungskulte und sind Mitglied eines beliebigen Kultsystems; so ertragen sie das Leben, fühlen sich auserkoren, immer besser, wichtiger, schöner, zukunftsträchtiger. Religion ist eine Methode der Selbstaufwertung, eine Methode des Stolzes. So kommt man besser durchs Leben: mit Ichsicherheit und Mitgliedschaft im richtigen, im wahren, im schönen Verein. Religion gibt sozialen Halt. Als Mitglied einer sozial starken Gruppe darf ich mich geborgen fühlen, absolut sicher, keiner kann mir etwas wollen. Bin ich Mitglied einer kleinen Gruppe, besitze ich zumindest die Sicherheit und Ofenwärme der kleinen, auserlesenen, heroischen Gemeinschaft, die allein im Gegensatz zur Massenreligion es erringen wird – das Heil, das eben nur den wenigen zusteht. Wer Religion hat, ist nicht nur sozial besser dran, sondern besser im Vergleich zu jenen, die sie nicht haben. Das ist der soziale Aspekt der Religion, bzw. fast die ganze Religion.

Die Religionslehrer

Der Gründer einer Religion durchlebt oft ein Initialerlebnis, doch selten befindet er sich länger im Zustand der »Inspiration«. Danach predigt er. Menschen dagegen, die länger im Zustand der »Erleuchtung« ruhen oder bei denen dieser nachwirkt, gründen selten Religionen, sie predigen nicht oder werben Kunden, sie leben das Leben. Menschen, die nahe der Erhabenheit des Daseins leben, haben selten Schüler, wenn, dann solche, die sich ihnen aufdrängen oder vorgeben, sie seien Schüler. Meistens sind es Vampire, die dem »Erleuchteten« soziale Aufgaben abnehmen, um zu seinen Füßen zu sitzen und gierig an seiner Erleuchtung mitzuspeisen. Gelegentlich hilft ihnen das etwas, aber selten. Lediglich die Hoffnung so zu werden, wie man sich den Meister zurechtgebastelt hat, wird genährt.

Viele so genannte spirituelle Lehrer glauben irrtümlicherweise, die Persönlichkeit müsse ausgelöscht werden. Tatsache ist: Unsere Persönlichkeit ist von Natur aus leer. Die wahre Natur der Seele ist Bewusstseinsklarheit, Leere. Das, was wir Ich nennen, erscheint nur vordergründig. Das Ich ist tatsächlich ein geronnenes Echo unserer Bewusstseinsklarheit. Das Ich ist Bewusstseinsklarheit, aber eingegossen in einen materiellen Körper, wodurch es seine charakteristische Verfestigung erhält. Es geht also nicht um Auslöschung des Ich, sondern darum, es als Echo des reinen Geistes zu erkennen. In diesem Sinne gibt es nichts Schlechtes im Leben, alles ist ein Echo des Urzustands, man muss es nur tief genug erfahren. Eine gewagte Behauptung, ich weiß. Ich lasse das so stehen …

Die Frage nun: Kann es einen Lehrer geben? Jeder Lehrer vermag ja nur das zu lehren, was er erlebt hat, ansonsten predigt er Theorien und wird unglaubwürdig. Tut er so, als könne er alles lehren, wird er zum Scharlatan oder schlechten Lehrer. Die Natur dagegen bleibt immer der größte Lehrer und der deutlichste, sofern man sich ihr hingibt. Je mehr ich mich der Natur hingebe, desto deutlicher antwortet sie mir. In der Dunkelheit ist das Dunkel die Natur.

Buddha lehnte das Gespräch über allgemeine, metaphysische Fragen ab und beschränkte sich auf die jeweiligen Bedürfnisse des Schülers. Bei Mohammed heißt es: »Sprich zu jedem Menschen entsprechend seiner Fähigkeit zu verstehen.« Die Schüler glauben im Allgemeinen, jeder Lehrer könne sie verstehen, aber das ist ganz unmöglich. Ein Lehrer ist seinen persönlichen Weg zum Urzustand gegangen, andere Wege kann er höchstens nachvollziehen, nie aber erfahren. Schüler und Meister müssen sich also finden, sofern wir nur an menschliche Meister denken. Doch der wirkliche Meister bleibt die Natur des Daseins selbst, Natur pur, Dunkelheit.

Die meisten Menschen sind unablässig mit ihrem Selbstbild beschäftigt. Wenige nur vergessen sich gelegentlich und lassen Urnatur durch sich strömen. Menschen leben, arbeiten und handeln ununterbrochen, um auf diesem aktiven Weg der in ihrer unmittelbaren Nähe pulsierenden Urnatur näher zu kommen – sie tun dies bewusst oder unbewusst. Sämtliche menschliche Tätigkeit verfolgt instinktiv nämlich nur das Ziel wieder vereint zu sein mit ihrer Urnatur. Wir können sämtliche menschliche Tätigkeit als Drang, dem Urzustand nahe zu kommen, beschreiben. Auch alle materiellen Tätigkeiten gehören dazu, auch unsere Kriege. Der Urzustand ist in allem und alles – wie also können wir ihn erlangen, wenn er paradoxerweise immer neben uns steht, immer in uns ruht, in Gestalt all unserer Handlungen?

Das Leben, wie es ist, ist selbst der Urzustand, der so tut, als wolle er zu sich selbst kommen. Wir suchen also, was wir bereits haben. Das ist das Paradox des Lebens: Das, was wir haben wollen, ist bereits das Vorhandene. Das Dasein, wie es ist, ist bereits das Endergebnis. Es gibt keine Entwicklung zum Urzustand hin, er ist bereits immer da. Die normale Welt ist der Urzustand! Wir hoffen immer auf den Abschluss, das Ende, den Höhepunkt, aber kaum sind diese Zustände erreicht, kommen neue Höhepunkte in Sicht. Würden wir in Bewusstseinsklarheit leben, gäbe es keine Entwicklung, keinen Anfang, kein Ende, alles wäre bereits vollkommen, alles wäre der Höhepunkt und das banale Leben wäre das Urleben. Aber wir suchen unermüdlich weiter, deshalb finden wir nicht.

Der beste Lehrer ist also unser Sein selbst, aber es stellt sich uns nicht greifbar genug dar. Wo ist es, man kann es nicht sehen, nicht fassen. Und doch kann man es erhaschen in Gestalt dessen, was da ist und das ist der Alltag. Weil wir das Leben, so wie es ist, glauben überwinden zu müssen, statt darin den Ausdruck des Urzustandes zu erkennen, wenden wir uns menschlichen Lehrern zu. Doch: Das Leben selbst ist der einzig wahre Lehrer. Die Natur ist der Lehrer. Unser Körper ist der Lehrer. Die Dunkelheit ist der Lehrer. Unsere Seele ist die Lehrerin! – Aber einfacher ist es, eine Schule zur Selbstentwicklung zu besuchen, passiv dazusitzen, den Lehrer reden zu lassen, statt selbst zu denken. Spirituelle Lehrer reden bekanntlich viel, je spiritueller, desto mehr. Passivität und Schwäche sind das Hindernis auf dem geistigen Weg. Die Schwächsten unter allen sind die Lehrer, sie sind so schwach, dass sie die Lehren der Natur ganz vergessen und sich selbst an deren Stelle geschwungen haben. Und so wissen sie nichts mehr von der Natur, predigen nur noch die guten Lehren. Der wirklich gute Lehrer jedoch lehrt nicht, er ist einfach. Die Dunkelheit ist ein wahrer Lehrer, sie lehrt gar nichts, sie ist nur.

Wir messen unbewusst die Welt am Urzustand. Doch die Welt ist bereits der Urzustand, daher untersuchen wir anhand des Apfelbaumes und der Erdkruste den Urzustand. Wir stellen fest, es gibt Naturgesetze, diese sind das Ur, aber in materieller Gestalt. Nun gilt es zu untersuchen, wie sich das Ur verwandelt und verfestigt in Materie und dennoch es selbst bleibt. Das bedarf langen Hinschauens, langer Meditationen, tiefen Eindringens. Da muss man Erdscholle werden und Apfelbaum, das ist der lange Weg durch die Erscheinungen. Und so ist auch die Naturerscheinung des Dunklen ein Ausdruck des Urzustandes, und zwar einer, der uns allerdings schnell hilft unsere künstlichen Vorstellungen vom Sein zu verlieren.

Der Meister sollte den Urzustand verkörpern und vorleben. Nur so kann er die Seelenessenz dem Schüler vermitteln. Der Urzustand ist immer da und bewirkt in uns Verwandlung, ja, er erzwingt sie durch die Forderungen des All-Tags und als dauernde, bewusste und unbewusste Sehnsucht in uns selbst. So zielt all unser Tun und Denken nur auf die Verwandlung, jedoch wissen wir nicht, wohin diese führen soll. Kaum haben wir einen Aspekt des Urzustandes erhascht, definieren ihn unser Verstand und unser rationales Ich als Glück, Liebe, Wissen oder Lust. Es wird nun unterschieden zwischen Lust und Wissen, aber im Urzustand sind beide Zustände eins. Es erwacht nun die Vielfalt, dazu entwirft der Verstand Begriffe. Dadurch wird das Umfassende des Urzustandes nicht mehr erkannt und so seine Kraft geschmälert. Das setzt sich auf allen Ebenen des menschlichen Lebens fort. Wir haben dann Intellektuelle und Künstler, Dichter und Wissenschaftler, Sänger hier, dort Sportler. Alle nähren sich von der umfassenden Lust des Urzustandes, erkennen jetzt aber nicht mehr, dass Sinnenlust und Gefühlslust die eine, die Große Lust mikrokosmisch nachahmen. Es scheint nun unendlich viele Lüste zu geben, doch wir werden nie alle ausprobieren können, daher benötigen wir gelegentlich den klaren Blick auf den reinen Urzustand, der uns die Einheit seines vielfältigen Körpers zeigt. Wenn der Urzustand tanzt und sich dreht, sehen wir jede seiner Ansichten für etwas anderes an, dreht er sich aber ganz schnell oder tauchen wir in ihn ein, so erfahren wir alle seine Daseinszustände als einen einzigen – das geschieht in der Bewusstseinsklarheit.
So entsteht unsere durchgearbeitete, holzgeschnitzte Persönlichkeit, auf diese Weise wird sie durch viele Aspekte des Urzustandes hindurchgeführt. Doch diese Entwicklung ist ohne Ende.

Die Aspekte des aufgesplitterten Urzustandes sind so viele, wie es Charaktere und Daseinszustände gibt. Müssen wir durch all diese Charaktere hindurch? Der Urzustand zeigt sich als Stärke, Wille, Freude, Mitgefühl, Liebe, Frieden, Wahrheit usw. Was müssen wir noch alles durchleben? Oder reicht ein Charakter für alle?

Kritik der religiösen Übungen

Nahezu alle Religionen und spirituellen Meister vermitteln Übungen, körperliche, mentale, soziale, die helfen sollen Gotterkenntnis zu erlangen. Tatsache ist, sie versagen in fast allen Fällen. Die Übungen sind raffiniert, richtig und wahr, bewirken aber nichts. Bewirken sie doch etwas, so bilden wir uns das ein. Warum ist das so? Weil den Übungen eingeschliffene Verhaltensweisen, die stärker sind, entgegenstehen. Es ist, als wollten Schwertkämpfer gegen Pistolenschützen antreten. Erstere haben keine Chance. Dennoch stehen Übungen bei allen Religionen hoch im Kurs, weil sie einem helfen zu glauben, es könne etwas damit erreicht werden. Am Anfang herrscht Euphorie, daraus entsteht Apathie und daraus wird schließlich Aufgeben. Um der Depression zu entgehen, wechselt man einfach die Religion, den Meister, die Übungen und der gleiche Ablauf vollzieht sich von vorne. Irgendwann aber stirbt man. Das war es dann. Darüber hinaus gibt es die Träumer, die sich praktischerweise alles selbst erträumen; dann die Leser spiritueller Literatur, sie wissen alles über Heilige, Meister und Religionen, sie ahnen etwas, erreichen aber nichts. So belügen wir uns selbst und andere, um uns wichtig zu machen, um Selbstwertgefühle zu horten, denn – so will es das existentielle Paradox – das Selbstwertgefühl ist ein fernes Echo des universalen Selbst, daher ist der Selbsterhaltungstrieb ein, wenn auch verdünnter, so doch wahrer Gottestrieb.

Der Strohhalm und das Nichts

Es spielt also keine Rolle, ob man Mitglied einer Partei, Religion oder Wohlfahrtsgemeinschaft oder des lokalen Geschichtsvereins ist. All das hilft, sich als Ich zu fühlen. Auch Heirat hilft und Familie und der Beruf – Hauptsache man hat einen Strohhalm, der einen nicht untergehen lässt. Jeder Mensch baut sich eine Arche, rudert mit Strohhalmen.

Der Mensch lebt, indem er sich von Geburt an bemüht, etwas zu erlangen, zu haben. Haben- und Seinwollen stehen zentral im menschlichen Leben – insbesondere Gott sein wollen. Denn: Wer etwas hat, etwas darstellt, fühlt sich Gott näher, ist fast Gott, zumindest für die, die nicht so viel haben, nicht so viel darstellen. Unser infernalischer Habeninstinkt stellt die unterste Stufe des Gott-sein Gefühls dar. Wir dürfen es also nicht unterschätzen, sondern sollten durch es hindurch zum eigentlichen Ziel sehen. Je mehr wir haben und sind, desto näher dem guten Gott (Gott = germanisch *God* = das Gute). Doch jeder weiß insgeheim, Besitz und Sein können jeden Tag zu Ende sein durch Verlust, Überfall, Versagen. Also hilft nur beten, dass alles so bleibt und noch mehr wird. Doch das Schicksal will es meistens anders. Selten *hat* einer sein Leben lang, die Rache kommt stets und zur unrechten Zeit. Also ist da die Angst, irgendwann nichts mehr und leer zu sein. Diese Leere steht immer neben uns, begleitet uns vom Klo bis zum Thron. Daher das gierige Festhalten an Haben und Sein. Daher die Universalangst *nicht* zu sein.

Haben- und Seinwollen

Zugunsten des Haben- und Seinwollens ist anzuführen: Alle Arten von Raffgier, jegliches Sich-Sonnen im Ich-Sein zielt darauf ab, das ganze Sein zu sein, denn wenn alles in mir ist, bin ich das göttliche Ganze. Haben- und Seinwollen sind unsere instinktivsten spirituellen Bedürfnisse, sie verkommen lediglich auf der stofflichen Ebene zu bloßem Besitzenwollen. Aber ein Fehler steckt in diesem instinktiven Alles-sein-wollen: Ich kann als physischer Mensch nicht alles sein! Alles sein kann ich paradoxerweise nur, bin ich gar nichts mehr. Bin ich als Ich leer, Hohlkörper, dann kann dort etwas hineingefüllt werden, aber das Ich macht uns voll, verhindert Öffnung, Leere und damit Alles-zu-sein.

Ein genialer Kniff ist also eingebaut, ein Schloss gegen falsche Anmaßung. Nur wer nichts ist, ist alles, wer sich als *Alles* fühlt und aufspielt, ist bloß ein Angeber, dem niemand traut. Religionen sind solche Angeber, sie spiegeln vor im Besitz des Alles zu sein, wollen in Wirklichkeit nur alles Stoffliche, alle Gläubigen besitzen. Ebenso aber traut kein Normalbürger dem Leeren, denn der scheint nichts Wert zu sein, weil er nichts hat noch ist, ohne Geld und Titel. Man setzt daher auf jene, die haben und etwas sind, aber im Hinterkopf traut man auch ihnen nicht, weil sie ja von mir nehmen, mein Sein demütigen.

Man stellt fest, dass man alles verlieren kann, was man sich mühsam erworben hat durch Arbeit, Beruf, lernen, erben und lügen. Die Leere steht neben uns Tag und Nacht, stellen wir erschrocken fest. Die Aufgabe des Menschen, so postulieren Vereine, Regierungen, Systeme, Religionen, sei, dass jeder etwas aus sich mache, jeder etwas habe. Wer nichts hat, nichts ist, der ist nicht; der, so wird behauptet, gehe unter, was sich im Allgemeinen auch bewahrheitet. Daher nun der Lebenskampf um die besten Anteile des Besitzes, des Seins. Das nennt man dann Leben!
Was nun eine Leere sein kann, kann sich niemand so recht vorstellen, denn schon als Kind hatte man was, war was, hatte Ichgefühl. Das Ichgefühl wird im Laufe des Lebens sogar immer stärker. Die Leere ist nicht vorstellbar und auch nicht wünschenswert, wozu also darüber sprechen. Was man eben übersehen hat, ist die tiefste Weisheit, dass die Leere die Mutter des Alles ist.
Kurzum: Wer Leere erfährt, erfährt sie paradoxerweise in Gestalt der Fülle, des Alles, aber eben als leer. Ist das nun ein elegantes Paradoxon?

Die Zartheit

Eigenartigerweise behandle ich das Wichtigste nun fast zum Schluss: Die Zartheit.
Der patriarchal und mechanistisch geprägte Abendländer, der

auf feste Formen und kausale Handlungsabfolgen eingeschworene Europäer, besitzt keine Zartheit des Empfindens mehr. Das hat zu tun mit unserem Herauswachsen aus dem Naturleben, in das wir als Stammeskulturen noch eingebunden waren. Die Beherrschung und Unterdrückung der Natur lief parallel mit der Vernichtung unseres Gespürs für unsere eigene Natur. Natur rächt sich immer!

Die Menschen, die in die lichtlose Welt eintreten wollen, erwarten dramatische Erscheinungen bei einer solch strapaziösen Übung. Enttäuscht werden sie regelmäßig, weil nichts im Dunkeln passiert. Sie sitzen fernsehgeprägt in der Nacht und warten, dass jemand den Fernseher für sie anschaltet. Nichts geschieht. Die Nacht zwingt uns nun nach innen zu horchen und zu schauen. Zunächst sehen wir nichts; dann dämmern vage Schatten herauf, das Plasmalicht. Dennoch erwarten wir dramatischere Eruptionen der Seele – doch nichts dergleichen. Die Nacht zwingt uns dann noch tiefer nach innen zu spüren und da liegen zarte Schleier von Andeutungen und Gefühlen, von tiefen und tiefsten Erkenntnissen, Ja, da liegt eine ganze Welt offen vor uns, über die wir im Eifer der Erleuchtungserwartung und des gesamten Panoptikums spiritueller Sehnsüchte hinweggeschaut haben. Die spirituelle Begeisterung oder die religiöse Sehnsucht sind nämlich der Feind aller Innenschau, weshalb die Religion, nach der materialistischen Weltschau, das ärgste Hindernis dafür darstellt, die zarte Welt wahrzunehmen. Religion ist immer auf Materie oder Psyche hin orientiert, weil sie etwas erreichen will, das bereits da ist. Dadurch überlagert sie die zarte Plasmawelt durch starre, religiöse Erwartungen. Lassen wir aber, gezwungen durch die Dunkelheit, Konzepte, Theorien, Hoffnungen, kulturelle Allwissenheiten und selbstsichere, spirituelle Phantasmen fallen, entdecken wir erstmals: Die Plasmawelt liegt direkt vor uns, wir sind sie selbst als Seele. Das Leben ist ein aufgeschlagenes Buch, gedruckt auf plasmatischen Feinstoff, hingezaubert als zartestes Gewebe aus Gefühlen.

Wer aber noch einen Schritt weiterkommt erkennt, dass diese

vermeintlich reine Gefühlswelt eine gewisse plastische, luftartige, weiche, mental knetbare Atmosphäre ist. Wir laufen dann durch den Dunkelraum wie durch Wasser oder dichte Luft. Kurzum, wir sind eingetreten in die Plasmawelt. Aber das bleibt zunächst alles sehr fein. Dabei sind wir jedoch keineswegs in einem so genannten veränderten Bewusstseinszustand, nichts verändert sich, wir sind bewusstseinsklar und rational. Wir können sprechen und normal denken. Nichts hat sich verändert und doch stehen wir mit einem Fuß im Plasma. Das alberne Gerede von Bewusstseinsveränderung stellt sich als Phantasma jener dar, die nichts erfahren haben, aber dementsprechend viel zu sagen haben. Sie mystifizieren und phantasieren sich in der Einöde des Intellekts eine Sciencefiction-Welt zusammen. Doch die zarte Welt des Plasmas treten sie dabei mit Füßen. Die gesamte Wissenschaft der Parapsychologie, die Erforschung so genannter alternativer Bewusstseinszustände ist ein Irrtum. Unsere Wachheit verändert sich nicht, alles bleibt normal, aber wir stehen gleichzeitig in zwei Welten – Plasma und Stoff.

In einem nächsten Schritt enthüllen sich die Plasmastrukturen, die langsam heraufdämmern, als das Fundament der stofflichen Formenvielfalt. Wir sind hinabgetaucht zum Urstoff, sind selbst Urstoff geworden. Verkehren mit den Plasmatoten und den Plasmagöttern, die am Webstuhl des Schicksals die feinen Fäden der Zukunft verweben. Doch nicht jeder gelangt durch die verbotenen Türen, nicht jeder besitzt einen Schlüssel, und die schwarzen Wächter kontrollieren unerbittlich die Nachtfahrten der Seelen. Denn im Grunde ist die Plasmawelt ein den Lebenden vorenthaltenes Reich, denn ein Geheimnis schwebt über der Menschheit, die wahre Geschichte ihrer Existenz.

VIER

Therapie in Finsternis – Die Praxis

Dunkelheit als Seelenspiegel

Im Dunkeln reist man von selbst durch die Verzweigungen der Seele – ohne Landkarte – zurück über die Äste zum Stamm und von diesem weiter zum Wurzelursprung. Dunkelheit ist der Katalysator, der die Verkrampfungen, das Dickicht der Zweige lüftet und trennt. Dunkelheit stellt den Urzustand der Seele da, verweist geschlagene 24 Stunden darauf und irgendwann kann unser Seelendickicht nicht anders, als sich dieser dauernden Klarheit und Schlichtheit zu beugen und langsam von ihr aufgesogen zu werden. Sicherlich werden wir, obwohl wir uns dauernd selbst in die Augen sehen, ermüden und abgleiten in Phantasien und das Denken in Kreisen; doch periodisch werden wir wieder erwachen und in uns selbst hineinschauen. Diese Dauerkonfrontation ist es, die irgendwann die gutorganisierte Ichfestung abbröckeln und schließlich zusammenbrechen lässt.

In der Tat ist es in der Dunkelheit nicht anders als im Licht: Nur die Tiefe des Fühlens und Denkens ist eine andere – und darauf kommt es an. Der Lichtalltag mit seinen vielen Ablenkungen lässt uns nicht in die Tiefe des Seins dringen. Wir können jederzeit in einer der tausend Ablenkungen Zuflucht suchen. Das Dunkel dagegen erlaubt keine Ablenkung und zentriert uns so auf die inneren Fragen und Gefühle. Die dadurch hervorgerufene Vertiefung lässt bald die unendliche Seinstiefe hervortreten, eine Ahnung von der Ganzheit des Seins, die unbeschreibbar bleibt. Hierin jedoch findet der Mensch seinen wahren Kern und das lässt ihn mit einem Erfülltsein von Tiefe wieder in die Welt treten. Das ist die umfassende, wenn auch unfassbare Heilung, nach der sich jede Seele sehnt. Dunkelerfahrung ist Seinserfahrung. Seinserfahrung ist die echteste Heilung. Konventionelle Therapiebemühungen fassen das Psychische zu kurz, gelangen nicht zur Essenz des Seins. Stehen wir aber voll in der Seinserfahrung, in tiefem, ruhigem Sein, dann ist das so, als stünden wir nackt im Wasser und würden gereinigt.

Seinserfahrung löst Probleme auch ohne Therapie, ohne dabei auf einzelne seelische Strukturen einzugehen. Wer das Sein in aller Kraft erfährt, dem legen sich all die tausend kleinen Beschwernisse zu Füßen, damit er souverän darüber hinwegsteige. Pure Seinserfahrung kennt keine Schwierigkeiten, nur das Dröhnen einer unendlichen Tiefe. Seinserfahrung verdrängt die Probleme nicht, sondern hebt sie auf eine höhere Ebene, auf der sie ganz natürlich und nicht mehr erdrückend wirken. Seinstherapie sieht seelische Engpässe als Energiebewegungen, als Wellentäler und Wellenberge, als natürlichen Fluss des Seins und nicht als Hindernisse, die es auszulöschen gilt. Der große Irrtum westlicher Psychotherapie ist: Sie will Probleme auflösen. Sie weiß nichts davon, dass es ewig Probleme geben wird und dass, kaum ist eines weg, ein anderer Kopf des Urproblems auftaucht. Man kann ein Problem beseitigen, aber dafür kommen seine Brüder hoch. Es handelt sich um Energiewellen, nicht um echte Probleme. Also kann man sich nur auf eine höhere Ebene begeben, um von diesen Energiewellen nicht ertränkt zu werden; von diesem Berg aus erschaut man nun erstmals die Wasserbewegung des Sees der Seele mit ruhigen Augen. Leben heißt Energie. Wenn die Energie als Problem missdeutet wird und man versucht, sie auszuradieren, wird das Leben selbst zum Erlöschen gebracht oder es rächt sich in Form eines neuen Problems. Daher ist der Psychotherapeut der Neuzeit in der Tat ein personifizierter Sisyphos. Der Dunkeltherapeut dagegen wartet ruhig ab, bis die Dunkelheit seine Arbeit getan hat, er ist im Besitz der Zeit und lässt sie zusammen mit der Dunkelheit für sich arbeiten.

Methoden in der Dunkelheit engen ein

Eine sachkundige Führung erst gestaltet eine Dunkeltherapie zu einem Erfolg. Dabei kommt man jedoch mit guten Ratschlägen und psychologischem Allgemeinwissen nicht weit, eine exakte Kenntnis des transpersonalen Transformations- und Sterbeprozesses, der Struktur der Vision, der Verwandlung von normaler Emotion in erhabene Gefühle usw. ist unabdinglich. Sicherlich auch darf man keinesfalls Menschen zum tibetischen Buddhismus oder irgendwelchen gerade modischen Therapien weder anregen noch dort hindrängen. In der Dunkelheit ist allein diese der Therapeut, arrogantes Hinzufügen persönlicher Therapieobsessionen ist kontraproduktiv. Die Dunkelheit kennt ihren eigenen Weg und möchte nicht gestört werden. Auch der Betreuer ist weitgehend auf die Rolle eines Schülers reduziert. Die auftauchenden Prozesse stehen nämlich in keinem Lehrbuch, auch wenn Psychologen glauben, die Psyche restlos abgeforscht zu haben. Die Dunkelheit erzeugt ganz neue Erfahrungen, die zeigen, wir haben noch nicht einmal begonnen zu erahnen, was Seele ist.

Also: Es geht nicht um Bekehrung oder darum, den Besucher der Schwarzen Welt mit Übungen aus hochspirituellen und effektiven Traditionen zu überfallen. Techniken, wie man das neomodern nennt, haben ohnehin keinen Einfluss auf den Menschen und dienen nur der Abwehr der Angst. Sie hindern uns, uns unmittelbar auf das Sein einzulassen. Echte Erfahrungen kommen niemals durch mentale Techniken zustande und wenn, dann handelt es sich um eingebildete, im Rahmen des Egogewinns erfundene Erlebnisse und pseudospirituelle Ichaufblähungen. Technik ist immer ein Hindernis aus Angst, Methode aus Angst. Der Markt der Meister und Methoden, der in allen Zeitaltern duftig blüht, hat nichts zu suchen in der Schwärze. Leute, die der Dunkelheit gerne noch ihre pluralistische Methodenvielfalt hinzuaddieren wollen, um auch den letzten Schrei und die abwegigsten Psychospiele vereinnahmt zu haben, werden nichts erreichen. Dunkelheit kennt keine Psychologie und keinen Psychologen, weder Meister,

Methoden noch Meinungen. Es geht nicht um etwas, sondern um nichts und selbst darum geht es nicht. Kurzum: Methoden in der Dunkelheit anzuwenden schwächt die Kraft der Dunkelheit. Lassen wir sie alleine wirken, lehnen wir uns abwartend zurück. Dunkelheit ist ein Aspekt der Natur, Dunkelheit ist die Natur, so wie wir selbst. Also: Lassen wir uns von uns selbst den Weg weisen.

Leben in der Schwarzen Welt

Drei Arten der Dunkeltherapie

Ich unterscheide drei Arten der Dunkeltherapie.

A. Dunkeltherapie zur Selbsterkenntnis

Dunkeltherapie zur Selbstbesinnung. – Wer bin ich? Wir können zunächst erforschen, wer wir sind, das heißt, woraus unser Ich besteht. Die meisten Menschen besitzen nicht die Kraft, sich selbst zu analysieren, ehrlich und wahrheitsgetreu ihre seelische Gliederung zu erkennen. Auf dieser Stufe bewegen wir uns im Rahmen der seelischen Wesensschau. Doch stellt sich dieses Unterfangen meist als eine Überforderung heraus. Der Mensch kann sich nicht selbst erkennen, wenn er die Vielfalt und überquellende Fülle des Lebensalltags im Genick spürt – er wird zu trügerischen Einbildungen verführt, die ihn weiterhin in den Banden der Selbsttäuschung halten. Das jedoch ist der zeitgenössische westliche Weg der Selbsterkenntnis. Er ist unhaltbar.

Eine Grundvoraussetzung für Selbsterkenntnis ist Erkenntnissucht zu meiden. Ein Paradox liegt in der Luft: Das Ich in seiner natürlich angeborenen und erworbenen Gliederung dämmert von selbst und frei herauf, doch nur, wenn wir uns vor der Analyse hüten und das Ich mit all seinem Ballast an kulturellen und ich-geschichtlichen Steinen zusammenbrechen lassen in einer Nicht-Ich-Erfahrung, einer Erfahrung der Leere. Und das ist es, was Dunkeltherapie vermittelt. Aus der Erfahrung der Leere heraus liegt dann unser blühendes, feinziseliertes Ich vor uns wie ein aufgeschlagenes Bilderbuch. Ohne Mühe und Aufwand sehen wir nun das Labyrinth unserer Ichlinien vor uns fließen und wir verstehen es unwillkürlich, ohne den verschlungenen Weg der Analyse gegangen zu sein. Es erdrückt uns nicht mehr, stellt uns nicht mehr vor Rätsel, denn es ist nicht mehr unser Ich, sondern ein, unserem wahren, weiten, leeren Wesen aufgestempeltes Ich aus Geschichte und Kultur, so wie ein Kunstobjekt einen Preis aufgeklebt bekommt, als könnte es in Zahlen bewertet werden. Kurzum: Wir haben die Freiheit, nicht mehr unser Ich zu sein.

Dieser Nicht-Ich-Zustand versetzt uns in den Stand, uns unser Ich gelassen umzuhängen wie einen vergilbten Mantel und ohne uns zu genieren durch die luxuriösen Einkaufsstraßen zu bummeln, denn ich bin nun nicht mehr Ich, ich habe lediglich ein Ich angezogen, zur Bedeckung meiner Nacktheit, die nicht geduldet wird in den glänzenden Avenuen. Hier entspringen Genie, große Freizügigkeit, Humor, Lebensweisheit, Lebenslust ebenso wie tief empfundene Lebenstragik – nämlich ein Ich angezogen zu haben, sich dermaßen einseitig zu beschränken – und so die ganze Lebensfülle nie auf einen Nenner bringen, nie ganz erleben zu können. Also: Aus der Leere zur Fülle! Es ist ein Paradox wie alle großen Erkenntnisse – *dass wir uns zuerst entleeren müssen von dem, was wir erkennen wollen*. Der umgekehrte Weg, der ja logisch wäre, führt erstaunlicherweise zu nichts als zu noch mehr Ichproblemen. So sorgt das Dasein stets für überraschende Wendungen.

B. Dunkeltherapie für innere Stille

Ein Motiv für Dunkeltherapie kann sein, einfach zu sich selbst, zur inneren Ruhe zurückzufinden und die Dunkelheit als eine Art Entspannung und Erholung zu benutzen. Diese Einstellung ist ehrlicher und bodenständiger und letztendlich erfolgreicher als die, der übertrieben Hoffenden und Strebenden. Viele Menschen erwarten, kaum eingetaucht ins Dunkle, märchenhafte

Erfahrungen, Halluzinationen, Visionen, Geister, Götter. Bereits in der ersten Nacht erfahren sie, dass mentale Zustände viel subtiler sind und es keineswegs eines paranormalen Feuerwerks bedarf. Hier zeigt sich, wie ungehobelt viele an die hauchdünne Welt der Seele herantreten, wie Berserker, die mit einem spirituellen Kraftakt das Tor zum Geheimnis auftreten wollen. Diese Personen werden Enttäuschungen ausgesetzt, sie werden konfrontiert mit ihren eigenen Projektionen, die nun in Negativform auf sie zurückstrahlen. Nämlich: Weil etwas passieren soll, passiert rein gar nichts. Man erwartet Geister Verstorbener in jeder Ecke, doch es bleibt ruhig und man hört sein eigenes Schweigen. Der Drang, Bizarres zu erfahren, endet in Ernüchterung.

Das Phänomen des Geistes wurde also in keiner Weise verstanden und die Lebenshaltung war eine ganz und gar materialistische. Spiritueller Materialismus entpuppt sich als der geheime Herrscher aller Spiritualität und Psychologie, es schleicht sich also diese Macht geschickt von »hinten« in uns ein. In der Dunkeltherapie wird einem das sehr schnell vorgeführt. Daher wird oft schon am ersten Tag der ganze mitgeführte irrationale und rationale Ballast in Gestalt abgehobener Theorien inklusive mitgebrachter Meditationskissen, Riechöle, glitzernder Steine, Tücher, Symbole, Konzentrationshilfen weggeworfen und ziert als Mummenschanz ungesehen die Nacht. In der Dunkeltherapie geht man auf dem eigenen Fleisch, nicht auf indischen Seidenschuhen. Nacktheit ist jetzt angesagt, die Dunkelheit durchleuchtet unsere verstecktesten Schlupfwinkel, wie raffiniert mit Seidenmalerei, Kristallkugeln und Mandalas auch übertüncht. Daher ist Dunkeltherapie stets eine innere Reinigung. Alles fällt weg, vom grobstofflichen Riechöl verfeinerter Damennasen über Untergangsstimmungen bis hin zu Weltideologien vom Buddhismus bis zum Schamanentum. Da bricht schon mal ein Herz, das an der indianischen Feder hängt und ein Gehirn, das den Buddha zum Vorsteher des eigenen Gehirns gemacht hat. Im Allgemeinen aber erleichtert das und man darf die Welt wieder anschauen, wie sie ist: Geheimnis pur und man verneigt sich, nicht weil der Buddha es sagt, sondern weil die Erfahrung dazu zwingt.

Dunkeltherapie ist eine Weltbetrachtung ohne Betrachtung und ohne Welt. Da mögen gelegentlich ein *horror vacui* heraufdämmern, eine Welt in Scherben fallen, Altarbilder in Flammen aufgehen oder ein paar hochgezüchtete, spirituelle Überempfindlichkeiten sich selbst zu Tode treten, das vermehrt nur den Trümmerhaufen der Ideologien um ein Weniges, aber es reinigt die Herzen. Hier liegt auf jeden Fall ein Sieg der Dunkelheit vor und darin besteht ein guter Teil der Dunkeltherapie: Sie hat die Aufgabe, von philosophischen und weltanschaulichen Vorurteilen und spirituellen Selbstsuggestionen zu heilen. Es muss einfach als erste Tatsache des Lebens klar werden, dass keine Philosophie – wie raffiniert auch vom Ego zusammengezimmert – kein Kult, kein Weiser, keine Religion uns auch nur einen Funken Licht vermitteln können. Das wird eindeutig klar, wenn wir selbst konfrontiert werden mit dem Dunkellicht. Sensationen und Offenbarungen zu erwarten ist verständlich, aber ein Irrweg, der nur aufhält. Die Bescheidenen dagegen sehen mehr, die Unwissenden erfahren Wissen, diejenigen, die ohne Anspruch kommen, werden beansprucht. Die Dunkelheit hilft, das Ich zu verringern und gleichzeitig steigt die andere Seite der Waagschale hoch und offenbart uns die leere Alles-Welt. Dunkeltherapie ist daher eine direkte Methode, so direkt, dass sie keine Methode mehr ist.

Viele wünschen, dass ich das Drama der Dunkeltherapie-Theorie aufzeichne, dass eine Gliederung und faktisches Wissen da seien, eigentlich hätte ich mir das auch gewünscht, so ein richtig schönes, kompaktes, selbstsicheres Buch; aber mir fällt nichts ein. Selbstsicherheit beengt. Jeder muss also selbst sehen, was er mit den Kapiteln und Episoden anfängt. Dunkeltherapie ist einfach eine Reise in die Welt, sie ist ein Hilfsmittel wie vieles, nur ein fast nicht zu betrügendes, denn 24 Stunden Nacht kann keiner zum Narren halten. Die Dunkelheit bringt es immer an den Tag!

Die Dunkelheit macht das mit uns, was wir als Menschen eigentlich nicht wollen, wir wollen nicht leer, sondern voll werden. Wir wollen nicht *nicht* sein, sondern viel sein. Wir unterliegen einem falschen Plan, der sagt, wenn du nimmst, hast du – tatsächlich haben wir nur, geben wir ab. Es ist einfach zu paradox. Es ist kaum auszuhalten, man möchte schreien. Warum ist das Einfache so schwer?

C. Dunkeltherapie als spirituelle Nacht

Dunkeltherapie verlässt bald den Raum, in dem unsere Anschauungen, Gewohnheiten und Selbstbilder und unser Körper-Ich stehen. Es findet ein planmäßiger Auflösungsvorgang statt. Ziel ist die Entleerung von allem, was zu einem Ich führt. Das Ich setzt Grenzen, die nicht der Wirklichkeit entsprechen. Die Wirklichkeit ist eigenartigerweise leer, nicht voll. Dies wird nun erfahren. Doch wenn ich von Leere spreche, erzeugt das alsgleich wieder falsche Erwartungen und Bilder. Die Erfahrung der Leere ist nicht leer. Worte können das nicht beschreiben, Worte sind immer Lügner. Nur in der Leere kann Fülle existieren – und umgekehrt. *Leere und Fülle unterscheiden sich nicht, sie sind eine Sache!* Wer dieses Paradox annähernd in sich erfahren hat, besitzt immerhin einen Ausgangspunkt, um erstmals das Leben umfassend zu erfahren. Alle anderen Modelle sind müßig, denn der (nicht vorhandene) Unterschied von Leere und Fülle steht an der Wurzel aller Lebensschau. Die Fülle nur in ihrem eigenen Rahmen zu besprechen, wäre wahrhaft eine Rückkehr zu unserer europäischen Urkrankheit.

Meditation im Dunkeln

Menschen, die Dunkeltherapie einsetzen wollen, um bestimmte innere Vorgänge bei sich auszubilden oder um ihre spirituelle Praxis, welcher Art auch immer, zu vertiefen, haben meist Erfolg mit ihren Bemühungen. Allerdings erleben wir in der Dunkelheit das vorgenommene Übungsprogramm als willkürlich und zu massiv und daher wird es unter dem Ansturm der Dunkelheit bald aufgegeben. Dunkeltherapie und Nachtyoga stellen in Kombination ein gewaltiges Instrument der Selbsterforschung dar, aber nur wenigen ist es gegeben, beide gemeinsam einzusetzen. Wie gesagt: Im Allgemeinen wird die spirituelle Methode, mit der man so mutig und selbstbewusst angetreten ist, von der Dunkelheit geschluckt, übrig bleibt dann nur die Dunkelheit selbst als Weg, denn in der Schwärze zu sitzen, wird bald zu einer natürlichen, unmethodischen und unprätentiösen Meditation, einer Meditation ohne Meditation – und das allein ist Meditation.

Grundlage jeder Erforschung des Geistes ist eine Aufmerksamkeit, die sich auf einen Punkt richten kann und das so lange wie möglich, ohne störende Gedanken, Gefühle und Empfindungen aufkommen zu lassen. Und genau das ermöglicht die Dunkelheit. Dunkelheit verschlingt unsere Assoziationsketten. Wir vertreiben ohne große Mühe die dauernd aufkommenden Sensationen. Das Netz der Gedanken dehnt sich weitmaschig aus. Eine innere Ruhe befähigt uns, souverän die Aufmerksamkeit laserartig auf einen Punkt zu richten und nicht nachzulassen in dieser Tätigkeit. Diese Macht der Selbstkontrolle, die aber ganz mühelos und spontan auftritt, gibt uns eine legere Souveränität, ein Gefühl konzentrierter Leichtigkeit. Wir spüren, dass geistige Übung und Kraftaufwand sich ausschließen. Es ist diese absichtslose Mühelosigkeit, die unsere Persönlichkeit, unser Selbstwertgefühl bereichert und stärkt. Anzumerken ist jedoch: Das Ausrichten der Aufmerksamkeit sieht in der Praxis anders aus als es die sprachliche Formulierung suggeriert: Konzentration taucht erst auf, wenn diese ungewollt geschieht, unbeabsichtigt ist, wenn wir über die Konzentration als willentliche Anstrengung hinaus sind und jenseits dieser erzwungenen Konzentration gelassen im Dunklen sitzen und Meditation ein Fremdwort geworden ist. Wer gelassen, nicht-meditativ im Dunkel sitzt, spürt instinktiv eine Abwehr gegen alles spirituelle Tun. Sein ist ziemlich einfach, spürt man, Sein ist klar. Die Dunkelheit ist lebendig, besitzt einen fassbaren Körper, schmeckt, riecht und lässt sich gelegentlich streicheln wie ein Puma.

Dunkeltherapie ermöglicht ohne Aufwand die Voraussetzung zur Meditation, weil die Dunkelheit das, was uns an tiefer Konzentration hindert – Gedanken und Gefühle und Meditationskonzepte – wegfrisst. Dunkeltherapie ist, wie gesagt, eine Basistherapie, sie therapiert nicht dieses oder jenes Leiden, sondern gibt uns die Möglichkeit, Störungen unseres Denkens und Fühlens zu verringern. Geistige Unruhe und Gefühlswirrwarr lösen sich auf, Ruhe und Geborgenheit stellen sich ein.

Langeweile und Dunkelunlust

Seelische Kräfte, die am Anfang der Dunkeltherapie auftreten, sind Langeweile, Hilflosigkeit, Drang zur Beendigung der Therapie, Träumen, wie schön es wäre jetzt im Licht zu sein, Vermischung von imaginierten und realen Gedanken und Gefühlen. Selbstberührungen um Abwechslung zu erzeugen, Umherlaufen, Gymnastik, Berühren der Wände. Man meint, es nicht aushalten zu können vor Langeweile, Nichtstun, Einsamkeit und Abwechslungslosigkeit: man will sprechen, sehen, hören. Wenn das Fass am Überlaufen ist und man am liebsten die Sitzung beenden möchte, weil es doch sinnlos ist und nichts passiert, kommt es oft zu einer plötzlichen Umkehr der Situation: Alles wird ruhig, erhaben, man ist gelassen und freut sich einfach da zu sein. Manche greifen auf ihre Übungen zurück, die sie verwurzeln und ihnen einen gewissen Tätigkeitsspielraum geben. Im Allgemeinen aber werden die Übungen, welcher Art auch immer, bald aufgegeben, sie erscheinen einem im Lichte der Dunkelheit erkünstelt, erzwungen, aufgesetzt. Man erkennt langsam, die Dunkelheit selbst ist die Übung, die mit einem etwas anstellt, was man sich nicht selbst ausgedacht hat, und sie setzt einen organischen Prozess in Bewegung, dem man sich nicht widersetzen sollte und der echter ist als alle vorgegebenen, mechanischen Übungen. Bald tritt eine allgemeine Beruhigung ein, man überlässt sich sich selbst, ist geduldiger, nicht mehr so sehr an Aktivität und Sehenwollen orientiert. Auch die geistigen und spirituellen Konzepte, mit denen man in die Dunkelheit gekommen ist und die

man hoffte, hier nur wieder zu finden, versinken langsam in der Dunkelheit. Man gibt sich hin. Vorstellungen, Erwartungen, das großartige Panoptikum der hehren Philosophien sind nun nicht mehr so wesentlich.
Man erkennt, wie aufgesetzt sie sind, wie unbegründet, und dass eine innere Leere die Voraussetzung aller Erfahrung ist, eine echte Leere nicht eine Konzeption von Leere – das ist etwas Grundverschiedenes und das muss zunächst erfahren werden. Nur: Wer es erfahren will, erfährt es nicht, es entsteht aus einer Mischung von Verzweiflung, Langeweile, Selbstaufgabe, Entäußerung und Nichtstun – alles sehr unspirituelle, geistlose Vorgänge, die mit Schmerz verbunden sind, mit unangenehmen Gefühlen und Empfindungen, aber das ist der allgemein menschliche Weg, es gibt offenbar keinen anderen.

Danach besteht umgekehrt die Gefahr der Lethargie, des Halbschlafzustandes, des Tagträumens und der Bewusstlosigkeit. Jetzt kann unter Umständen zu Körper- und Geistübungen als Anker zur Realität zurückgegriffen werden, um sich aus dem Hängenlassen herauszukatapultieren. Oder man studiert aus der Warte eines unabhängigen Beobachters die inneren Vorgänge genau, dazu aber bedarf es großer Aufmerksamkeit und Feinfühligkeit und besonders eines wachen Geistes, der aber dabei ist zu versinken. Überwache Regsamkeit und geistige Lethargie sind gewissermaßen die Säulen des Herkules, Skylla und Charybdis, durch die wir im Dunklen zu schiffen haben und an denen wir jederzeit zerschellen können. Hilfreich wirken hier Gespräche mit dem Betreuer, die einen auf ein normales Niveau zurückführen und aus Überaktivität oder Lethargie befreien.

Die Dunkelgespräche

Der Mensch im Dunkeln bedarf jeden Tag des Kontakts und des Gesprächs mit dem Therapeuten. Die auftauchenden Phänomene sind so subtil, dass sie, werden sie im Gespräch nicht sichtbar gemacht, untergehen oder nicht wahrgenommen werden. Es gilt hier das Gleiche wie im Leben: Nur wer Augen hat sieht, nur wer Ohren hat hört! Solange kein Bewusstsein über die Struktur und die Erscheinungsformen während der Dunkelheit herrscht, besteht die Gefahr, dass die zunächst sehr zart auftauchenden Erscheinungen durch festgefahrene Wahrnehmungsmuster überrollt werden.

Im Allgemeinen besteht ein großes Interesse an Gesprächen. Sie verbinden einen wieder mit der Normalwelt. Insbesondere aber helfen sie, sich Klarheit über den eigenen Zustand zu verschaffen. Es handelt sich nicht um Psychotherapie. Der Dunkeltherapeut ist lediglich ein Katalysator, ein Buch, in das man seine Gedanken einschreiben und sie so loswerden kann. Es bedarf eines Zuhörers, der die Worte auffängt, dadurch können wir unsere Gedanken und Befürchtungen abgeben und uns ihrer entledigen. Und darum geht es, um die Reinigung von allen inneren Erinnerungen, Vorstellungen, Wünschen und Konzepten, wie die Welt nach unserem Geschmack zu sein hat. Die Gespräche dienen der Reinigung und der Therapeut ist dabei die Projektionsfläche. Komplizierte Analysen der Psyche stehen nur am Anfang an, und dafür ist im Wesentlichen die Dunkelheit zuständig, sie ist die große Löserin, das Dunkelgespräch ist nur ein Endprodukt, eine letzte Hilfestellung und Rückbindung an die Normalwelt des Lichts. Im Grunde sind die Aufgaben des Therapeuten bescheiden, er hört zu, stellt einfache Fragen und bietet gelegentlich Analysen an, eher Hinweise, wie der seelische Prozess in der Dunkelheit normalerweise abläuft, analysiert also nur am Rande, gibt eher die Fakten des Dunkelprozesses, wie er grundlegend abläuft, wieder. Das ist oft enorm hilfreich für die Besucher der dunklen Welt, so erfahren sie, dass ihre Zustände nicht ihre sind, sondern einem allgemein menschlichen Muster folgen. Die Analyse bezieht sich meistens auf die Visionen, da die meisten Menschen nicht die Gabe besitzen, die Sinnbilder zu deuten. Die Visionsphase tritt intensiv meistens am Anfang auf und verläuft sich dann in der Seinserfahrung. Dennoch tauchen vereinzelt bis zum Schluss ungelöste Seelenzustände in Bild- oder Filmform auf, denn die charakterologischen, angeborenen Urprobleme eines Lebens lassen sich nicht einfach durch Selbsterkenntnis lösen, sie bleiben im Allgemeinen bestehen bis zum Tod, denn sie bilden den Charakter und Charaktertypus, der sich nicht einfach durch ein bisschen so genannte Psychotherapie in Luft auflösen lässt, auch wenn das der naive Traum vieler neuzeitlicher Therapeuten ist.

Es gilt stets zu unterscheiden zwischen Charakter und lebensgeschichtlich erworbenem Kulturcharakter, das sind zwei verschiedene Strukturen. Allein die Seinserfahrung hebt uns über beide hinaus, lässt uns uns davon erholen, lässt uns dann aber auch wieder zurück zur Erde gleiten. Die große Lüge der modernen Psychotherapie, alle Probleme beseitigen zu können durch Selbsterkenntnis, deckt die Dunkelheit sehr schnell auf. Die Menschen begreifen ihr Schicksal als in diesem Leben unlösbar, denn sie haben gerade dieses ausgewählt. Allein Ausflüge in die große Seinserfahrung helfen uns, die Ichprobleme zu ertragen und sie zu lassen, wie sie sind, so wie man ungezogene Kinder einfach lässt, weil sie Kinder sind. Das ist Weisheit, nicht krampfhaftes Problemelösen, sondern Probleme lassen und im Geist ruhen. Das, wohlgemerkt, bezieht sich allein auf die großen Schicksalsprobleme und angeborenen Charakterstrukturen, erworbene Probleme lassen sich jedoch teilweise auflösen.

Spirituelle Pathologien – Erwartungen

Mechanistische Erwartungshaltungen

Manche Personen, kaum hören sie etwas von Dunkeltherapie, sind fasziniert und ein Strom von Assoziationen überrollt sie: Ja, in der Dunkelheit muss tatsächlich etwas Grandioses passieren. Spirituell verbildete Menschen denken alsgleich an Erleuchtung, an Gespenstersehen, an Kontakt zu Toten, an Außerkörperliche Erfahrungen und Reisen in den Tod. Man möchte partout hand-

feste, paranormale Phänomene erfahren, das ganze Panoptikum der Parapsychologie ist erwünscht.
Im Alltag sind wir weitgehend Materialisten, das Wollen und Habenwollen bestimmen uns, wir wollen sehen, hören, greifbar erleben. Diese Haltung prägt naturgemäß erstmal unsere Erwartungen bei einer Dunkeltherapie. Der Therapeut hat daher die leidige Aufgabe, diese Erwartungen herunterzuschrauben – doch die Hoffnung ruft alle Phantasiegeister herbei, der Mensch will mehr. Das ist in der Tat ein ursprünglicher und instinktiver Impuls.
Im Geist gehören paranormale Geschehnisse zum normalen Dasein, Geist ist paranormal, also jenseits von Raum, Zeit und Kausalität. Geistige Erfahrungen sollen nun dauernd in der stofflichen Welt auftreten, um der Beweissehnsucht spiritueller Materialisten gerecht zu werden. Paranormale Ereignisse mögen Überzeugungen ins Wanken bringen, sie führen jedoch zu keiner geistigen Erkenntnis. *Geistige Tiefe kann nur erlangt werden, wird die normale Wirklichkeit in aller Tiefe als Ausdruck des Geistigen erkannt und erfühlt.* Das jedoch bedarf einer großen Anstrengung und einer wirklich transformierten Weltsicht. Da dies wenigen gelingt, will die Mehrheit auf direkte Beweise zurückgreifen, aber diese führen eben nicht zur Tiefenerkenntnis, lediglich zu einem oberflächlichen Bekenntnis für die Existenz einer anderen Welt. Es ist gewissermaßen eine Überzeugungsstrategie, indem man einem die Pistole auf die Brust setzt: Bekenntnis durch Zwang.
Die Wirklichkeit ist geronnene Geistigkeit, unmittelbares Abbild der Nachbardimension und nicht ein Jota verschieden von ihr. So können wir dort bleiben, wo wir sind und im Sein ruhen.
Hinter dem Drang zur vorschnellen Vergeistigung verbirgt sich ein Grundübel westlicher Psychologie: Wir erwarten handfeste, nachweis- und erlebbare Ereignisse, wir sind spirituelle Materialisten. Wir verkehren die Psyche in Stoff. Die ganze Bewegung der neuen Psychologie ist infiziert vom Bazillus des stofflichen Psychologismus. Man will jetzt begierig fliegenden Nachtmahren lauschen, Alben und Zwergen bei der Arbeit zuschauen, zu Lichtelfen und weisen Geistwesen, Lichtmeistern und ähnlichen

Phantasiegestalten reisen, man möchte einfach den Rummel des Alltags in der Dunkelheit fortsetzen und ist enttäuscht, wenn ich selbst meine Unkenntnis über dergleichen äußere, wenn ich zu meinen Erfahrungen in der Dunkelheit gefragt werde. Das Prinzip der Psyche wird offenbar in keiner Weise verstanden und damit auch deren Phänomene – tauchen sie tatsächlich auf – nicht und so verhindert gerade diese stoffliche Sichtweise des Geistigen seine Erfahrung.

Die Parapsychologie zeigt in ihrer Theoriebildung und Forschungsmethode genau diese mechanistisch-materialistische Erwartungshaltung, daher ist ihr bisher keine produktive Anschauung über dergleichen Phänomene gelungen. Überhaupt kann es eine Parapsychologie gar nicht geben als abgetrenntes Forschungsgebiet vom Psychischen und den subtilen Vorgängen, weshalb diese Institution zu keinen Ergebnissen außer der Dokumentation von Fallbeispielen gekommen ist und ihre selbstgesetzten Rätsel auch niemals ergründen wird. Paranormale Erscheinungen sind nicht paranormal, noch liegen sie außerhalb des normalen Leitfadens der Psyche.

Ein weiteres Problem ist die inflationäre Überhöhung normaler psychischer Ereignisse zu transpersonalen Ereignissen. Wenn alles nichts hilft, wird eben jede Gedankenblähung und Gefühlsschwankung ausgelegt als tiefe Einsicht, insbesondere von Menschen, die sich nicht ausreichend mit den Erscheinungen des Psychischen auseinandergesetzt haben. Besonders das neue Meer der Psychotherapien benutzt alltägliche Erfahrungen, und indem der Therapeut die Aufmerksamkeit darauf richten lässt, meint der unbedarfte Klient, er habe eine besondere Erfahrung durchlebt. New Age und Esoterik sind übervoll mit diesen Scharlatanansätzen. Andererseits haben diese alle ihr Gutes, insofern sie Menschen, die sich nie mit inneren Vorgängen beschäftigt haben, ganz leicht auf die erste Spurensuche führen. Dennoch führen diese Pseudo-Psychotherapien und Pseudo-Psychologien zu nichts und versanden, sobald sie ein zweites Mal betrieben werden, was dann zum bekannten Phänomen des Therapie- und Therapeutenwechsels führt und so die endlose, nie befriedigende Suche nach dem Meister startet.

Der so genannte spirituelle Weg, der sich immer wieder nur als normal-psychologisches Debakel enthüllt, lässt einen immer weitergehen und zunächst immer wieder euphorisch und danach frustriert sein. Der Weg der Menschwerdung ist so schwierig und man will es so einfach und schnell und es muss noch in diesem Leben geschehen, so dass die Verführung der schnellen Therapien sehr verlockend ist. Wenn dann am Wochenende die Erleuchtung nicht erfolgt – und sie wird nie erfolgen – studiert man das nächste betörende Programm. Wachstumskonsum ohne Ende. Was fehlt, ist die Grundhaltung des wachsenden Menschen: Alleinsein können, Geduld, erwartungslos sein und das Sein in den Feinheiten genießen. Gelingt das, so enthüllt sich das Wunder des Lebens als ein vor den Augen hängender Tannenzapfen, aber wir nehmen im Allgemeinen nur den Begriff Tannenzapfen wahr. Zudem: Die Erfahrung erscheint zu banal, man möchte nicht allein sein und sich einschmiegen ins soziale Gefüge, man möchte nicht im Dunkeln oder am Meeresstrand bewusstseinsklar sitzen, sondern möchte im spirituellen Zirkel diskutieren, prahlen und palavern – und man möchte auf keinen Fall allein sein. Die Gruppe aber ist das größte Hindernis, *der* Abwehrmechanismus der modernen Gesellschaft gegen Inneneinkehr. Gerade die neue Gruppenspiritualität, nichts geht ohne Gruppe, fördert nur eines, nämlich das soziale, rationale Ich, das, was es eigentlich zu umschiffen gilt. Daher die Unmöglichkeit aller Gruppenexperimente. Die Andere Welt betritt jeder nur ganz allein! Erkenntnis bleibt der einsame Weg. Daher: Im Dunkeln ist man stets allein, dafür umgeben von Visionen und den Verwandten aus der Nachbardimension.

Die Dunkelheit wird's schon richten

Viele Menschen hören von der Dunkeltherapie und erhoffen sich nun, dass ihre spirituelle Lethargie durch das Stimulans der Dunkelheit überwunden wird und das Geistige von selbst in ihr Blickfeld tritt. Man möchte nichts tun und passiv bleiben und erhofft sich von Gott die Lösung. Es muss immer wieder betont werden: Dunkelheit ermöglicht nur ein Spiegelbild der eigenen Situation bzw. bringt die eigene Situation deutlich hervor. Das große Nichts der Finsternis setzt keine neuen Informationen und Taten in die Welt, in dieser Freiheit entfalten sich nur unsere inneren Zustände jetzt in raschem Tempo. Die Dunkelheit ist eine weiße oder genauer, dunkle Leinwand, auf der sich alles, was sich in uns befindet, abbildet. Das ist das einfache Gesetz der Dunkeltherapie. Dunkelheit macht nichts mit uns, wie manche insgeheim apathisch hoffen, sie zeigt allein, was ist! Insofern dient Dunkeltherapie sehr gut dazu, sich selbst ungeschminkt und ohne falsche Hoffnungen, Einbildungen und Größenwahn aller Art zu erkennen. Die Dunkeltherapie nimmt den Jetzt-Zustand auf und führt ihn uns vor.

»Die Dunkelheit macht schon alles«, das ist ein häufiger Satz und eine grundlegende Motivation der Faulen. Man legt sich in die Dunkelheit und dann kommt die Erleuchtung. Man möchte es einfach haben. Diese Erwartung wird oft gehegt von Menschen mit wenig Bildung im Geistigen und einem dafür umso satteren, auf Genuss ausgerichteten, aber trüben Gefühlsleben. Gelenkt von ihrer sinnlichen Komponente mit einem Schuss Geistigkeit hoffen sie, so, ohne Aufwand, das abstrakte Ideal der Erleuchtung schnell und kostengünstig zu erlangen und sie selbst möchten dabei unbeteiligt bleiben. Man hat gerüchteweise von der Erleuchtung gehört, träumt nun davon und will sie sich jetzt mittels des Tricks Dunkelheit schnell verschaffen. Eine wirkliche Motivation fehlt, es handelt sich eher um eine intellektuelle Idee, von der man gehört hat oder bestenfalls um ein vages Gefühl, dass dies gut sei. Doch weder weiß man Genaueres noch hatte man die Kraft tiefer intellektuell einzusteigen durch Lektüre noch die emotionale Kraft wirklich tief zu fühlen und in der Einsamkeit den reinen Seinszustand zu erlangen. Man hofft auf die Erleuchtungsmaschine Dunkelheit.

Es ist ein verbreiteter zeitgenössischer Irrtum, man könne mittels moderner »Gehirn- und Bewusstseinsmaschinen« in geistige Bereiche vorstoßen. Wer jedoch Erfahrung besitzt in Geisteszuständen und tiefe Weltschau erlangt hat weiß: Es gibt keine äußeren Hilfsmittel. Nur ein organischer Prozess der Selbstdurchdringung, gestützt einzig auf das eigene Erleben, führt langsam zur Erkenntnis innerer Strukturen. Enttäuscht ist man dann, wenn durch das Faulenzen und Herumliegen und die angeschnallten Pseudomaschinen nicht der gewünschte Erfolg eintritt und schiebt es auf die Maschine, den Therapeuten oder die Dunkelheit. Die Dunkelheit aber ist keine Erleuchtungsinstitution, nur ein Hilfsmittel im Hintergrund, um die ablenkenden Außenreize zu verringern. Zudem unterstützt sie durch den Blick nach innen das Heraufdämmern der seelischen Probleme, die sich nun, auf das Nichts der Dunkelheit projiziert, in Wohlgefallen auflösen und unsere wahre Seele hervortreten lassen.

Spiritualität als Flucht

Christoph stieg recht schnell ein in die Dunkelheit. Es traten alsgleich Lichtphänomene und Bilder auf, Fasten und Eingewöhnung verliefen gut. Vielversprechend! Nach zwei Wochen jedoch trat eine Stagnation auf. Er begann von seinen tiefsten Problemen zu sprechen, seinen Ängsten, die sich ihm in der Dunkelheit immer klarer aufdrängten. »Das Mystische hat aufgehört!« Mit diesem bedeutungsschwangeren Satz begann eine Phase der Psychotherapie. Das Psychologische begann, es musste *zuerst* bearbeitet werden, es bildete ein dunkles Massiv, das jegliches Vorwärtskommen verhinderte. Es scheint ein Gesetz unserer Existenz, dass erst die stofflichen, dann die seelischen Strukturen aufgearbeitet werden müssen, bevor wir uns mit rein geistigen, spirituellen Belangen beschäftigen können. Viele Menschen stürzen sich wie Christoph vorschnell ins Spirituelle und vernachlässigen das Stoffliche und das Seelische beziehungsweise sie verwechseln in dieser Hast das Seelische mit dem Spirituellen, die weit voneinander entfernt liegen; sie wollen zwei Stufen überspringen in der Entwicklung, weil sie noch ganz dem schnellen Leben und den unreflektierten Handlungen des Alltags unterliegen und das Spirituelle lediglich als einen Festschmaus der Sinne und Seele missdeuten. Tatsächlich gelangen sie nie in spirituelle Gefilde, bleiben an Gefühlswallungen aller Art kleben und verklären diese zur Essenz unseres geistigen Wesens. Aber die Natur ist unerbittlich; übergehen wir stoffliche Sorgen, tun sie sich als Blockaden auf dem seelischen oder spirituellen Weg kund und verfälschen und neurotisieren diesen. Ist das Seelische unreif und unausgegoren, wird der Versuch im Spirituellen Fuß zu fassen ebenso scheitern, weil sich dann eine ebenso unausgereifte Spiritualität entwickelt. Es ließen sich mit etwas Aufwand genaue Spiegelbilder des unreifen Seelischen als unreifes Spirituelles erkennen. Es besteht eine unmittelbare Abbildfunktion. Wer das Spirituelle als Fluchtweg aus der seelischen Neurose benutzt, der wird eine übertrieben esoterische oder übergeistige Haltung entwickeln, denn er muss sich dauernd vor seinen unbearbeiteten, seelischen Problemen schützen und verstecken. Das Geistige ist dann nichts anderes als ein Rückzug in eine Höhle, in die wir uns eingeigelt haben und aus der wir uns nicht hinausziehen lassen wollen ins Seelische. Ebenso kann sich Seelisches nur schlecht entwickeln, solange stoffliche Probleme vorherrschen. Der Sprung ins Seelische wird immer kränkeln und Unechtheit ausstrahlen, solange das Stoffliche drückt.

Der Stufenweg der Entwicklung ist an sich angelegt im normalen Reifungsprozess, in den verschiedenen Entwicklungsstadien von der Kindheit und Jugend zum Adoleszenzalter, dem Mittelalter und Alter. Es wird dabei naturgesetzlich – verläuft alles harmonisch – zuerst die große Lust am Irdisch-Greifbaren ausgelebt und erlebt, dann dämmert mit der Pubertät das seelische Abenteuer herauf, erreicht in der späten Adoleszenz einen Höhepunkt und fällt dann bis zum mittleren Alter hin langsam ab, wobei gleichzeitig das Geistige zunimmt. Das Gewicht verschiebt sich immer mehr hin zum Geistigen. So zumindest sähe ein Weg der Harmonie aus. Nachdem die stofflichen Bedürfnisse erfüllt sind, wir materiell durchs Leben kommen, und auch die seelische Begierde gestillt worden ist – Erotik, Lebensdrang, Selbsterfahrung, Erfahrungslust überhaupt, ebenso die soziale Anerkennung auch die Selbstanerkennung, das sich-selbst-kennen-lernen – kommt nun eine Sehnsucht nach mehr auf, nach tieferer Erfahrung und das ist das Geistige. Philosophische Lebensfragen stehen jetzt *vor* den seelischen, die Frage nach dem Sein insgesamt erhebt sich und die Frage »Wer bin ich?« fällt demgegenüber zurück, ja die seelische Frage will man universeller fassen, als kollektive Frage. Während stoffliche und seelische Bedürfnisse zurückgehen, vergeistigt der Mensch zunehmend. Das Äußere ist ihm hinlänglich bekannt, gibt ihm nichts Neues mehr; auch das Seelische in seiner Struktur ist ihm zur Genüge bekannt und wiederholt sich nur noch. Der Drang, über den eigenen Körper und die eigene begrenzte Seele mit all ihren egozentrischen Belangen hinauszugehen, wird immer stärker: Jetzt beginnt der geistige Weg! Natürlich bleiben alle drei Bedürfnisse stets gleichzeitig bestehen, aber der Schwerpunkt verschiebt sich.

Nun, bei Christoph hatte sich diese Entwicklung verheddert. Er war vorschnell geflüchtet ins Geistige, den Zen-Buddhismus – um dem seelischen Druck zu entgehen. Er wollte mittels Zazen das Psychische auflösen, was jedoch zur weiteren Verhärtung des Seelischen führte, denn Meditation und geistige Beschäftigung ließen nun keine Auseinandersetzung mehr mit dem Seelischen zu. Also mussten wir zunächst zurückgehen, was natürlich ein Rückschritt war: Aber die Vergangenheit ist das Tor zur Zukunft. Wir bearbeiteten all seine seelischen Entwicklungen und da tauchten immer mehr Kindheitsprobleme auf, so dass die Psychotherapie in vollem Gange war. Aus diesem Grund kann Dunkeltherapie nur von Therapeuten durchgeführt werden, weil es nicht ausschließlich eine geistige Übung ist. Wir müssen immer gewappnet sein, ganz von vorne anfangen zu müssen und das Spirituelle zunächst hintanstellen. Das ist enttäuschend für beide Seiten, *aber es ist fast der Normalfall*, denn übertrieben spirituell Suchende zieht es in die Dunkelheit, wie Motten ins Licht.

Weitere Erwartungen

Entspannungsfieber

Eines Tages kam eine Polin zu mir, sie hatte am Tag zuvor angerufen und wollte sofort kommen, sie bedürfe der Entspannung. Ein Termin war auch zufällig frei und am nächsten Morgen erschien sie und sprang förmlich in die Dunkelheit. Ebenso plötzlich wie sie gekommen war, stand sie mit ihrem Koffer in der Tür und wollte gehen. Sie sei zu unruhig und könne nur an ihre Projekte denken, sagte sie. Viele Menschen glauben, Dunkeltherapie sei eine Möglichkeit der Selbstberuhigung, des Sinnierens, Abschaltens, das ist es sicherlich auch, aber sie irren dennoch. Es treten subtile, kaum wahrnehmbare Vorgänge auf, etwas womit sie nicht gerechnet haben und was ihnen nicht ins Konzept passt, was sie irritiert. Sie bringen keine Geduld auf, es zu studieren. Urlaub machen von sich selbst, nichts zu wollen, nichts zu tun, nichts zu erwarten – davon haben sie noch nie gehört, ist es doch eine Zumutung für das Ego, Urlaub von sich selbst nehmen zu sollen. Die meisten Menschen wissen eigentlich, was sie erwartet und was sie erfahren wollen. Das ganze Panoptikum von Wünschen kann sich in der Dunkelheit erfüllen – aber dann kommt alles anders.

Hellsehen

Da war ein Architekt, der rief mich an und sagte, er wolle das Hellsehen erlernen und er sei sich sicher, ich selbst sei Hellseher, weil ich bereits die Dunkeltherapie gemacht habe. Er wollte also bei mir, allein durch die Dunkelheit, Hellseher werden. Das war sein höchstes Lebensziel. Wozu er hellsehen wollte, was er denn sehen wolle, was er sonst nicht sehe, fragte ich ihn. Da kam er bereits ins Schleudern. Ob er das als Beruf ausüben wolle, um Geld zu verdienen, das wies er brüsk von sich. Was exakt er denn dauernd hellsehen wolle: Geister! Gut! Was an Geistern so sehenswert sei, fragte ich. Darauf wusste er nicht sofort eine Antwort. Ob das nicht vielleicht langweilig sei, darauf antwortete er nicht. Ob nicht vielleicht die wirkliche Welt, schaue man sie richtig an, die wahre Geisterwelt sei, das wies er streng von sich. Er war also dem Mythos »Hellsehen« aufgesessen, er wollte einfach ein Exotikum. Die Magie der Worte, mit ihren geheimnisvollen Assoziationen, lässt viele Menschen ein Leben lang hinter Phantomen herjagen. Wir wissen, dass kein Hellseher glücklich ist mit seiner Gabe und dass Hellsehen ohnehin nur eine genetisch festgelegte Gabe ist und nicht willkürlich erlernt werden kann. Allerdings erlebt jeder Mensch gelegentlich hellseherische Augenblicke, insbesondere in kritischen Lebensphasen oder bei mentalen Schockzuständen. Kein Hellseher, der nicht seine Gabe verdammt und loswerden will. Also: Wer es nicht hat, will es, wer es hat, will es nicht. Der Mythos, der die meisten Menschen erfasst, kommen sie in Berührung mit dem Paranormalen, wird zur Besessenheit und fanatischen Suche nach einem schillernden Luftballon. Die Suche nach paranormalen Ereignissen gehört zu den häufigsten geistigen Neurosen der Menschheit.

Sehnsucht nach Schwarzer Magie

Ein Ausländer rief mich an. Dunkeltherapie. Ob ich ihn mit Besessenheitsgeistern in Kontakt bringen könnte. Ich fragte, was er mit denen denn machen wolle. Ja, einfach Kontakt. Dann: Haben Sie schon den Spiegel in der Dunkelheit ausprobiert. Ich: Wir könnten Ihnen einen ins Zimmer stellen, damit Sie Ihr »Nachtbild« sehen. Ob er denn Dunkeltherapie allein im Wohnwagen machen könnte. Ich: Wenn er einen hat natürlich, nur kommt nichts raus dabei, weil nach meinen Erfahrungen ein seriöser Betreuer, der sich mit dem gesamten Erfahrungsspektrum der Dunkelpsychologie – und das ist eine weitgehend unbekannte und neue Psychologie – auskennt, da sein muss. Er versteht nicht. Wir beenden das Gespräch.

Dieser Mann war hinter stofflichen Erscheinungen her, Geistern und magischen Spiegeln. Er hatte über schwarze Magie gelesen. Er wollte etwas Besonderes. Dunkeltherapie aber ist nichts Besonderes, es sei denn, man hat Geduld zu warten, nichts zu wollen, einfach nur dazuliegen, zu schlafen, zu träumen und dann gelegentlich, während des Träumens, etwas festzustellen, aber kaum erkannt – da tritt ja der Verstand ins Bild – ist es auch schon vorüber. Ich sage den Menschen, dass sie jetzt Urlaub machen, totalen Urlaub, nur gibt es keine irdischen Ausflüge, keine irdische Landschaft, sondern mentale Reisen, seelische Innenlandschaften.

Der Klarträumer

Dann gibt es die Menschen, die partout – warum wissen sie selbst nicht – das Klarträumen erlernen wollen. Klartraum heißt einfach, man weiß, dass man träumt. Ich frage: »Wozu wollen Sie das erlernen? Kann man damit einen Beruf ausüben?« »Nein«, sie stocken – ja, sie wollen einfach wach sein, wenn sie träumen und ihre Träume beeinflussen. Ich frage: »Können Sie denn ihr Leben beeinflussen? Ist das Leben ein Traum oder eine Wirklichkeit. Wenn der Traum wirklich ist, dann ist das Leben ein Traum oder …«.

Diese Personen wissen selbst nicht, warum sie etwas wollen. Sie sind der Werbung über Klarträumen aufgesessen, jenen Büchern von Autoren, die selbst nie klarträumen, und jenen Wissenschaftlern, die es erforschen ohne es selbst zu können. Das Thema fasziniert umso mehr, je weniger man es selbst erlebt. Leichtgläubige und Gefühlschwankende sehen hierin eine neue Möglichkeit, dem Geheimnis Leben näher zu kommen. Sie machen sich auf den Weg ins Ungewisse, lesen darüber und schlafen, wie alle anderen, darüber ein. Sie studieren die Anleitungsbücher von Autoren, die nie einen Klartraum hatten, es klappt natürlich nicht und so schwelt der Mythos des Klarträumens in ihrem Bewusstsein. Taucht dann das Schlagwort in irgendeinem Zusammenhang auf, werden sie reaktiviert und der Phantasieprozess zieht erneut seine Kreise.

In der tibetischen Tradition wird Klarträumen lediglich geübt, um die Produktion unserer Gefühle und Gedanken kennen zu lernen, ob nun im Alltag, im Tagtraum oder im echten Traum. Es geht darum, dass man lernt wach zu bleiben, während man denkt, fühlt oder träumt und dass man dann diese Träume zum Erlöschen bringt, hat man ihren Illusionscharakter erkannt. Das wird als Vorbereitung benutzt für die Nach-Tod-Existenz, in der unsere Gefühle wilde Träume treiben, die wir als Wirklichkeit verstehen. Wer aber gelernt hat klarzuträumen, kann unter Umständen auch im Bardo seine unbewussten und bewussten Produktionen zum Erliegen bringen und so frei werden, um sich dann in die nächst höhere Zone des Geistes zu begeben, in der persönliche Mentalität und Identität keine große Rolle mehr spielen. Jede Form von Gedanken und Gefühlen wird also als Blockade für die Erkenntnis der Wirklichkeit betrachtet. Und das ist es, was man in der Dunkeltherapie erfahren kann: den Illusionscharakter unseres persönlichen Daseins, bestehend aus unseren wohlgehegten Gefühlen und Gedanken. Wir sind nicht das, als was wir uns deuten oder begreifen, als Gefühl oder als intellektuelle Theorie oder Wissen. Wir sind ein anderer, frei davon. Unser Urwesen ist ohne mentale Bestimmung. Das zu erfahren ist die einzige, nachdrückliche und alle Probleme lösende Therapie. Dunkeltherapie kann das hervorbringen und stellt daher eine Anti-Ich und Globaltherapie dar.

Abgeschnitten von Gott

»Nichts geht. Ich bin ungeeignet, gefangen im Denken, in Vorstellungen, inneren Bildern, ganzen Filmen, gebunden an Ideen und Planungen, der Verstand behindert mich, die Angst quält mich, ich kann nicht loslassen, möchte aber, ich leide, verkümmere vor mich hin, bin unbegnadet, schwach, es ist ein Übel mit mir, ich verdurste nach Eingebung, Wissen, Erleuchtung, Glanz und Gott.« Eine Klientin weinte zehn Tage unaufhörlich. »Ich fühle mich abgeschnitten – von Gott«, sagte sie. Überdimensionierte, verstandesmäßige Gedankengänge, fast krankhafte Beschäftigung mit Konkretem erfüllte sie, sie wollte Gott spüren, was immer das für sie bedeutete, und dabei lief sie an ihm vorbei – der einfach dasitzt, in uns selbst, als präsente Wachheit und Wirklichkeit. Die Fulminanz des Wirklichen, die Unerhörtheit wach zu sein, das Empörende intelligente Wahrnehmung zu sein, floss an ihr vorbei und sie lehnte es ab, sie lehnte alles ab, was sie eigentlich suchte. Die Suche nach Wirklichkeit ist der dickste Panzer gegen die Wirklichkeit. Der zweite ist das unruhige Gemüt, das Feuerwerk will, statt leise in sich die Subtilität der Bewusstseinsqualitäten zu erspüren.

Der paradoxe Mechanismus

Dieser Charakter geht heran an die Erleuchtung mit Brecheisen und Säge. Zunächst sägt er ab, was nicht zur Erleuchtung gehört. Er schüttet das Kind mit dem Bade aus, um Schmutzwasser loszuwerden, und sucht dann nach dem göttlichen Kind. Dass dieses im Schmutzwasser lebt, konnte er natürlich nicht ahnen. Reinheitsideale verhinderten dies. Mit dem Loswerden der ganzen Wirklichkeit, dem Absägen aller Tragbalken, stürzt in der Dunkeltherapie alles ein und übrig bleibt dann die Schutthalde Ich in Gestalt dauernden Überlegens, dauernden Erinnerns, dauernden Suchens – aber nach was, ja nach was eigentlich?

Dunkeltherapie heißt dasitzen, ausruhen, nichts tun, sich langweilen, schlafen, herumlümmeln. Dunkeltherapie heißt auch nicht nichts tun, nicht ausruhen, sich nicht langweilen. Dunkeltherapie heißt, dem Körper seinen Lauf lassen und tun, was er gerade will, Dunkeltherapie ist wie ein sich Räkeln und Gähnen, ein Körperautomatismus, ein Muskelreflex. Wer in der Dunkeltherapie etwas zusätzlich einbringt an Bewegung, Handlung, Idee, Deutung, Wissen, Wollen, Absicht, Ziel erreicht eben genau das Gegenteil.

Einheit von innerer und äußerer Natur

Welcher Menschentyp kann sich mit der Natur seelisch verbinden und welcher nicht? Man kann nun einwenden, das sei eine völlig unnütze Frage, denn der Mensch stehe über der Natur, wie es die Evolutionstheorie behauptet. Nun besteht die Natur aber aus allem, eben auch uns Menschen. Wer sich also nicht in Tiere und Pflanzen einfühlen und mit Wolkenbewegungen mitfließen kann, fließt auch nicht mit sich selbst. Es gibt schauende Menschen, fühlende, erfühlende Menschen, hingebungsvolle. Sie erfahren etwas. Und es gibt solche, die ganz in ihr ödes Ich eingeschlossen sind. Sie sind nicht schlechter deshalb, nur werden sie nichts von der Natur der Seele erfahren, sie haben einfach kein Gespür für innere Natur und damit auch nicht für die äußere Natur, *denn beide Naturen sind eine Natur.*

Die Frage aller Psychologie war stets, woran soll man einen Menschen messen? Da ein Lebewesen primär seine Seele oder Urnatur ist und Charakter und Lebensgeschichte sowie rationales Ich bloße, darum gewickelte Kleider darstellen, ist klar, woran allein ein Mensch zu messen ist: am seelischen Urzustand. Dennoch besitzt jeder ein rationales Ich, das, woran wir Menschen uns fälschlicherweise messen. Das rationale Ich macht jedoch allein Aussagen darüber, wie sehr der Einzelne seinen Urzustand verloren hat. Psychologie bestünde demnach allein darin, das Ausmaß des Verlustes festzustellen. Sämtliche Neurosen, alle Charakterzustände fallen somit unter den Begriff »Verlust«, Verlust des Urzustandes. Das anzulegende Maß nenne ich den *Naturmaßstab,* nämlich wie viel Kontakt zur Urnatur ich noch besitze.

Jeder Mensch lebt einen bewussten und unbewussten Anteil seines Naturmaßstabs. Die verborgenen Anteile ins bewusste

Leben heraufzuholen, darum geht es. Nun ist es jedoch nicht so, dass wir zwischen echten Urnaturanteilen und unechten unterscheiden sollten. Denn selbst die zivilisationsgeschädigten Anteile sind letztendlich Urnatur, wie korrumpiert auch immer. Sie sind geschrumpfte Anteile, aber die Urnatur echot noch durch sie hindurch. Alle Verhaltensweisen sind daher gut, weil sie Kinder der Urkraft sind. Jede Verhaltensweise *ist* die Urkraft, aber in Echoform und muss daher die Echokette zurückverfolgen, um ihren Ursprung aufzudecken, das nennt sich dann Lebensweg. Wir leben in einer Echowelt. Die Urkraft echot durch das ganze Sein in zunehmend verklingender Weise. Die Urnatur ist wie ein Musikstück mit lauten und leisen und verklingenden Tönen. Der Mensch ist ein letzter Tonschlag, unsere Empfindungen sind ein Ausklang. Doch jeder Ausklang muss seinen Standort im Musikstück kennen. Das zu erreichen, dazu dient unser Lebensweg.

Charaktertypen und Dunkelheit

Es gibt einige Charaktertypen, für die Dunkeltherapie sich nicht eignet, sie brechen, wenn sie dennoch kommen, frühzeitig ab oder bleiben stur sitzen und nichts tut sich. Es handelt sich dabei um Menschen, die spüren, dass in ihnen ein Mangel ist, dem sie durch drastische Verfahren abhelfen wollen. Askese erheben sie zum Ideal, Selbstkasteiung, Prüfung, Härte, Leiden. Oder sie möchten gewissermaßen durch die Maschinerie Dunkelheit zu Kreativität – wie sie sagen – oder zu Erkenntnissen oder außerkörperlichen Erfahrungen oder sonstigen exotischen, spirituellen Erlebnissen gelangen, nach dem Motto: Hauptsache, man erlebt was! All diesen Hartgesottenen gemeinsam ist, dass sie manipuliert werden wollen, indem etwas oder jemand etwas mit ihnen macht. Was sie nicht wollen und können, ist, selbst etwas dazu beitragen, indem sie *nichts* beitragen. Eben deshalb begeben sie sich in die Dunkelheit, weil sie sich selbst rat- und hilflos fühlen. Sie stellen jedoch nach einigen Tagen überrascht fest, dass, wie sie sagen »nichts passiert«. Ihr ganzes Leben ist nichts passiert in dieser Richtung, nun erwarten sie schlagartige Durchbrüche in der Dunkelheit. Genau das geschieht nicht, während sie mit gespitzten Ohren wartend dasitzen. Wie das?

Was ich will, kriege ich nicht! Es ist inzwischen doch klar geworden, dass mit Erwartungshaltungen genau das Gegenteil bewirkt wird. Diese Menschen können sich nicht hingeben. Die Dunkelheit bewirkt anfangs zunächst nichts, die Kunst der Hingabe ist gefragt. Aber das ist es gerade, was diese Menschen nicht können. Sie spüren nicht die Wirklichkeit. Sie wollen starken Tobak, Psi-Feuerwerk, Geisterstunde, weil sie so dickhäutig sind. Also passiert nichts. Folglich schieben sie es auf die Dunkeltherapie, sehen den Versuch als misslungen an und wollen gehen. Wieder einmal hat eine Methode versagt! Dennoch spüren sie da eine Kapazität in der Dunkelheit, die ist unausweichlich da, aber warum wirkt sie nicht? Was sie nicht erkennen, aufgrund ihres Mangels an Hingabe und »Sehen«, ist ihre Unfähigkeit zur Liebe, zum Loslassen, zum Einfachsein. Würden sie das entdecken, würden sie es gleich zum Programm erheben. Es handelt sich nicht um einen Charakterfehler, sondern um einen Mangel. Diese Menschen sind tatkräftig, praktisch, aber es fehlt eine besondere Charakterfähigkeit, die unsere westliche Psychologie treffenderweise unter den Tisch fallen lässt: das Schwingen der Urnatur im eigenen Herzen zu erspüren, wie ein Vogel im windbewegten Baum zu sein, mitzuschaukeln im Sturm.

Zwar gründen sämtliche menschlichen Fähigkeiten darauf, sich auf die Umwelt einzulassen, sich in sie einzufühlen, sich ihr hinzugeben, aber das bleibt alles im Rahmen des bekannten Gefühlsspektrums. Es gibt eine Gruppe von Gefühlen, die als Einheitsgefühle zu bezeichnen wären; es handelt sich hierbei um mehr als um Gefühle. Gefühle der allgemeinen Art basieren auf einem Ich, »Ich fühle!« Bei dieser Gruppe von Hochgefühlen tritt das Ichgefühl in den Hintergrund und ein Seinsgefühl in den Vordergrund. Diese Art Hochgefühle kann nur erlangt werden durch ein Zurücktreten des Ichgefühls. Hier nun haben wir den wunden

Punkt: Die Besagten wollen auf dem Weg über ihr Ich den Durchbruch in ein, ihnen als irgendwie höher geartet erscheinendes, edles Ich-Reich erzwingen, sie suchen im Grunde noch mehr Ich, aber das wird ihnen versagt, weil es nicht existiert. Hochgefühle erlangt man nur, indem man eine Grenze überwindet und das ist die Ichgrenze. *Das Ich ist eine Grenze! Und das Überwindenwollen des Ichs ist eine größere Grenze, weshalb – wiederum paradox – Ich zu bleiben ohne Ichbedürfnis keine Grenze ist.*
Diese Menschen haben ein unbewusstes Bedürfnis ihre Ichgrenze zu überwinden, aber sie wissen nicht wie. So fallen sie auf die einzige, ihnen zugängliche Ebene des Gefühls zurück und versuchen sich dann in der Kunst, der Arbeit mit Tieren und der Natur. Das ist sicherlich ein schöner Weg, um dem Seinsgefühl näher zu kommen, doch durch ihre tatkräftige Haltung und die Einstellung, dass sie alles selbst herstellen und erreichen wollen, hindern sie sich selbst daran, ihrem wirklichen Ziel näher zu kommen.

Es gibt eine Kategorie von Menschen, eine weit verbreitete, bei denen die Dunkelheit versagt. Darüber habe ich mir erst nach Jahren Rechenschaft abgelegt, und zwar deshalb so spät, weil etwas in mir diese Kategorie von Menschen nicht wahrhaben wollte. Ich führte alle möglichen Ausreden ins Spiel, beschwichtigte jedes zaghafte Emporschlüpfen negativer Gedanken. Irgendwann aber musste ich mich den Fragen stellen, die diese Menschen durch ihr Verhalten aufwarfen. Es kamen immer wieder Menschen in die Dunkeltherapie, die so gut wie keine herausragenden Erfahrungen machten. Nun bewirkt die Dunkeltherapie in der Tat keine psychischen Sensationen, sie ist still und subtil und besteht, wie gesagt, im feinen Erkennen und intuitiv Erspüren der durch uns hindurch fließenden Bewusstseinszustände, die wir im Trubel des Alltags nicht würdigen können.

Es gibt allerdings so verfestigte Ichstrukturen und Lebensweisen, insbesondere bei *Zwangsneurotikern*, dass selbst die Dunkelheit ihre Zwangsmuster nicht aufzulösen vermag. Ich habe zwangsneurotische Menschen sieben Wochen in der Dunkelheit sitzen gehabt, ohne dass sie die leiseste Spur von Seinserfahrung wahrnahmen, aber sie haben »durchgehalten«, wie sie sagten, und das war ihr Ethos: durchhalten um jeden Preis – eben um den Preis der Seinserfahrung. Dies sind jedoch Ausnahmen, aber lehrreiche. Eine Zwangsneurose zeichnet sich aus durch charakterologisch verfestigte Verhaltens- und Denkstereotype. Diese Menschen können unmöglich aus ihrem Theorie- und Gefühlskorsett aussteigen. Therapie ist nur sehr beschränkt möglich. In der Dunkelheit kämpfen diese Menschen gegen den Ichverfall an, und zwar erfolgreich, sie sträuben sich durch Zusammenreißen, durch unbedingt Hellwach-bleiben-wollen. Es ist erstaunlich, aber Zwangsneurotiker werden im Dunkeln nichts erleben.

Der Weg zur Bewusstseinsklarheit gipfelt nicht in einer Lichterfahrung oder in paranormalen Fähigkeiten, noch in Weisheit, innerer Ruhe oder wie auch immer sich der rationale Verstand und unsere Gier nach dem ganz anderen sich das andere vorstellen. Erleuchtung ist der Erwerb von Wachheit für die Vielzahl uns bestimmender Bewusstseinsqualitäten, sei es für eine Übelkeit, einen Schmerz, ein sinnliches Lustgefühl, das Einschlafen, Aufwachen, den Traum mit seinen Graden an Wachheit, den Naturgenuss, die einfache Freude am Sein oder die Entfremdung, die Depression, die Trauer, die Angst und Furcht und die Lethargie, Müdigkeit, Erschöpfung ebenso wie für Durst und Hunger und die Sättigung oder die kreative Wachheit, für den inspirierten Zustand, die Ideen, Gefühle und Denkmomente jeglicher Art. Ganz besonders gilt diese Wachheit natürlich für die feinen Abstufungen meditativer Zustände, wenn das Seelische zur Ruhe kommt und Gedanken aufhören, wenn wir Momente des einfachen Da-Seins erleben, der Ich- und Namenlosigkeit, der Ruhe in schlichter Gegenwart und Zeitlosigkeit, der Bewertungs- und Sprachlosigkeit. Wir haben die Erfahrung wach, intelligent und klar zu sein und spüren die pulsierende reine Gegenwärtigkeit. Wenn sich die unglaubliche Macht des Seins, der Erfahrung des Eingebundenseins in alles enthüllt, haben wir das Gefühl jenseits des Raums, jenseits der Zeit zu stehen, uns auszudehnen und zusammenzuziehen. Wir machen die Erfahrung alles zu sein und nichts zugleich, erleben das Nichts als das Alles, das Alles als das Nichts, also den Zustand leer zu sein, Leere nur zu spüren, bei gleichzeitigem Gespür, dass die Leere in Wahrheit alle Dinge, Wesen und Zustände ist.

Die subtilen Veränderungen der Bewusstseinsqualitäten bewusst zu erfahren ist Erleuchtung. Sie ist aber noch mehr, nämlich diese Abstufungen zu kennen und ihnen nicht ausgeliefert zu sein, im Sinne von, von ihnen berauscht oder besessen zu sein. Erleuchtung heißt, frei über sie verfügen zu können, sie zu wählen nach Maß und Sinn ohne ihr Sklave im Guten wie im Schlechten zu werden. Erleuchtung bedeutet, ruhige Mitte zu sein in der Turbulenz meiner Bewusstseinsschwankungen. Heiter ihnen fern zu bleiben, dennoch ihnen ausgesetzt zu sein, wie ein Boot, das auf den Wellen reitet, aber seinen Kurs kennt und nicht kentert.

Blackout – Nachtfahrt der Seele

Bei der Meditation erlebte ich (B.) des Öfteren, in eine dunkle Spirale zu fallen. Aus Angst machte ich jedes Mal schnell die Augen auf. – In der Dunkeltherapie träumte ich zweimal kurz hintereinander, in völliger Dunkelheit allein zu sein; mein Oberkörper wurde ebenfalls schwarz, nicht aber die Beine. Es war schlimm.

Es gibt in der Tat ein erschütterndes und negatives Erlebnis in der Dunkelheit. Vier Personen erfuhren dies bisher im Zuge der Dunkeltherapie, ich selbst zweimal. Ich habe mir viele Gedanken dazu gemacht. Ich schreibe das auf, was ich zum so genannten Blackout erfahren, gehört und erforscht habe. Mit dem Blackout eng verwandt sind gewisse akustische Erscheinungen, wie Donner- oder Knallgeräusche, die ich auch an dieser Stelle besprechen möchte.

Bei vielen kurzen Todeserfahrungen wird die erste Phase übersprungen, wir erleben nicht, wie sich die Seele aus dem Körper zieht, wir erfahren sofort die Schwärze, den Tunnel, also die Loslösung des Geistes von der Seele. Im Traum dagegen oder der Dunkeltherapie gehen im Allgemeinen die Ablösungsphasen langsam und schrittweise vonstatten; zuerst tritt die außerkörperliche Erfahrung auf, später vielleicht noch die Todeserfahrung. Einige Menschen springen allerdings auch in der Dunkeltherapie sofort zum Durchbruch in die Geistdimension und dabei kann die tiefe Schwärze erlebt werden. Es geschieht einfach zu schnell und überraschend, wir können uns nicht darauf einstellen und Panik überkommt uns. Das hängt damit zusammen, dass uns die Dunkelheit, kaum schließt sich hinter uns die Tür, plötzlich überrollt. Wir kommen aus dem Alltag und schon schlägt die Nacht zu und das überfordert das rationale Ich, es bricht zusammen; dadurch wird das Seelen- oder Herz-Ich frei und dieses hat nur ein Ziel: zu flüchten in seine wahre Heimat, ins Seelenreich, in die Plasmawelt. Das drückt sich aus als außerkörperliche Erfahrung. Oder es kommt, will sich unser Geist auch vom Seelen-Ich befreien, zu dessen rasantem Zusammenbruch, was sich als Blackout oder als Tunnelerfahrung kundtut. Der Geist will frei sein von seinen Anzügen, er will ins Licht und kennt dabei kein Pardon. Doch wirkt sich das in der Dunkelheit ungünstig aus, die Seele will leben und reißt sich zurück in die Körperwelt – wir erwachen.

Report aus dem Innersten des Dunkels

Hier mein verspäteter Report. Die gestrigen Ereignisse traten nach Stadtbummel, warmem Essen und ein paar Stunden abgrundtiefem Schlaf langsam in den Hintergrund – verschwunden sind sie jedoch nicht. Zur Person: 66 Jahre, körperlich und psychisch gesund. Die beiden Tage vor Beginn der Dunkeltherapie nur reduziertes Essen, dann nur noch Frühstück. Nie irgendwelche Probleme mit Klaustrophobie, keine besondere Sensitivität. Nie irgendwelche Visionen oder Ähnliches gehabt. Seit zirka 10 Jahren regelmäßiges Meditieren, Osho Meditation, viel Zazen. Schockähnliche traumatische Erlebnisse höchstens im Alter von 10 Jahren bei Luftangriffen, aber auch da war ich nie allein.

Beginn der Dunkeltherapie. In der ersten Stunde ein beklemmendes Gefühl, bis eine gewisse Gewöhnung, auch an den Raum eintrat. Eine gewisse hellwache Gespanntheit, die sich in einer erhöhten Atmungs- und Pulsfrequenz spiegelte. Nach relativ kurzer Zeit das Gefühl, dass es nicht völlig dunkel ist. Zunächst über dem Bett ein leicht fluoreszierendes Licht, sechs oder achteckige Schemen, wie sie in manchen Mandalas vorkommen. Später, tiefer im Raum, diffuse, schwache Lichtwolken, manchmal milchig blau-grau, seltener einfach hell. Ansonsten sehr viel Aktivität des Verstandes, später auch im Emotionalen. Mit Tränen und Lachen dicht beieinander. Durch das leicht gespannte »Aware-Sein« wenig Schlaf in der Nacht. Allgemeinbefinden recht gut. Nach dem ersten Gespräch mit dir um ? Uhr, liege ich vorerst auf dem Bett; nicht sehr klare Lichterscheinungen, mehr mit rötlich-brauner Tönung. Einmal ein Bild in schmutzigem, gipsfarbenem Weiß. Leicht reliefartig-plastisch mit geometrischen Linien wie bei einem Modell für eine Stadtplanung – aber nur mit Geraden und 45 Grad Winkeln. Nach vielleicht einer Stunde gehe ich auf meinem Meditationshocker auf der Matratze in Meditation. Ich erinnere mich an eine ebenfalls gipsfarbene, leicht plastische »Tapete« mit wiederkehrenden Mustern, zum Beispiel zwei Köpfen im Profil, die zu Indianern oder zu Altägyptern gehören könnten. Zwei Pyramiden und anderes. Mittendrin seltsamerweise ein Klingelknopf mit nebendran stehendem Namensschild und der sichtbar wegführenden Klingelleitung. Danach realisiere ich irgendwann, dass keinerlei Gedankentätigkeit und auch praktisch nichts Emotionales mehr da war. Danach – wie viel später weiß ich nicht – kam der »Horrortrip«.
Ich habe keine Erinnerung, ob er sich allmählich aufbaute und wie. Auf deine diesbezügliche Rückfrage nochmals: Ich habe während des

Ganzen niemals das Gefühl gehabt »weg gewesen« zu sein oder aus irgendeinem »Raum« zurückzukommen, was du Blackout nennst. Ich bin auch absolut sicher, dass es kein Traum war, denn ich höre mich noch reden, laut schreien ging irgendwie nicht, spüre noch meine Tränen, sehe mich noch mit offenen Augen mit beiden Händen meine Mala (Gebetskette mit dem Bild des Meisters) aufs Herz pressen. Also kein Traum. Es war etwas nicht Sichtbares, nur Fühlbares, Dunkles, Beängstigendes, Umklammerndes, das mich umwogte, an mir klammerte, mich umklammerte oder in mir langsam hochstieg und mich überwältigen wollte. Ich setzte dem meine Lichtwesenheit gegenüber, in der ich stärker bin, und hoffte, dass dieses Dunkel letztendlich nicht existierte, da Dunkelheit nur die Abwesenheit von Licht ist und keine eigene Existenz hat. Ich versuchte Affirmationen: Dass ich unsterblich bin und es mir letztendlich nichts anhaben kann. Ich glaube, es war ein lang anhaltendes Ringen, vielleicht 10 bis 15 Minuten. Dann kam mir die Erinnerung, dass Dinge, die in mir nur hochkommen, so lange Kraft haben, wie ich mich mit ihnen identifiziere und ihnen dadurch Energie gebe. Und mit diesen Worten »Ich bin reines Licht und etwas anderes gibt es nicht« wich der Druck langsam zurück, hockte aber sprungbereit in der Nähe. Ich sah, wie mich nur vollkommene Awareness vor einem neuen Angriff schützen könnte. Psychisch schlotternd versuchte ich eine weniger energieraubende Methode: Ich zog mich auf die Rolle des unbeteiligten Zeugen zurück, doch das funktionierte irgendwie nicht. Schließlich kam mir die Analogie aus dem Zen-Koan mit der Gans in der Flasche in den Sinn, dass nämlich ein Problem nur so lange existiert, wie der Verstand ein Problem daraus macht und irgendwie ging das Dunkle dann langsam weg. Ich spürte, dass ich so etwas wie einen Pyrrhussieg errungen hatte, der mich meine allerletzten Kraftreserven gekostet hatte. (Stunden später wurde mir klar, dass es eine Schocksituation gewesen war.) Irgendwann kroch ich zu dem bequemeren Sessel, wo ich zwei bis drei Stunden saß und versuchte wieder zu Atem zu kommen und etwas Klarheit zu erhalten.

Ich war relativ sicher, dass dieses Dunkle nicht von außen gekommen war, sondern aus mir. Ich versuchte Verschiedenes, um mich von meinem Schock zu befreien (Licht einatmen, Aura ausstreichen, Aura stärken), aber nur mit mäßigem Erfolg. Der Gedanke, mit dieser Last noch fünf bis sechs Tage im Dunkeln zu bleiben, erschien mir wie ein riesiger Berg. Es muss in dieser Phase gewesen sein, dass ich das Gefühl hatte, so allein zu sein, wie jemand, der allein durch den dunklen Weltraum treibt. Schließlich fasste ich den Entschluss, falls es bis zum Morgen nicht besser werden würde, würde ich abbrechen. Ich hatte das Gefühl, es müsste jetzt mitten in der Nacht sein. Die theoretische Freiheit, die mir dieser Entschluss gab, ließ zwar eine Zentnerlast von meiner Psyche fallen, aber an der Schocksituation änderte sich dadurch nichts. Es war keinerlei Angst mehr, dass sich der Kampf wiederholen könnte. Nachdem ich dann eine Zeit auf dem Bett lag und merkte, dass keine Chance bestand, dass sich die Nerven beruhigten, entschloss ich mich, im Bad Licht zu machen, in der Hoffnung, dadurch wieder zur Ruhe zu kommen. Schlimmstenfalls müsste ich die Dunkeltherapie dann noch mal von vorne anfangen. Mein Uhr im Bad zeigt dann kurz vor 22 Uhr. Das Licht wirkte beruhigend, brachte aber keine Entspannung. Später habe ich im Bad anderthalb Stunden gelesen, um mich abzulenken. Um zwei Uhr habe ich geduscht, erst gegen drei Uhr bin ich dann mit Licht im Bad eingeschlafen und habe mit chaotischen und teilweise gewalttätigen Träumen bis sechs Uhr geschlafen. Da ich das sichere Gefühl hatte, dass ich mich nur in der Außenwelt von dem Schock lösen konnte, fasste ich in der folgenden Stunde den definitiven Entschluss zum Abbruch. So, das war's! Noch mal herzlichen Dank.

Die Enge des Herzens

Hatte heute bereits vier Ansätze zum Blackout. Zweimal beim Mittagsschlaf, da musste ich mich aufrichten, ich hatte Angst, dass es schlimmer wird. Es ist ein Wegdriften, es hat etwas körperlich Beengendes. Ich dachte, vielleicht liege ich auf dem Herzen, vielleicht ist es das, was passiert, wenn das Herz sich einschnürt, wie kurz vor der Herzattacke. Ein weiterer Ansatz zum Blackout kam abends in der Dunkelheit, als ich mit jemandem sprach. Offenbar ist es die Isolation, die mangelnde Ablenkung, die einen in dieses schwarze

Loch hineinfallen lässt oder der Mittagschlaf ... Dann hatte ich es zum vierten Mal draußen, als ich mich bückte. Also hat es auch mit Körperlichem zu tun, mit dem Herz vielleicht, dem Blutdruck ... Ich erinnere mich jetzt daran, es auch letzthin im Bett beim Einschlafen gehabt zu haben.

Die dunkle Macht

Beim Einschlafen befinde ich mich oft in einer Schwärze und falle. Diese Schwärze ist endlos. Ich bin allein dort, habe aber eine Ahnung, dass dort eine dunkle Macht (ein Wesen?) regiert. Panik kommt bei diesem Gedanken auf. Ich schlage dann im Schlaf um mich, wälze mich; kaum erwacht, bekomme ich keine Luft, wie Ersticken. Das passiert mehrmals die Woche. Dadurch vermute ich, habe ich Angst vor Abgründen, Geländern, Balkonen usw. Das war früher nicht so und kam erst im Laufe der Jahre.

Knallgeräusche

Eine Frau erfuhr in der Dunkelheit Folgendes. Etwa am siebten Tag in der Dunkeltherapie wachte sie nachts durch einen enormen, donnernden Knall auf. Dabei umfing sie eine immer schwärzer werdende Dunkelheit. Sie geriet in Panik. Nach einiger Zeit konnte sie sich beruhigen und schlief wieder ein. Alsbald geschah das Gleiche, ein Knall, sie erwachte. Angst, nicht vor der Dunkelheit, sondern vor der immer schwärzer werdenden Dunkelheit. Sie glaubte, es hinge mit dem Essen zusammen. Dann wieder Einschlafen, doch zum dritten Mal erwachte sie von diesem höllischen Geräusch. Sie wurde förmlich im Bett geschüttelt und meinte, der Knall könne auch akustisch gehört werden, was natürlich nicht der Fall ist. Das Geräusch ist innerlich.

Deutung

Wenn sich die Seele während des Schlafs vom Körper löst, beginnt das häufig mit einem Knallen, Donnern, gar dem Rufen des eigenen Namens. Dadurch erwachen die Betroffenen. Das Geräusch entsteht durch die Lösung der Seele vom Körper. Eine Art Unter-

druck, ein Saugreflex, durch den beide Körper verbunden sind, löst sich. Doch der Schreck übermannt die Seele des Träumers, nun unabhängig vom Körper fühlt sie sich im Nichts und kehrt mit dem Aufwachreflex sofort wieder in ihre heimische Welt zurück. Andererseits entsteht das Geräusch auch dann, wenn sich die Seele unbemerkt im Schlaf gelöst hat und nun mit einem Schlag, einem beliebigen Geräusch wieder in den Körper hineinfällt, wodurch wir erwachen und im Allgemeinen von Angst geschüttelt sind. Die im Verlassen des Körpers ungeübte Seele erschrickt über den Ablösungsvorgang, denn das Alleinsein, die körperlose Existenz ängstigt.
Das Geräusch ist nur innerlich zu hören, auch wenn es absolut wie ein akustisches Geräusch von außen klingt. Man ist vollkommen sicher, man sei erwacht wegen eines Außengeräuschs. Beschrieben wird der Vorgang auch als höllisch, böse, dunkel, Mark und Bein erschütternd, einige fallen aus dem Bett oder springen hoch, werden geschüttelt, das Bett bebt usw. Weniger drastisch ist das Namenrufen.

Erlebnis
Ein Mann meditierte und hatte dabei das wunderbare Gefühl außerhalb seines Körpers zu sein. Plötzlich gab es einen lauten Knall und er erwachte aus der Meditation.

Deutung
Jede Form der Entspannung – Entspannung ist neu zu definieren und heißt die Bindung Seele-Körper etwas zu lösen – kann zur Seelenabtrennung führen. Wir verlassen gerne im Schlaf insbesondere im Tiefschlaf, beim Nickerchen oder in tiefer Konzentration ebenso aber auch bei Phänomenen, die der Entspannung entgegengesetzt sind, wie Wut, Anspannung aller Art, Angst und Panik den Körper. Sowohl beim Verlassen wie bei der Rückkehr in den Körper kann es zu einem Geräusch, meistens einem Knall oder Klatschen kommen.

Buddhistische Theorie: Der weiße, der rote und der schwarze Pfad

Leben entsteht nach Anschauung des tibetischen Buddhismus, weil sich die fünf Elemente vereinen. Umgekehrt wie beim Tod. Hört beim Tod die Atmung auf, so erscheinen drei Zeichen: Ein weißer, leuchtender Energiepunkt sinkt vom Scheitel herab, ein roter steigt vom Nabel auf, und beide treffen sich in Herzhöhe. Beim Herabsinken sieht man alle möglichen weißen Erscheinungen, sie leuchten wie Mondlicht. Steigt der rote Punkt auf, sieht man ein rotes Schimmern, der Sonne gleich. Weiß ist mit dem väterlichen, rot mit dem mütterlichen Elementarzustand verbunden. Die Vereinigung von beiden erfolgt jetzt. Steigt der weiße Punkt ab, verschwinden unsere seelischen Eigenarten, die mit Zorn und Abneigung in Verbindung stehen. Steigt der rote Punkt auf, verschwinden Leidenschaft und Zuneigung. Vereinen sich beide Punkte, betritt man den »schwarzen Pfad«. Eine Dunkelheit, in der alle störenden Emotionen aufgelöst sind, und aus der das Klare Licht emporsteigt. Das Klare Licht ist das Bardo der Höchsten Wirklichkeit. Es wird auch genannt »Die Begegnung des Klaren Lichts von Mutter und Sohn«, weil das Erkennen so ist, wie wenn eine Mutter ihr Kind wieder erkennt.

Es heißt, wer geübt hat, der kann einige Tage in diesem Zustand verharren. Während dieser Phase sollte man nicht aufhören zu meditieren. Tritt das Ereignis beim Sterben auf, gelangt man danach ins »Paradies der erwachten Wesen« oder wird wiedergeboren als Tulku mit gewissen körperlichen und seelischen Erkennungszeichen der spirituellen Intelligenz. Verlässt der Meditierende das Klare Licht, erkennt man das daran, dass eine weiße Substanz aus dem rechten Nasenflügel fließt und eine rote aus dem linken. In diesem Moment verlässt unser Bewusstsein den Körper, der nun bewusstlos zur Seite fällt.

Erklärung

Ich selbst habe die Bewegungen der weißen und roten Energietropfen, der *Thigle* nicht gespürt, auch einige Tibeter sagen, man spüre sie nicht. An diese Energietropfen ist unsere duale positiv-negativ-Einstellung gebunden. Durch ihre Vereinigung im Herzen löst sich unsere existentielle Polarität auf. Das Herz ist der Ort, wo der Lebensfaden sitzt, der Ort des Lebens schlechthin, hier sitzt auch *Dharmakaya*, die Leere und Klarheit – nicht im Gehirn. Dadurch nun ist nichts mehr an Gefühl und Denken und Ich von uns übrig. Unser Ich, das sich auf guten und schlechten Gefühlen gründete, hat nun keine Basis mehr; und das drückt sich durch die Erfahrung der Schwärze aus, die schwärzer als die Schwärze in der Dunkeltherapie ist. Der Zustand ist furchterregend und ich sage das aus eigener Erfahrung. Es ist das entsetzlichste Erlebnis unseres Ichs, denn es stirbt. Am Ende der Schwärze steht jedoch für den, der das erträgt, unter Umständen der Durchbruch ins Klare Licht des reinen Geistes; doch dazu muss erst das Ich sterben. Tritt der physische Tod ein, so bleiben wir kurz im Klaren Licht und gelangen dann in andere Seinsbereiche des *Sambhogakaya*, sprich der Seelenenergie, oder werden alsbald wiedergeboren. Diese Erfahrung tritt wohlgemerkt nicht nur beim Tod auf, sondern eben auch in der Dunkelklausur. Einzige Rettung: Man meditiert, wenn die Hyperschwärze heraufdämmert, über das Klare Licht, verharrt gedankenlos in ihm. Irgendwann fällt man aus diesem Zustand wieder heraus, nämlich dann, wenn das rationale Denken sagt: »Oh, wie schön...!«. Denn: Das Klare Licht ist weder schön noch gut, es ist.

Prä-Blackout

Es gibt Zustände vor dem Blackout, die diesen nur nachahmen bzw. im Ansatz und echohaft vorbereiten. Im Grunde ist jede Dunkelangst eine Vorform des Blackouts. Dunkelheit löst die Bindung von Körper und Seele. Unser rationales Ich verliert in der Schwärze die Orientierung und das ruft in ihm Angst vor seinem Untergang hervor. Der Blackout ist die Angst unseres rationalen Ichs vor seinem Untergang! Das zumindest wäre eine Deutung.

Pechschwarz und leer
Hier das Beispiel einer Frau, die das im Halbschlaf erfuhr.
Ich hatte geschlafen, erwachte aber durch die ins Zimmer scheinenden Sonnenstrahlen. Ich sah nämlich eine große Helligkeit. Dann wurde es plötzlich pechschwarz in meinem Kopf, schwärzer als schwarz. Alles war leer, ich war wie leer und ganz allein. Ich erschrak und wachte davon auf.

Deutung
Die Helligkeit war natürlich nicht die Morgensonne, sondern eine innere Lichterfahrung, das Seelenlicht. Doch dann fällt sie offenbar zurück in den Zustand vor dem Licht, was sich als Blackout darstellt. Der Blackout wird hier ganz charakteristisch dargestellt als »schwärzer als schwarz«, als leer und man ist ganz allein. Ich habe den Blackout gedeutet als Vorstufe zur Lichtwelt. Bei der Frau verhielt es sich umgekehrt, erst tritt sie ein ins Licht, fällt dann aber zurück auf den Weg, der ins Licht führt und der sich als pechschwarze Nacht, als ein Fallen, als Alleinsein darstellt. Die Frau deutete die Erfahrung zu Recht als Tod. Hätte sie die Schwärze länger ausgehalten, wäre es erst interessant geworden, meinte sie, denn sie wäre erneut ins Lichtreich gelangt.

In der Superschwärze ist es leer. Ich vermute, man hat den Eindruck der Leere, weil man nun vom rationalen Ich weitgehend befreit ist. Doch muss ein Ichgefühl noch da sein, denn dieses hat die Angst, endgültig und ganz ausgelöscht zu werden. Das Gefühl, allein und für alle Zeiten in der Schwärze zu sein, überkommt einen beim Erlöschen des rationalen Ichs.
Tatsächlich aber handelt es sich lediglich um einen kurzen Augenblick, der durch die Mechanik der Seelenablösung bedingt ist. Am Ende der Superschwärze steht immer das Licht, sofern man die Strecke durch das Dunkelreich durchhält, die meisten jedoch katapultieren sich durch Erwachen aus diesem Zustand heraus, wodurch die Seele sich wieder an den Körper bindet. Die beste Möglichkeit, Körper und Seele zusammenzubinden ist ja der Wach-

zustand, denn wir sind nur wach und in der stofflichen Welt, weil die Seele fest an den Körper gebunden ist und sich nur durch ihn hindurch, durch sein Filtersystem, äußern kann. All unsere seelischen Äußerungen sind daher ein schwacher Abglanz unserer tatsächlichen seelischen Zustände. Die Seele muss durchs Nadelöhr des Körpers und Gehirns – das Ergebnis missverstehen wir dann als Psyche oder Seele, aber es ist nur ein entferntes Echo unserer wahren Seele. Ähnlich wie wenn wir durch den Telefonhörer sprechen, nur unsere Stimme, nicht aber unsere ganze Seelenkraft durch den Hörer fließt und auch nicht unsere körperliche Anwesenheit, so ist das Seelische, das sich durch unseren Körper ausdrückt, nur ein spärliches Rinnsal an Seele.

Todeserlebnis und Blackout

Zweimal hatte ich (eine Frau) dieses Erlebnis. Beim ersten Mal kam ich gerade von einem Überseeflug zurück und legte mich erschöpft auf mein Bett. Plötzlich gab es einen Knall, ich war aber noch wach. Es war ein Gefühl, als ob vom Kopf bis zu den Füßen eine Dampfwalze über mich hinweg rollte. Ich hatte das Gefühl, wenn ich die Augen zumachen würde, würde ich jetzt sterben, daher hielt ich sie offen. Als das Gefühl an den Füßen angelangt war, war es vorbei. Ich erholte mich dann davon.

Beim zweiten Mal war ich in der Kur und sollte Mittagsschlaf halten, war aber gar nicht erschöpft. Ich legte mich hin und es ging ebenfalls mit einem Knall los, dann kam wieder die Dampfwalze und das Gefühl, die Augen offen halten zu müssen. Ich hatte beide Male den Eindruck, es sei dunkel, obwohl ich die Augen offen hatte.

Deutung

Der Knall verweist eindeutig auf eine durch Erschöpfung bzw. Entspannung urplötzlich auftretende Loslösung der Seele. Das Gefühl, eine Dampfwalze rolle über sie hinweg, mag ebenfalls Ausdruck der Loslösung sein. Offenbar bewirkt die Loslösung recht starke körperliche Eindrücke. Wir haben ja Fälle vorliegen, in denen der Körper aus dem Bett fällt oder in die Luft springt, bebt, sich schüttelt usw. Die Seelenablösung kann sich, muss sich aber nicht körperlich äußern!

Offenbar trat hier eine Art Blackout mit Ichvernichtungsgefühlen (Dampfwalze!) durch Erschöpfung bzw. Entspannung auf. Der Eindruck zu sterben geht immer mit der Ausblendung von Ichstrukturen einher. Deshalb hielt die Frau krampfhaft die Augen offen, um sich so an der stofflichen Welt festzuhalten.
Sie sagt, obwohl die Augen offen waren, kam es ihr dunkel vor. Sollten wir die Dunkelheit also als eine psychische Dunkelheit, eine Verdunkelung des rationalen Ichs deuten?

Bedeutsam ist auch, dass sie beide Erlebnisse noch nach vielen Jahren erinnert; sie gehören zu ihren schrecklichsten, unerklärlichsten Erlebnissen. Diese Menschen wissen, dass die Welt anders ist, als es uns Lehrbücher und Wissenschaften weis machen wollen: Die Seele gehört nicht zu dieser Welt und sämtliche abnormen Phänomene der Psyche gründen sich allein auf die Tendenz der Seele sich abzunabeln vom Körper. Der Blackout, den ich hier erstmals in der Literatur erwähne, zählt ebenfalls zu diesen Abnabelungsversuchen.

Ein Mann, der bei mir in der Dunkeltherapie 7 Wochen verbracht hatte, schrieb nach einigen Jahren:
Der Dunkelaufenthalt begann recht vielversprechend. Die ersten vier Tage lief vor meinem geistigen Auge ein wunderschöner Film ab, ich flog über grüne Landschaften, über die höchsten Berge, glitt durch tiefe Schluchten, durch Höhlen, flog durch längst vergessene Tempel, fiel in schier endlose Brunnen hinein, verließ dann die Mutter Erde und flog ins Weltall zu den phantastischsten Planeten, die in solch herrlichen Farben schillerten, wie ich sie zuvor noch nie gesehen hatte. Dieser Film lief vier Tage, er lief so lange, bis ich die Kopfschmerzen, die verursacht wurden durch das ständige Hinsehen, nicht mehr ertragen konnte und den permanenten Bilderfluss willentlich abbrach.

Erzählt habe ich dir seinerzeit auch von einer tiefen Schwärze, die eines Abends über mich kam und mir die Angst durch die Glieder schießen ließ und deren schrecklicher Höhepunkt ein höllischer Zischlaut war, der mir derart durch Mark und Bein ging, dass er mich auf meiner Matratze bestimmt einen halben Meter hochspringen ließ. Was ich dir nicht erzählt habe war das, was ich kurz danach erlebte. Nach dieser kurzen Begegnung mit dem Tod, drehte ich mich auf die linke Seite und rollte mich in eine Embryostellung ein; plötzlich entwickelte sich eine nach oben steigende weiße Spirale, die sich immer höher erhob, weit über die Zimmerdecke hinaus und mit aufsteigender Höhe auch immer breiter wurde. Und ganz oben am Ende der Spirale sah ein strahlendes Kindergesicht auf mich hinunter, so herzlich und voller Liebe, dass ich mich herumdrehte und es mit einem freundlichen »Hallo« begrüßte. Leider verschwand das Kindergesicht genau in diesem Augenblick.

Ich habe dir damals davon nichts erzählt, weil es mir irgendwie zu albern schien. Aber die Erinnerung daran kommt immer wieder und mich würde deine Ansicht darüber interessieren.

Deutung

Sehr schnell kam dieser Mann in visionäre Bildwelten hinein, was anderen erst nach Tagen gelingt. Es scheint ein Muster zu sein: Kommt man schnell hinein, ist man sehr geöffnet und frei, wird der Verstand schnell losgelassen, so tauchen ebenso schnell die Schrecknisse, wie der Blackout, auf.

Tiefe Schwärze kommt auf, sie ist schwärzer als die Dunkelheit im Raum und kann mehrere Tiefenstufen durchlaufen. Schwärzer als schwarz, sagen einige. Es ist auch eine seelische Schwärze. Angst in höchstem Grade tritt augenblicklich auf, die Angst vor dem Gefangensein in dieser Schwärze, Angst vor Seelenauslöschung, ausradiert zu werden aus der Welt. Es ist eine Angst, die schlimmer ist als die körperliche Todesangst, die Angst gefangen zu sein von dunklen Kräften, einfach die Angst vor dem Nichts, das für Menschen unerträglich ist. Diese Angst drang ihm durch Mark und Bein, wurde ganz körperlich, blieb nicht nur seelisch. Vor Angst bebte sein Körper, er sprang einen halben Meter im Bett hoch.

Doch nun kommt die Wende, statt aus dem Dunkelraum hinaus ins Licht zu laufen, rollt er sich in Embryostellung ein und eine weiße Spirale entwickelt sich. Das Licht nach der Schwärze zeigt, dass die Dunkelheit ein Nadelöhr und Einweihungsdurchgang ist, nämlich zur Lichtwelt des reinen Geistes. Er taucht in diese Lichtwelt ein, die sich ihm am Ende der aufsteigenden Lichtspirale als ein Kindergesicht darstellt, das strahlend lächelt. Die Erfahrung des reinen Geistes kann er nicht vollständig erleben, daher bindet er sie ein in ein Kindergesicht.

Die Schwärze ist also das Durchgangstor in die Geistwelt, so wie das Tunnelerlebnis bei der Nah-Tod-Erfahrung. Die Schwärze ist die Begleiterscheinung bei der Ablösung der Seelenwelt. So ist ja auch der Tunnel nichts anderes als die Seelenzone, wenn man sie schnell durcheilt. Tatsächlich gibt es natürlich keinen Tunnel, er tritt nur auf als ein Zeichen beim Abstreifen der Seele. Die Schwärze tritt, wie gesagt, meistens bei Menschen auf, die *zu schnell* in die trans-seelische Ebene absinken. Da das zu schnell geht, wirken die Dunkelheit, der Fall oder Flug beängstigend. Aus der Nah-Tod-Erfahrung wissen wir, dass es auch eine langsame Annäherung der Seele ans Geistreich gibt, dabei entsteht keine Tunnelerfahrung, kein Blackout, allein bei kurzen Todeserfahrungen, in denen die Menschen sich schnell als Seele vom Körper lösen, dann ebenso schnell von der Seele ins Geistreich eilen, entsteht ein Tunnelphänomen. Das Verlassen des seelischen Feldes, das Verlassen und Aufgeben meiner Seele erlebe ich als schnellen Flug, der, ist er extrem schnell, als schwarzer Tunnel oder Blackout wahrgenommen wird. Die dabei auftretende Schwärze entsteht lediglich durch die subjektiv hohe Geschwindigkeit. Am Anfang bewegt man sich langsam, löst sich aus seiner seelischen

Haut, seinem Ich. Geschieht das zu schnell, bekommt unser rationales Ich Angst und die Selbstauslöschungsgefühle werden zur Panik. Dies stellt sich nun dar als Schwärze. Die Seelenauslöschung drückt sich als Schwärze aus, aber das ist notwendig, um in mein wahres Wesen, den reinen Geist, zu gelangen. Die Seele ist nicht unsere höchste Instanz!

Tunnel und Blackout sind Durchgangsphänomene vom Seelenreich ins Geistreich, die Ursachen sind das Abfallen des Plasma- oder Seelenkörpers, was sich kurzfristig als Dunkelheit zeigt und das subjektive Gefühl dabei ist hohe Geschwindigkeit, Fluggefühl, Fallgefühl, was aber kein wirkliches Fallen ist, sondern ein Herausziehen des Geistes aus dem Seelenkörper. Das gleiche Gefühl haben wir, zieht die Seele sich aus dem Körper, dann erleben wir das umgedreht als Fall oder auch direkt als Aufsteigen oder Schweben. Das Fallgefühl ist nur das umgekehrte Gefühl des Heraussteigens des Seelenleibes aus dem Körper.

Der schwarze Tunnel in der Todeserfahrung

Viele Menschen, die eine Todeserfahrung hatten, beschreiben diese folgendermaßen. Zunächst hört man ein Geräusch, einen Knall, ein Knacken, ein Zischen usw. Plötzlich sieht man seinen Körper von außerhalb, man schwebt darüber. Dann hört man Sphärenklänge, so schön, wie man noch nie Musik gehört hat. Man befindet sich jetzt außerhalb des Körpers in der Plasmawelt. Die Betroffenen schweben, überfliegen Straßen. Sie können durch Wände hindurchgehen, durch Wände hindurch sehen und über weite Entfernungen sehen und hören, aber es gelingt ihnen nicht, zu anderen Kontakt aufzunehmen, denn diese reagieren nicht; allein Tiere reagieren. Diese Menschen scheinen als Ich-Punkt nicht an einen Ort gebunden zu sein. Sie fliegen nicht nur überall schnell hin, sondern sind, kaum denken sie an einen Ort, bereits dort. Sie stehen in Verbindung mit dem, was sie interessiert. Sie hören, was andere Menschen denken und fühlen und können Probleme schnell lösen, ohne nachzudenken. Sie wissen einfach, was richtig ist, ohne langes Überlegen. Das ist die außerkörperliche Erfahrung, die Seelenabtrennung. Alle Lebewesen besitzen eine Seele, sind primär Seele, erst sekundär Körper. Die Seele scheint ein Ich-Punkt zu sein und frei von Raum und Zeit.

Als Nächstes verändert sich für die Seele die Atmosphäre, es wird neblig, kühl, zugig. Die vorherrschenden Farben sind bläulich, weißlich, gräulich. Wasser erscheint, ein Fluss, Seen, Meer, Regen. Die damit einhergehenden Gefühle sind negativ. Die Seele, die einen Körper zu haben wähnt und Kleider, fliegt nun über den Fluss, überschreitet die Brücke, schwimmt durchs Wasser. Diese Bilder sind keine Bilder, sondern sinnbildliche Umschreibungen des Plasmazustandes. Das ist das Reich der Seele, das Land der Toten. Die Seele besteht aus Plasma, einem Raum-Zeit-losen Feinstoff, der so fein ist wie Gefühle. Plasma ist Gefühlsstoff. Daher besteht die Plasmawelt – und das ist unsere Nachbardimension – allein aus Plasmagefühlen! Wenn die Plasmaseele den Körper abgelegt hat, ist sie nur noch ihre Gefühle; und so besteht diese Welt aus all den Gefühlen aller dort lebenden Seelen. Wir müssen einfach lernen, dass es keine andere Dimension gibt, als eben jene der Seelengefühle. Es gibt keine vierten und fünften Dimensionen, wie Physiker phantasieren, es gibt nur *eine* andere Welt, das Plasma und das sind wir selbst, wir als unsere Gefühle und alle meine Gefühle zusammen ergeben mich, meine Seele. Seele ist ein Gefühlspotpourri, eine mentale Konstruktion.

FÜNF

Wie führt man Dunkeltherapie durch?

Zum Abschluss möchte ich einige Grundgesetze der Dunkeltherapie erwähnen, um falschen Hoffnungen vorzubeugen. Dunkeltherapie ist keine Psychotherapie! Ich-Therapie ist in der Dunkeltherapie ersetzt durch Seinserfahrung. Psychotherapie besteht aus Modellen über unsere Psyche, ihren Aufbau und ihre Funktionsweise, diese werden dann durch den Therapeuten dem Klienten manipulativ übergestülpt. Durch die Redeführung und Weltschau des Therapeuten werden sie also als universell angepriesen, als Wahrheiten verkauft. Ausschnitterkenntnisse über seelische Zustände werden dem Patienten als allgemeine Grunderkenntnisse durch Deutung und Verhaltensweise des Therapeuten aufgedrängt. In der Dunkelheit dagegen gibt es keinen Therapeuten, der irgendetwas weiß, es gibt nur einen Betreuer, der für das leibliche Wohl des Suchers sorgt, allerdings auch für Gespräche, sofern erwünscht, offen ist. Der Dunkeltherapeut ist kein Therapeut für Seelenprobleme.

Seelenprobleme dämmern zu Anfang zwar in der Dunkelheit von selbst hoch, werden aber von der Dunkelheit selbst behandelt und lösen sich im Allgemeinen darin von selbst auf oder sie werden als sekundär gegenüber der heraufdämmernden Seinserfahrung erkannt. Alle Menschen leiden unter seelischen Mängeln, doch die Dunkelheit führt ihnen vor, wie erkünstelt, aufgesetzt und oberflächlich diese Probleme sind. Das ist eine wichtige Dunkelerfahrung: Seelenprobleme sind eine hauchdünne, oberflächliche Schicht. Die Dunkelheit zeigt: Sie sind nur Teil eines Oberflächen-Ich, zusammengesetzt aus der Individualgeschichte, dem sozialen Ich und dem Kultur-Ich. Dieses Oberflächen-Ich aber berührt nicht unser wahres Wesen.

Dunkelheit zeigt die Tiefe unseres Daseins auf und schwächt so das Oberflächengeplätscher der Ich-Probleme ab. In der Dunkelheit besteht eine Neigung, dass Ich-Probleme sich bald, zwar nicht unbedingt auflösen, jedoch unter dem »Tiefendruck« der Nacht verringern, zunächst zur Seite geschoben werden wie unruhige Kinder, auf dass sie später im Licht behandelt werden können, hier im Dunklen aber unbedeutend erscheinen, wenig beeindrucken. Sie können nicht so richtig greifen im Seelischen, weil dieses dabei ist, sich in die Seinserfahrung hinein aufzulösen. Im Angesicht der Seinserfahrung, – die Abraham Maslow, der Begründer der Transpersonalen Psychologie, als *Seinspsychologie* hervorragend beschrieben hat – wirken sie erkünstelt und lächerlich. Die Erfahrung der ganzen Welt als *einen* Zustand gibt uns eine Tiefe des Wissens, eine Höhe der Erkenntnis, von deren Gipfel Ich-Leiden, Individualprobleme bestenfalls ein kosmisches Schmunzeln hervorlocken. Wir müssen uns darüber im Klaren sein: Dunkeltherapie gehört nicht zum Konzert abendländischer Heilverfahren. Dunkelheit will da nicht mitmachen, insbesondere nicht heilen. Dunkelheit ist Seinserfahrung, griechisch *therapia*.

Der abendländische Geist ist durch die Patriarchalisierung, mit der Betonung eines Individual-Ichs und durch die Mechanisierung, in der nur noch Einzelteile des Gesamtseins gesehen und erfahren werden, lediglich auf kulturelle, soziale und Ich-geschichtliche Probleme, also auf rein menschenzentrierte Themen zurückgefallen und gebunden. Die matriarchale Ganzheit, das Sein an sich, das Geworfensein des Menschen in einen Kosmos, ist aus dem Blick verschwunden. Der gesamte Abstieg der westlichen Kultur begann mit der Zerschlagung des universal und kosmisch ausgerichteten Matriarchats, das den Menschen eingebunden sah ins Universelle, als Kind der Erde. In dieser Kultur, mit der Verehrung der großen Göttin Dasein, stand die schlichte und gleichzeitig große Seinserfahrung im Vordergrund.

Seinspsychologie

Im Dunklen dämmert das Universal-Geistige des Seins herauf. Im Tageslicht geht dieses leicht unter, denn der Trubel der Vielfalt in Gestalt von Menschen und Menschenmeinungen und Menschenverhalten, in Gestalt der tausend menschengemachten Objekte sowie der unübersichtlichen Naturvielfalt verwirrt das Oberflächenbewusstsein und erlaubt nicht, dass wir uns von ihm lösen, uns entspannen und in die Tiefenschichten, in die Seinserfahrung, in der wir das Sein als Ganzes und Eines erfahren, dringen. Dadurch werden wir als Oberflächenwesen – und das ist unser Ich, unsere so genannte individuelle Persönlichkeit – unter dauerndem Zugzwang gehalten. Wir sind verstrickt in eine Maschinerie von Geben und Nehmen, die uns in Atem hält, abhängig macht und schließlich versklavt, so dass die wahre Natur des Daseins, wie es in der matriarchalen Kultur noch möglich war, nicht mehr erfahren, ja schließlich angezweifelt und wie heute gänzlich verworfen und als irreal und krank betrachtet wird.

Für Psychotherapeuten ist Seinspsychologie im Allgemeinen ein Fremdwort, spricht man darüber, wird sie in den Bereich der Psychose verwiesen, so wie eingefleischte Therapeuten, kaum hören sie »Dunkelheit« gleich ihren patriarchalen »Zeigefinger« heben und ihr sattsam bekanntes Stichwort »Psychose« murmeln. Die Dunkelheit ist die große Angst der rationalen Patriarchen, denn sie führt deren Untergang herbei. Nachtkultur steht gegen Tagkultur. Kurzum, was ich sagen möchte ist: Der klassische Psychotherapeut hat nichts in der Dunkeltherapie verloren, auch dann nicht, wenn er sich hier einen Geldgewinn scheinbar ohne Arbeit erhofft. Dieser Personenkreis fragt mich oft, welche Literatur sie studieren können, um sich da hineinarbeiten zu können. Die Frage allein verweist schon auf die ganze Geisteshaltung dieses Standes. Es gibt keine Literatur über die Nacht. Literatur, also Beschreibung *über* etwas, ist bereits eine patriarchale Geisteshaltung. Natürlich ist selbst dieses Buch ein praktisch unmögli-

ches Unterfangen, es kann letztendlich auch nur zwischen den Zeilen gelesen werden, um die unaussprechliche Seinserfahrung in einer Ahnung zu erfassen. Deshalb ist dieses Standardwerk über die Dunkeltherapie auch nicht als klassische psychologische Literatur zu betrachten, mit Hilfe derer man sich »technisch« einarbeiten kann.
Die Nacht ist eine Seinserfahrung, die allein in sich selbst gründet. Wer in der Seinserfahrung ruht, beschreibt sie nicht.
Die therapeutische Anwendung der Dunkeltherapie setzt ein großes Maß an Eigenerfahrung voraus. Man muss die auftretenden psychischen Bewegungen selbst durchlebt haben, um andere beraten zu können. Es treten subtile Phänomene auf, die nur aus der Eigenerfahrung heraus verstanden werden können. Dunkeltherapie ist kein Isolationsexperiment oder eine Extremerfahrung, die es krampfhaft durchzuhalten gilt und in der man sich sein starkes Ich beweisen kann, sondern eine methodisch aufgebaute Therapie. In der Dunkeltherapie geht es auch nicht um eine gezielte Befreiung von einzelnen Seelenproblemen, sondern um eine Grund- und Tiefenerfahrung existentieller Natur. Die jeden Menschen bedrängende Todesangst, die durch zu starken Glauben an ein isoliertes Ich auftritt, kann letztendlich nur gelöst werden, wenn wir die Ichauflösung geschehen lassen und ein erweitertes Global- oder kollektives Natur-Ich entwickeln.

Plasmapsychologie

Ohne eine umfassende und subtile Kenntnis unserer Plasmaseele und ihrer Gesetze verkommt Dunkeltherapie, degeneriert zu Normalpsychologie. Die übliche westliche Normalpsychologie kennt die Urgesetze der Seele nicht. Die Griechen verstanden Psyche als Luft, Hauch und Atem. Ein anderes Wort dafür war Plasma. Der Begriff Plasma wurde jedoch in der Neuzeit von der Physik mit einer sehr einseitigen Definition besetzt. Den Begriff Plasma setzten die Griechen gleich mit Psyche. Psyche ist Plasma, der Urstoff. Seele ist der erste Stoff, aus ihm heraus wurde die Materie geschaffen. Da das von der westlichen Wissenschaft noch nicht verstanden wurde, hat sie noch nicht angefangen, eine solche zu sein. Kurzum: *Psychologie hat noch nicht angefangen.*

Dunkeltherapie führt zurück zum Wissen der alten Kulturen, dass die Seele ein Feinstoff, eine Energie ist und mit dem Feinstoff aller anderen Lebewesen und materiellen Formen verbunden ist. In *»Hüter der unsichtbaren Welt – Die Suche nach dem Lichtkörper und die Geburt der Plasmapsychologie«* zeige ich auf, welchen diesbezüglichen Grundgesetzen wir bei der Nachtfahrt der Seele begegnen.

Gerätschaften, Methoden und Hilfsmittel

Ich muss mir von Besuchern, die kommen oder kommen wollen, oft Fragen anhören, wie: »Welche Methoden verwenden Sie?« Ich sage: »Keine!« Das bereits beunruhigt. »Welche Geräte kommen zum Einsatz?« Ich gestehe: »Keine!« »Ja welche Hilfsmittel stehen dann überhaupt zur Verfügung?« Ich sage: »Allein die Dunkelheit!«

Die Menschen wollen in die Dunkelheit und dort wollen sie unverzüglich Krücken untergeschnallt bekommen, von der Massage bis hin zur Heerschar mechanischer Roboter, die unseren Körper irgendwie bearbeiten. Der moderne Mensch kann sich selbst, bedingt durch den Ansturm der mechanisierten Welt, nur noch als einen Baukasten von Versatzteilen erleben, die durch Druck und Stoß maschinell bewegt werden sollen. Brain Maschines, Mindmaschines sind nur zwei Stichworte, dabei wird vorausgesetzt, das Gehirn habe eine Funktion in der Erkenntnis des Seins. Man verwechselt hier grundsätzlich das Werkzeug mit dem Benutzer des Werkzeugs – oder ist es bei Ihnen der Hammer, der für Sie den Nagel einschlägt? *Das Gehirn ist das Werkzeug, das Herz der Handwerker.*

Andererseits führt uns ein Restinstinkt ins Dunkle. Die meisten Menschen, kaum hören sie das Wort Dunkeltherapie, sind wie elektrisiert und rufen mich unverzüglich an. Da dämmert eine Urerinnerung in ihnen herauf, die Freiheit, Stille, Rückkehr in den wahren Urzustand verheißt. Instinktiv wissen sie um ihr Gefangensein in der mechanisierten Welt, in der ihre Wahrnehmung in Einzelereignisse zersplittert ist, statt das Sein mit einem Schlag als eine Wesenheit, als die Große Göttin wahrzunehmen und sich selbst als Echo und Spiegelbild der Allnatur, des ganzen Gottes. Der Urinstinkt lässt sie gleich anrufen oder es quält sie jahrelang ein Aufsatz von mir oder einfach das Wort »Dunkeltherapie«, von dem ihnen jemand erzählt hat und irgendwann rufen sie an. Es ist immer der gleiche Antrieb: Die Sehnsucht nach unserer Urnatur. Man hat es einfach satt, sich im Gestrüpp der esoterischen und psychologischen Hoffnungskulte und der Unzahl hilfloser Helfer lenken zu lassen; Freiheit ist der Impuls.

Wer in die Dunkelheit geht, bringt oft im Übereifer der Erwartungen allerlei mit, vom Meditationskissen bis zur Musikkassette. Etwas soll doch, muss doch im Dunkeln geschehen, also Musik, also Meditation nach der Methode von Guru X oder Y. Tatsache ist, dass kaum jemand je seine Musikkassetten anhört, aber warum nicht? Die Antwort ist immer die gleiche: Musik ist Lärm! Musik ist Künstlichkeit im Angesicht der Stille, des Klangs der Ewigkeit. Und was ist mit der Meditation, der letzten Trumpfkarte? Man wagt es kaum zu sagen, aber nur ganz wenige meditieren, auch wenn sie gerade deshalb gekommen sind und seit Jahren eifrig üben, zumindest planen eifrig zu üben und hier im Dunkeln endlich einmal zuschlagen wollen. Auch in den großen Yogalehrern bricht der Glaube an den Sinn der heiligen Körperverrenkungen zusammen. Man bleibt im Schneidersitz sitzen im Sein, tut nichts, die Zeit vergeht, lange Weile, nichts tut sich, aber wozu üben, wozu handeln, wozu die Frage stellen »Was ist Sein«?

Kurzum: Gerätschaften, Methoden, Übungen, Hilfsmittel der externen Art helfen nicht, wenn das Sein grollend heraufdämmert. Dunkeltherapie ist archaisch sparsam. Ich hatte unlängst eine Frau in der Dunkeltherapie. Sie zog sich in der Dunkelheit aus, wollte nackt in Berührung kommen mit der Nacht, dem Sein, tanzte, sang. Also: Bringen Sie ihre nackte Haut in Berührung mit der Nacht.

Die Dunkelheit ist die Therapeutin

Dunkeltherapie setzt Therapeuten beziehungsweise Betreuer voraus, die selbst häufig im Seinszustand ruhen oder jederzeit hineintauchen können. Hinzu kommt bei dieser »Therapie«, die keine ist, dass der »Therapeut«, der keiner ist, von sich selbst ausgehen, seine eigene Erfahrung berichten, sein eigenes Weltgefühl darstellen muss und nicht die Theorien seiner Lehrer, die Methoden seiner Bücher anpreisen kann und darf. Dieser Therapeut darf eigentlich keiner sein, weil er nur als authentischer Mensch dem anderen Menschen in der Schwarzen Welt beistehen kann. Von mir selbst kann ich sagen, dass die Psychotherapie der Egoprobleme *eine* Stufe der Erfahrung ist, die man zwar dauernd mitbedenken und mitbehandeln muss, aber in der Dunkeltherapie wird sie großenteils von selbst, weitgehend ohne therapeutisches Zutun weggespült, die Egoprobleme werden durch die Dunkelheit von selbst nach ein bis zwei Wochen aufgelöst. Es bedarf also eines Therapeutentyps, der keine therapeutischen Techniken einsetzt oder an keiner bestimmten Technik besonderen Gefallen gefunden hat, sondern der all dies vergessen hat und nur mehr sich selbst als lebendiges Beispiel der Seinserfahrung vorstellt, ohne ein Blatt vor den Mund zu nehmen; nicht wie der Standarttherapeut, der sich selbst hinter seiner Therapeutenmaske versteckt und die Therapiekunst als Abwehrfetisch vor zudringlichen Fragen und Blicken vor sich herträgt.

Der Dunkelbetreuer ist schlicht er selbst, ein Mensch wie alle, auf der Suche, denn auch er sucht, wenn er im Dunkel sitzt und sich die Lebensgeschichten anhört. Wie der Künstler aus der Inspiration, so schöpft er aus der Seinserfahrung. Diese lebt und verkörpert er und davon soll der Besucher des Dunkelreichs einen Geschmack erhalten. Das bedeutet, dass ich keine Theorien präsentiere, sondern ich stelle mich selbst, *meine* Seinserfahrung vor, auch dann, wenn sie sich in abstrakten Worten wie diesen hier kristallisiert. Gelernt wird also auch über die Gespräche mit dem Betreuer, über die gemeinsamen Zeremonien, in denen sich aber immer der große Wurf, der große Blick aufs ganze Sein, auf eine Philosophie des Ganzen auf der Grundlage der reinen Seinserfahrung widerspiegelt und das stets auf dem Niveau der Seinserfahrung des Klienten. Die Gespräche werden umso reiner, je reiner die Seinserfahrung ist. Der Betreuer muss sich dem ganz anpassen und muss immer einen Schritt voraus sein, um dem Suchenden einen Ansporn und Material zum Nachdenken über seine verfestigen Ichstrukturen geben zu können.

Ich meine, der Dunkeltherapeut sollte keiner mehr sein, er sollte vom Therapeuten – der eine niedere Stufe der Seinserfahrung zum Ausdruck bringt – gewachsen sein zum Philosophen. Ein Philosoph betrachtet die Welt im Großen und Ganzen, der Therapeut im Kleinen und Einzelnen, nämlich der sozialen Person seines Klienten. Dies ist für weiterführende »Therapien« ungeeignet. Seinstherapie ist kontemplativ-philosophische Weltbetrachtung, nicht aber im herkömmlichen, intellektuellen Sinn, sondern in der altgriechischen Bedeutung von Daseinserfahrung, Liebe zum Sein. Philosophie heißt ursprünglich im Griechischen »Liebe zur Weisheit«. Weisheit heißt, aus der Seinserfahrung schöpfen.

Der fortgeschrittene Therapeut ist weitgehend frei von der Ichproblematik, beziehungsweise er erkennt sie und die dauernde Auseinandersetzung mit seinem Sein in der Welt und mit anderen an. So ist er eher ein Künstler, der begeistert ist vom Dasein der Vielfalt. Doch fasziniert ihn die Vielfalt nicht nur, er bringt sie auch, zumindest teilweise, auf einen Nenner, er erkennt sie als verwobene Einheit, als Ausdruck der immer gleichen Seinseinheit.

Dies ist eine größere Kunst als die bescheidene Inspiration des Künstlers, die einem verkürzten ästhetischen Erlebnis erliegt, die Einzelmerkmale überbewertet, Anordnungen von Formen orgiastisch erlebt, im Farbenrausch ertrinkt oder den Archetypus einer Situation erlebt. Hier geht man weiter. Jedes Einzelding wird als Analogon für alle anderen Einzeldinge genommen und so wird die Vielfalt insgesamt als Ganzheit erfahren, zunächst im Ansatz, später mehr, in seltenen Augenblicken vollkommen.

Solch ein Therapeut spricht aus der analogischen Ganzheitserfahrung. Er ist von daher eher ein philosophisch Begeisterter, ein philosophisch Lebender als ein Berufstherapeut. Es steht im Dunkeln auch nicht der Besucher im Vordergrund, sondern das Sein schlechthin, der Besucher mag sich darin bewegen wie der Fisch im Wasser, aber das, was jeder unreife Klient eigentlich will, Betreuung seines Selbst und Egos, das schiebt der Betreuer-Philosoph alsbald gelassen beiseite, konzentriert sich auf seine Seinserfahrung und inspiriert im anderen die eigene. Natürlich herrscht auch hier eine Kunst vor, nämlich die, sich selbst nur jeweils so weit als Philosoph zu enttarnen, wie es der Besucher verkraften kann. Der gewöhnliche Mensch möchte, dass man sich um ihn kümmert, ihn wahrnimmt als Individualität mit Eigenarten aller Couleur.

In der Weisheits- und Seinstherapie wird die Individualität jedoch bestenfalls untersucht, gewürdigt und erkannt als analogischer Abklatsch von Seinsarchetypen, sprich als schwaches Echo von Urbildern oder als verengtes Individualdasein des Gesamtdaseins. Das Ich erfährt man ja in der Schwarzen Welt als Kind des Urarchetypus, des Mutterarchetypus der Bipolarität, der ausgefalteten Seinseinheit. Wer sein Ich gewürdigt wissen will, lebt in der Scheinwelt polarer Gegensätze. Im Dunkel jedoch enthüllt sich eine zartgliedrige Verwobenheit mit der jeweiligen Situation, mit den Geschehnissen und mit dem Betreuer. Man sieht Beziehungsfäden wie Lichtstrahlen hin und her gleiten zwischen den

Dingen, die sich zu einem Mandala der richtigen Situation, dem richtigen Ort, der richtigen Sprache verbinden. Dann kann man loslassen vom Ich und statt Ichtherapie gebiert sich aus der Dunkelheit Seinserfahrung.

Dunkeltherapie allein, ohne Begleiter durchgeführt führt im Allgemeinen zu nichts beziehungsweise zu schnellem Abbruch. Es bedarf eines sachkundigen Betreuers, der selbst mehrmals Dunkeltherapie durchgeführt hat und der vertraut ist mit den im tibetischen Buddhismus und Bön gelehrten Prinzipien und psychischen Vorgängen. Außerdem sollte er die transpersonale Psychologie umfassend kennen und mit veränderten Bewusstseinszuständen hinreichend vertraut sein, *insbesondere bei sich selbst.* Es wäre unverantwortlich einen Menschen in tiefgreifenden Erfahrungen allein zu lassen oder ihn mit Allgemeinplätzen und Theorien abzuspeisen. Von daher sind nur wenige geeignet, besonders nicht jene ohne Kenntnis und Selbsterfahrung der transpersonalen und spirituellen Vorgänge, sie würden die Geschehnisse normalpsychologisch mystifizieren und den Suchenden dadurch blockieren.

Therapeuten, die auf veränderte Bewusstseinszustände Wert legen, sollten sich über die Arbeitsweise ihres Bewusstseins durch Eigenerfahrung im Klaren werden. Das Studium der Verstandes- und Gefühlsprozesse kann aber nur als ein erster Schritt betrachtet werden. Wesentlich ist die Beobachtung der langsamen Auflösung des normalen Bewusstseins, die nach einer Woche Dunkelaufenthalt einsetzt, soweit Beobachtung überhaupt noch möglich ist. Zumindest kann der Prozess im Nachhinein analysiert oder in Gesprächen mit dem Betreuer angedeutet werden. Wer als Therapeut Dunkeltherapie einsetzen möchte, muss sich auf alle Fälle selbst mehrmals dem Prozess der Dunkeltherapie unterzogen haben, weil er ansonsten die Potenz der Dunkeltherapie, ihre Entwicklungsstufen und die auftretenden Erscheinungen überhaupt nicht erkennen kann. Sich einzubilden, als Psychologe könne man dank eines Universitätsstudiums Menschen in die Dunkelheit führen, zeigt nur, wie viel man an öffentlichen Lehrstellen erfahren hat von der wahren Natur der Seele, nämlich gar nichts.

Wer also ist geeignet? Diese Frage ist nicht einfach zu beantworten. Jeder Therapeut ist ein individueller Mensch und sein erlerntes Wissen ist nichts anderes, als eine Verfeinerung oder Rationalisierung seiner ohnehin angeborenen Persönlichkeit. Es ist also der Wesenskern des Therapeuten, der zählt, und nicht die dünne Kruste aufgesetzter, zeithistorisch begrenzter Anschauungen und Modeströmungen.

Lediglich ein paar Fachgebiete wären zu nennen, die der Dunkeltherapeut beherrschen sollte: Transpersonale Psychologie, Traumpsychologie, Tibetische Psychologie, Meditationspsychologie, Schamanische Heilweisen und Rituale, die Prinzipien der Medialität, Symbolik. Der Dunkelheitsbegleiter sollte mit diesen Gebieten fachlich gut vertraut sein und ein tiefes Gespür dafür besitzen. Wichtig ist es auch, dass er bei sich persönlich in die Tiefe geht und seine Motivation prüft, weshalb er mit der Dunkeltherapie arbeiten möchte. Am wichtigsten erscheint mir die Kenntnis der Gesetze der Nachbardimension, des Todesreichs und des Urstoffs, sprich Plasmapsychologie, und natürlich die allgemeinen Reaktionsgesetze der Seele in der Dunkelheit.

Der Betreuer

Vielen Leuten, die hören, dass ich die Dunkeltherapie anbiete, geht blitzartig ein Gedanke durch den Kopf. Augenblicklich schaltet es in ihrem Gehirn: Sehr gut! Keine Arbeit, Leute einsperren, sich selbst überlassen und Geld abkassieren. Dann geht alsgleich die Rechenmaschine an: Ein Klient so und so viel, bei zwei, bei vier, bei zehn … man hat bereits ausgesorgt, ohne je einen Klienten zu Gesicht bekommen zu haben. Der moderne, aufgeklärte Mensch denkt in Zahl und Zeit. Die Tatsachen sehen leider anders aus. Die Zeit der Betreuung von Menschen in solch herausfordernden Situationen ist erheblich und überschreitet bei weitem den Aufwand für den einer normalen Therapie, ganz abgesehen davon, dass man Tag und Nacht anwesend sein und mit den Besuchern unter einem Dach leben muss. Hat man den ersten Besucher erlebt, weiß man, dass der Traum vom arbeitsfreien Leben und 30 in ein Appartementhotel eingesperrten Suchern gelaufen ist.

»Befinden sich denn mehrere Personen gleichzeitig in einem Raum in der Dunkeltherapie?« – Diese Frage höre ich des Öfteren. Wir leben in einer Zeit, in der das kollektive Dasein alles zu erdrücken scheint. Insbesondere in New Age Kreisen gilt die Gruppe, das gemeinsame Handeln, als non plus ultra. In der Tat wird gelegentlich ein Dunkelrückzug in Gruppen veranstaltet. Gruppen-Dunkelheit ist jedoch in keiner Weise ernst zu nehmen, weil genau das, was die Dunkelheit bewirken soll, nämlich Auflösung der bekannten Verhaltens- und Denkmuster, damit verhindert wird, im Gegenteil, die Muster werden noch verfestigt. Jede Störung aus dem Alltag muss vermieden werden.

Es gibt auch gelegentlich Blindekuh-Kurse, in denen die Teilnehmer die Augen verbunden bekommen. Dann werden sie von anderen herumgeführt und sollen nun an Dingen riechen oder diese betasten. Die Dinge erscheinen, weil man sie nicht sieht, jetzt neu und unvertraut und man wird sich klar darüber, wie sehr das Sehen die Welt strukturiert. Diese kleinen Spielchen haben jedoch neben ihrer Witzigkeit und dem Aha-Erlebnis keinerlei weitreichende Wirkungen, sie gehören zum Heer der Lust- und Laune-Spiele, die heute als Therapie verkauft werden.

Es zeigt sich bei all diesen Therapiespielen die komplette Unkenntnis über die Gliederung der Seele und über die tiefen Dimensionen, die uns Lebewesen ausmachen. Der westliche Mensch kann mit diesen Schichten offensichtlich nicht umgehen, jede kleine Erkenntnis auf der Oberfläche des Bewusstseins wird als Tiefenschicht missdeutet, aus Angst tiefer gehen zu müssen. Das ist der modernen Psychologie insgesamt vorzuwerfen, nämlich sich nicht fallen zu lassen in Bereiche, in denen sich unser Urwesen offenbart. Psychotherapie selbst ist ein Abwehrmechanismus.

In der Dunkeltherapie treten nun Erscheinungen spontan und unbeabsichtigt auf, die in den Lehrbüchern westlicher Psychologie, und seien sie noch so transpersonal, keine Erwähnung finden, was ein bezeichnendes Licht auf diese Ansätze wirft. Die Welt hinter der Welt, der Mutterbauch, in dem unsere Gefühlswelt ruht, ist nicht durch theoretische Spekulationen und gefühlvolle Erhabenheiten heraufzubeschwören, nur durch die eigene Erfahrung kann man hier zum Wissenden werden. Die Wissenden, die erfahren haben, schweigen dazu, sie kennen den Unterschied zwischen künstlich Erzeugtem und tatsächlicher Erfahrung

Dunkeltherapie ist eine sehr persönliche Angelegenheit und bedarf einer hochgradig individuellen, auf den jeweiligen Sucher abgestimmten Betreuung, ansonsten finden bereits in der ersten Nacht Abbrüche statt. Bereits die erste Nacht ist ein zutiefst problematisches Erlebnis für viele. Zudem beherrscht das Gesetz des Abbruchs die gesamte Zeit der Dunkelheit, in Intervallen pulsiert wie eine Sinuskurve jeden Tag mehrmals das definitive Gefühl hoch »Jetzt gehe ich, mir reicht's! Was habe ich mir da angetan!« Um diese naturgesetzlichen Phasen aufzufangen, bedarf es eines Betreuers, der immer da ist, jederzeit instinktiv nach seinen Besuchern schaut, besonders wenn sie gerade in einer Abbruchphase stecken. Allein über Gespräche und seine Präsenz kann der Betreuer dann über die Krise hinweghelfen, sofern er Einsicht hat ins Gefüge der Dunkelpsyche.

Was den Betreuer selbst anbelangt, so ist zu sagen, dass sein Aufenthalt im Dunklen mehrere Stunden am Tag nicht ohne

Auswirkung ist, weshalb für mich persönlich mehr als zwei Klienten unmöglich zu verkraften sind. Zudem: Dunkeltherapie ist nicht eine irgendwie geartete Therapie; der Betreuer ist selbst ein Suchender, der über das Zuhören erforscht, wie die Natur der Wirklichkeit aussieht, um so dem Sucher richtig raten zu können. Seinspsychologie kann nicht konsumiert oder professionalisiert und als lukrativer Gelderwerb genutzt werden. Geschieht das dennoch, wird die Qualität der Erfahrungen darunter leiden und die Abbruchrate steigen. Dunkeltherapie bietet sich daher nicht als Massentherapie an, sie bietet die Möglichkeit zu individuellen, schamanischen Erfahrungen jenseits des Therapierummels seelisch ausgehöhlter Europäer.

SECHS

18 Reisen durch die Finsternis zum Licht

In diesem Kapitel möchte ich einige Erfahrungsberichte von Besuchern präsentieren, die von mir bei ihrer Reise in die Dunkelheit einige Tage oder Wochen lang begleitet wurden. Die Berichte sind im Rahmen dieses Buches zum Teil gekürzt oder ich habe ihnen die wichtigsten Schlüsselerkenntnisse entnommen. Die Namen entsprechen nicht den offiziellen Namen der Besucher. Die Lebendigkeit, Reichtum der Symbole sowie die unterschiedliche Sprache der einzelnen Erfahrungen sollen dem Leser eine Ahnung von der Vielfalt der Seelenschau vermitteln. Jedoch möchte ich hier auch wieder betonen, dass Worte von der eigentlichen Erfahrung des Seins sehr weit entfernt sind. Der, der im Sein ruht, schweigt, denn die Erfahrung des Seins gehört zum Unaussprechlichen. Und doch kann beim Lesen der Funke überspringen. Wir können eine Ahnung bekommen von den Dimensionen des Erfahrens und Erlebens, die jedem von uns möglich sind.

Die innere Welt ist dort draußen

Thethys, eine Woche

Als Thethys aus der Dunkelheit ging – sie hatte während des Retreats nicht mit mir gesprochen – kam sie nach dem Spaziergang zurück und sagte zu mir: »Die innere Welt ist dort draußen. Die Bäume sind in mir.«

Nach langer Pause fuhr sie fort:

»Ich habe geweint, wegen der Vielfalt. Im Dunkel gab es wenig. Die unendliche Vielfalt der Pflanzen und Naturen überfällt mich. Ich bin erschüttert über die Flut der Wesen, die hier draußen leben. Ich kann das nicht so schnell verarbeiten. Der Überfluss lässt meine Wahrnehmung zusammenbrechen. Es ist der Überfluss an Lebensformen. Dieser Reichtum entströmt nicht einem fernen Geist, dieser Überfluss ist Geist. Es gibt kein Jenseits, keine andere Welt, unsere Vielfalt-Welt ist bereits die andere Welt. Denn: Ich höre und sehe jetzt genau. Das Waldgrün ist leuchtend, der Wald eine leuchtende Welt. Das Himmelblau ist transparent und vibriert, es ist bereits die Geistwelt. Es gibt keinen Geist dort draußen, dort oben oder hinter der Welt. Welt ist Geistwelt! Ein Käfer fiel mir auf den Arm. Als er auf den Boden plumpste, hörte ich einen lauten Aufschlag. Natur ist laut. Dieser Knall echote lange in mir nach. All die Echos, all die Töne, die in mir widerhallen – das Konzert der Geistnatur. Ich kann nur langsam gehen, denn wie Flutwellen überrollen mich die Erscheinungsformen. Geistige Wesen in materieller Gestalt. Aber all das sind falsche Worte, Worte sind immer falsch. Die Naturwesen sind Geist. Es gibt keine Materie, das ist der große Irrtum. Stoff ist Geist. Es gibt keine Stufen vom Stoff zum Geist. Baumstämme pulsieren, ich wage sie nicht anzufassen. Vögel, Pflanzen, Menschen sind geistige, fliegende Gedanken. Ich bin klein im Angesicht der Überfülle und des Lebensstroms, aber ich bin auch dieser. Auch ich bin unendlich. In mir dämmert eine Kraft herauf, die sich Unendlichkeit nennt. Ich bin nicht die kleine Thethys, ich bin auch nicht Teil des Unendlichkeitsstroms, wir alle sind *ein* Strom. Ich berühre die Rinde eines Tannenbaums, vorsichtig nähere ich meine Finger. Ich weiß nicht, was rauhe Rinde ist. Meine Hand gleitet über die Borke – Echos, Lawinen, Kaskaden raspelnder Töne durchströmen meine Umgebung.

Unsere Welt steht nicht vor einer Welt dahinter. Es gibt keine andere Welt. Unsere Welt ist bereits das offenbarte Jenseits. Die fatale Ansicht, es gäbe eine Welt hinter der Welt, ist der älteste Irrtum der Menschheit. Das Totenreich ist nicht hinter den Sternen, unsere Welt ist das Totenreich, die Toten sitzen gleich nebenan. Und Bäume sind keine Bäume, es sind Geistbäume.«

Anmerkung

Dies sind keine Erfahrungen stimuliert durch Drogen, sie entstehen von selbst, einfach durch die Entwöhnung vom tagtäglichen Fluss der Eindrücke, bis im Dunkeln schließlich nichts mehr da ist von der normalen Alltagswelt. Tritt man dann wieder in diese ein, enthüllt sie sich als die wahre Geistwelt. Als das eigentliche Hindernis, das uns davon abhält, unsere Welt als Geistwelt zu erfahren, entpuppt sich der Gewöhnungsfaktor. Warum lässt die Geistwelt zu, dass wir Menschen uns an sie gewöhnen? Warum können wir nicht dauernd in der wahren Welt ruhen, warum setzt Gewohnheit ein? Oder liebt der Geist Gewohnheit?

Kosmische Bilder und Selbsterforschung

Trojanus, ein Arzt und Psychotherapeut schreibt mir nach seiner kurzen Dunkelklausur

Am ersten Tag habe ich mich erst einmal entspannt und mich an die Situation in der Dunkelheit gewöhnt. Ich hatte einen Verfolgungstraum, in dem ich mit Pistolen bedroht wurde, sodass ich auf das Thema Aggression vorbereitet war. Insgesamt fand ich am ersten Tag die Dunkelheit entspannend und fühlte mich geborgen. Am zweiten Tag gab es dann Phasen von Verzweiflung und Wut, die sich aber wieder lösten. Am dritten Tag spürte ich deutlich meine Wut auf meinen abwertenden und demütigenden Vater, malte mir aus, was ich beim nächsten Besuch alles voller Aggression zu ihm sagen würde. Das gipfelte darin, dass ich mit einem Maschinengewehr auf ihn schoss. Als sich das wieder auflöste, entspannte ich mich, fühlte mich zuversichtlich, selbstbewusst und tatkräftig und grübelte über einige Entscheidungen für die Zukunft nach. Ich begann ein neues Gruppenprojekt zu planen und traf eine weitere Entscheidung, für die mir bisher noch der Mut gefehlt hatte. Ich war glücklich und zufrieden.

Langsam begannen auch Lichterscheinungen, die dann am vierten Tag stärker wurden. Ich sah wunderbare Unterwasserwelten, Landschaften und kosmische Bilder von zauberhafter Schönheit. Beim Versuch, meine Bewegungen langsam und bewusst statt hektisch und automatisch auszuführen, kam mir die berührende Erkenntnis, dass ich so die Qualität der Bilder in mir halten konnte. Es wechselten sich seelische Kontraktionen mit psychedelischen Bildern und transpersonalen Zuständen ab. Als Nächstes wurde mir klar, wie sehr ich mich aus Arroganz von Menschen fernhalte und ich sammelte Situationen in meinem Leben, in denen ich arrogant war. Ich bekam dann das Gefühl, dass ich eigentlich ganz anders, nämlich offen und menschenfreundlich bin, also ziemlich anders, als ich es bisher erlebt hatte, und ich hatte das Gefühl, dass sich nach der Dunkeltherapie einiges ändern würde.
Wieder bei den Bildern angelangt, bemerkte ich, dass am rechten Rand das blanke Nichts lauerte. Als es langsam näher kam, bekam ich Angst und beendete den Prozess. Immer wieder entspannte ich mich auf dem Bett oder schlief. Wenn ich wieder bei Kräften war, meditierte ich und der Prozess ging wieder weiter. Einmal wachte ich auf mit der Einsicht, dass meine ganze Lebensethik eigentlich nur aus unausgedrückter Wut bestand. Beim Meditieren konnte ich die Leere in meiner Bauchmitte spüren und deren Ausdehnung als Leere des gesamten Raumes erfahren. Auch spürte ich einmal mein Hara einfach als Sein – ein Gefühl, das mich zu Tränen rührte. Weiter ging es mit dem Gefühl, durch meine kindliche Konditionierung verdammt eingeengt und festgelegt zu sein und viele Fehler gemacht zu haben. Dies löste sich nach einiger Zeit wieder. Mit der entspannenden Erkenntnis, es unter den gegebenen Möglichkeiten goldrichtig gemacht zu haben, war ich wieder glücklich und zufrieden. Wenn sich irgendein Problem nicht von selber löste, half ich mit der Rebirthingtechnik nach, was gut funktionierte. Meine Kopfspannung wurde mehrmals deutlich und ich wurde wieder in die Kindheit mit Hilflosigkeit und Verzweiflung versetzt. Dann folgte ein Gefühl, von der Atmosphäre der

Eltern völlig unabhängig zu sein, sozusagen darüber oder daneben zu stehen – wiederum ein sehr befreiendes Gefühl.

Auftauchen der Schwärze

Gegen Ende der Dunkeltherapie hatte ich dann zweimal beim Meditieren das Erlebnis, dass mein Körper schwärzer war als die Umgebung, was mir zunächst Angst machte. Danach fühlte ich mich jedoch irgendwie größer, kräftiger und auch männlicher und wartete ungeduldig auf das Ende der Dunkelheit. Ich fühlte mich erholt. Am letzten Abend ging es dann aber wieder mit Angst weiter; ich bekam wieder das Frieren und Zähneklappern. Meine Erklärung war dazu, dass das neue Selbstbild von Stärke, Männlichkeit und Kontaktfreudigkeit mir erst einmal Angst machte. Die Therapie endete und ich fühlte mich enorm erleichtert, bereichert und zufrieden. Vielen Dank!

Lichtregen und Hellsehen

Leonore, 2 Wochen Dunkelheit

Nachdem sich der Ansturm der Gedanken aus dem Alltag gelegt hatte, konnte ich zunächst ein Lichtflackern zwischen meinen Augen feststellen. Später war es dann ein feingebündelter Lichtstrahl, den ich schräg oberhalb von mir wahrnahm. Die Dichte dieses Lichtstrahls war anfänglich nicht gleichmäßig, oszillierte zwischen schwach und stark. Der Lichtstrahl wurde später jedoch gleichmäßiger. Dieser feine Lichtregen hat mich über den ganzen Zeitraum der Dunkeltherapie begleitet. Die Quelle dieses Lichtstrahls war ein gleißendes, helles, weißes Licht. Mich begleitete der Lichtstrahl durch den Tag, dieses faszinierende, weiße, pulsierende, oft durch Wolken hindurch brechende Licht fesselte meine Aufmerksamkeit. Dieses helle, weiße Licht lag oft am Ende eines Wolkentrichters (hatte die Form eines Saugrüssels, ähnlich wie eine über Land ziehende Windhose bzw. ein Tornado), und sobald ich meinte, dem »Licht« ziemlich nahe gekommen zu sein, entstand wieder ein neuer Wolkenkrater mit dem Licht am Ende (des Tunnels?), das ließ sich beliebig fortführen. Die Wolkendecke, hinter welcher sich dieses Licht verbarg, riss einmal plötzlich auf und ich hatte gleichsam den Eindruck, in das Weltall zu blicken und mich darin zu bewegen. Mein Blick war aber nicht klar, ich nahm dieses Weltall zunächst nur durch durchscheinende, schemenhafte Formen wahr, die permanent vor meinem Gesichtsfeld kreisten. Später zog dieser Himmel zu, wobei auch noch ein rötlicher Farbaspekt hinzukam, und aus den vorhin erwähnten schemenhaften Formen entwickelten sich Kreaturen, Geschöpfe mit nicht unbedingt ästhetisch ansprechenden Formen. Ich möchte diese am ehesten mit Flugdrachen oder flatternden Urvögeln vergleichen. Recht muntere, lebhafte Tierchen, die sich um mein Bett versammelt hatten. Im weiteren Verlauf der Dunkeltherapie kam zu dem weißen Licht auch ein rötlich strahlender Schein hinzu, der zunehmend den Raum meiner unmittelbaren, persönlichen Umgebung ausfüllte. Es war jedoch kein zentriertes, fokussiertes Licht, sondern eine rötlich gefärbte Ausleuchtung oder Erhellung mit rotem, warmem Farbton.

Beachtenswert im Nachhinein erschien mir auch, dass ich in der späteren Phase der Dunkeltherapie mein Zimmer subjektiv als einen anderen Hintergrund, einen anderen Raum wahrnahm, als ich ihn vom Beginn der Dunkeltherapie her in Erinnerung hatte. »Mein Raum« war also keineswegs identisch mit dem tatsächlichen Raum. Ich möchte diesen »meinen Raum« deshalb auch als mein Seelengewölbe bezeichnen und als den nach außen gestülpten »Aufenthaltsort« meiner Seele definieren. Der Raum, in dem sich meine Seelenenergie bewegte, war nicht an äußere Mauern und sonstige Begrenzungen gebunden. Ich denke auch, entfernt – aber nur entfernt – vergleichbar war das mit den Fotografien eines Reichenbach oder Carl du Prel von Od-Emanationen. Aber dies ist nur eine Mutmaßung. Auch konnte ich mit diesem inneren Licht teilweise meine unmittelbare Umgebung wahrnehmen, beispielsweise die Armaturen an der Badewanne. Ich sah den Wasserdampf vor einem rötlichen Hintergrund aufsteigen, während ich in der Badewanne lag oder ich erkannte die Türgriffe. Ich gebe zu, dass all dies mich »schwerstens« beeindruckte. Während des Duschens konnte ich feststellen, wenn ich den Duschstrahl auf die Stelle richtete, die man das dritte Auge oder das Stirnchakra nennt, dass dieses weiße Licht von innen kommt. Ich konnte nur kurzzeitig den Wasserstrahl »draufhalten«, da meine Augen die unglaubliche Leuchtkraft dieses blendend-weißen Lichts nicht länger vertrugen.

Hymnen an die Nacht

Horaz, zwei Wochen
Tag 1: **Visionen**
Am Anfang erschienen mir folgende Zustände:
Augen erscheinen, Lichter, Formen.
Ein Dom, eine Höhle dämmern herauf.
Regressionen in den Mutterleib.
Frage: Was bin ich? Ichverlust.
Alte Erinnerungen. Kindheit.
Ich sage mir: Ganz zart hinfühlen, was ist.
Das plötzliche Versacken in Müdigkeit, wenn es dunkel ist, was von der heraufdämmernden Helligkeit nur übertüncht wird.
Die lange Zeit, die Zähflüssigkeit der Zeit.
Es gibt zwei Wirklichkeiten: Mit geöffneten Augen bin ich in einer realen Welt, mit geschlossenen Augen bin ich in einer unangenehmen realen Welt.

Tag 2: **Die Reinigung**
Etwas Neues findet statt:
Das Zurücktreten hinter meine Gedanken.
Die Schwärze einer anderen Welt.

Fühle mich reduziert, regrediere.
Bin einsam, nur den Gedanken ausgeliefert.

Tag 3: **Licht und Dunkelheit**
Was ist Licht, was Dunkelheit? Das innere Licht ist zu unterscheiden vom äußeren Licht. Aber: Was wir Dunkelheit nennen, ist sehr menschbezogen, was ist mit der Dunkelheit der Eule oder dem Licht des Bazillus? Die Wesen nehmen Licht und Dunkelheit unterschiedlich wahr, erst wenn ein Wesen alle Erfahrungen aller Wesen auf einmal erfahren könnte, würde es erfahren, was ist.

Man kann sich nur auf die Seite des Tiefengefühls, der Intuition begeben. Hier ruht alle Wahrheit. Im Intellekt wird ein Versuch nach Wahrheit gemacht, es ist ein Greifen. Aber der Intellekt greift in eine Welt, in der alles ja und nein gleichzeitig ist. Es ist nie ja oder nein, sondern ja und nein zu gleicher Zeit. Wer ja wählt, wählt auch nein. Diese Welt führt nicht zur Erkenntnis und im Gegensatz zur Intuition ist man sich nie sicher. Dies muss so sein, weil die Intellektwelt das Dasein auf eben die duale Weise des Intellekts angeht und dann eben nur das herauskommt. Die Intuitionswelt ist scheinbar langweilig, ohne Profil, liefert aber richtige Daten.

Tag 4: **Es gibt einen Kampf zwischen Licht und Dunkelheit**
Ich sah alles in Gold. Ich ging ins Bad und da standen zwei dunkle Gestalten. Ich fragte, was sie wollen und sie antworteten: Wir wollen das Gold. Ich wusste, jetzt muss ich schnell reagieren. Es war mir zwar bewusst, dass diese Gestalten in meiner Vorstellung waren, dennoch schienen sie realistisch in der Dunkelheit zu stehen. Ich sagte: Hier gibt es in der Tat viel Gold. Und ihr könnt alles haben, denn es gehört nicht mir. Ich will es nicht besitzen, nehmt es mit, hier gibt es immer Nachschub. Das erstaunte sie. Dann drängte ich sie mit meinem Bewusstsein weg.

Dämonen. Es gibt das Negative, es wächst an unserem Negati-

ven. Andererseits testen Dämonen, ob nicht zu viel Licht in die Welt kommt und versuchen und drohen und umschwärmen. Es gibt Dämonen; sie kommen, wenn man selbst etwas erreichen will und bieten sich dann an oder verwehren oder wollen teilhaben. Dämonen entstehen aus den eigenen Gelüsten. Gibt man alles ab, fallen sie in sich zusammen. Die Sirenen arbeiten mit Erotik und Archetypen.
Dämonen als äußerlich zu sehen statt als innerlich, ist spiritueller Materialismus.

Tag 5: **Der Venusberg**
Denke an Wagners Tannhäuser. Tannhäuser im Venusberg. Er will nicht mehr ans Oberlicht. Venus, die Versuchung, ist die Göttin der Nacht im Hörselberg in Thüringen. Venus war verrufen. Tannhäuser war im Venusberg, der Lusthöhle. Venus sagte Tannhäuser: »Bleib hier, die Menschen oben im Licht werden dich enttäuschen, oben ist alles verlogen.« Doch er will die Vögel singen hören. Zurückgekehrt sagt er zu den Menschen: »Ihr müsst in den Venusberg gehen, damit ihr die Liebe etwas verstehen lernt.« Daraufhin wurde er verdammt und kehrte zurück in den Hörselberg, sprich Venusberg, in der Nähe der Wartburg.

Ich denke an Johannes vom Kreuz: »Die dunkle Nacht«.
Ich denke an Novalis: »Hymnen an die Nacht«.

Wagner schöpfte seine Inspiration aus der Nacht. Im Urgrund des Rheins spürte er ein Pochen im Bauch. In »Rheingold« kommen die Rheintöchter, die das Rheingold bewachen, schwimmend aus dem Urgrund, dabei steigt aus dem Dunkel des Rheins ein Pochen auf.

Tag 6: **Worte werden Farben**
Was verbirgt sich hinter der Dunkelheit – in der Dunkelheit ist man der Klarheit nahe.
Das Licht kommt blitzartig von der Seite, nicht aus der Mitte,

was mich wundert. Lichtmauern stehen im Raum, Dome und andere Räume, dadurch ist es schwer, sich im Zimmer zu orientieren, und ich muss scharf unterscheiden zwischen wirklichen Wänden und visionären. Letztere treten jedoch stärker hervor, während die echten durch die Dunkelheit verschluckt werden. Ich weiß deshalb nie, in welchem Zimmer ich bin, ob im Flur oder Bad oder im benachbarten Trainingszimmer.

Früh, im Bett liegend, alles ist hell, das ist am schönsten, dann mit dem Aufstehen kommt die Wirklichkeit.

Wenn wir reden, höre ich nicht nur, was Holger sagt, sondern dies wird gleich umgesetzt in Farbstrukturen aller Art. Werde ich heftig, entsteht um mich ein Feuerkranz, spreche ich erhaben, entstehen lichte Farben und Wolken um mich herum. Der Sinn wird analogisch in Bilder umgesetzt, die nun das Gehörte auf ihre eigene Weise unterstreichen.

Die Schlange
Ich hatte eine starke Vision. Die Schlange hat auch in der Dunkelheit eine große Bedeutung; das kam mir bei einer Körperübung. Ich sah dabei meine Wirbelsäule ganz transparent, die einzelnen Knochen traten leuchtend hervor.

Tag 7: **Der Thron des Universums**
Ich meine, ich sitze auf einem Thron und schaue ins Universum. Dann Raumverwandlung. Ich sitze in einer Höhle, in einem Dom, im Universum, einem Schacht, der nach oben hin hell wird. Wolken, Lichter, helle Würmer, Lichtpunkte.

Ich lag im Bett und dämmerte vor mich hin und dachte: Es ist hier gleißend hell, das muss ich Holger mitteilen, irgendetwas stimmt mit der Sicherung nicht. Stehe dann auf und stelle fest, dass dem nicht so ist. Ich lag also die ganze Zeit in Helligkeit.

Tag 8: **Gold**
Gold. Gold steht zwischen Licht und Dunkelheit! Den ganzen Tag schwelge ich im Goldenen, es entspricht meinem Gemütszustand. Licht kommt strahlenartig von überall her, aus allen Richtungen.

Tag 9: **Die Urfarbe**
Es ist so, als seien alle Farben in einem Topf.
Tag 10: **Die Einheit**
Es hängt alles vom Standpunkt ab, alles ist verbunden durch den Standpunkt. Dieses Wechselspiel ist heilig.

Letzter Tag: **Licht, Natur und Seinsfluss**
Als ich rausging, kam mir: »Der junge Tag erhob sich …«, Goethe
Die Natur ist der Geist. Natur ist die Hüterin.
In den kleinen Dingen ist alles! Zurück zum Einfachen. Alles fließt!
Die Dunkelheit als Mutter und Mantel, beschützend, weich und warm.

Keine Zeit, kein Weg

Laurentius, 12 Tage Finsternis
Meine bewussten Erwartungen an die Dunkeltherapie gliederten sich in drei Bereiche:

1. Lernen in meine Persönlichkeit aus- und wieder einzusteigen, um die Bedingungen zu schaffen, mich auf die subtile Ebene – sprich Seele, Höheres Selbst – einzulassen. Dadurch Hörenkönnen, denn da, wo sich alles nur um mich, um die Bestätigung meines Ego dreht, bin ich sicherlich nicht in der Lage zu hören!

2. Konsequent zu lernen, in andere Bewusstseinszustände einzusteigen, sie zuzulassen und auszuhalten, ohne Angst, ohne zwanghaft alles unter Kontrolle zu halten.

3. Wenn möglich Eingebung und Klarheit zu bekommen über meine weitere persönliche Entwicklung. In Kontakt mit meinem Höheren Selbst zu kommen.
Ausgehend von diesen Erwartungen habe ich am Ende meiner 12 Tage Dunkeltherapie folgende Enttäuschungen empfunden:

Ich habe nicht im »klaren Licht« meiner Seele gebadet! Keine Pauken und Trompeten-Ereignisse erlebt! Keine unwiederholbaren Erlebnisse meiner wertvollen Einmaligkeit gehabt.

Ich habe nicht die langersehnte, himmlische Befreiung von meinem inneren Geschwätz erlebt. Dennoch hatte ich den Eindruck, dass ich mich weniger hektisch mit meinem inneren Buchhalter identifizierte. Ich fand ihn/mich oft stinklangweilig. Alles ging langsamer und ich konnte diese Hamsterbewegung in mir genauer wahrnehmen.

Ich hatte auch gehofft, durch diesen Prozess irgendwelche außersinnlichen Erfahrungen zu erleben, einen anderen Zugang zu den Aura-Soma-Mitteln kennen zu lernen. Licht? Stimmen? – Ich habe nichts dergleichen wahrgenommen.

Dennoch: Meine Gesamteindrücke sind überwiegend positiv.

Ich hatte Angst, mich durch veränderte Bewusstseinszustände zu überfordern. Doch stellten sich die sinnlichen Veränderungen ganz natürlich und allmählich und undramatisch ein. Diese Veränderungen waren nie überschwemmend oder gewaltig, sie kamen mehr wie ein paralleles, differenziertes Angebot zu den tagtäglich zu erlebenden Wahrnehmungen und Empfindungen hinzu. Ich hatte immer die Entscheidung, ob ich dieser Farbe,

dieser Form folgen wollte, dieser »zarten Vision«, die sich wie die Falten eines Vorhanges in der Dämmerung als Fantasiefläche anbot, oder ob ich wieder sachlich in die Logik des »Eindimensionalen« zurückgehen wollte. Wie im normalen Alltag hatte ich allerdings keine Wahl im Bereich des Körperlichen. Hier ließen sich schmerzhafte Verkrampfungen, die aus Abwehr, Ablenkung, Trotz entstanden waren, nicht beruhigen (es ist ja nicht viel los in der Dunkelheit!). Die Konfrontation war unvermeidlich. Annehmen und hinschauen oder ablehnen und leiden.
Auch das Fasten machte mir Angst, was sollte ich den ganzen Tag machen, wenn mir die strukturierende Belohnung nicht blieb? Infolgedessen hatte ich eine riesige Angst vor der Langeweile: vierundzwanzig Stunden minus acht Stunden Schlaf, bleiben noch sechzehn Stunden übrig. Ziehe ich drei mal fünfzehn Minuten Körperübungen ab und dreißig Minuten Morgen- und Abendtoilette bleiben immer noch vierzehneinhalb Stunden, die mir die tödliche Langeweile, die ich als Kind erlebt hatte, wieder voll aktiviert haben und mir eine zweieinhalb Tage dauernde, schwere Krise beschert haben. Danach blieb dieses Thema als schmerzfreies Muster in meinem Kopf. Im Grunde machte ich jedoch die Erfahrung, dass ich im Dunkeln aktives Subjekt und nicht hilflos wartendes Opfer bin. Das Tun im Dunkeln, das nicht nach Arbeit aussieht und auch nicht so wirkt, ist eine langsame psychische Konzentration, wobei sehr fein differenziert wird zwischen willentlich-kraftvollem Streben und so etwas wie einer immer wieder zu klärenden und zu reinigenden »offenen Intention«. Ein Hin-und-her-Tasten zwischen »Ich will, Ich will nicht, Ich glaube, Ich misstraue, Ich blick es nicht, warum immer Ich, Ich akzeptiere …« und das allmähliche Spüren, dass ich es selber bin, der alles torpediert, was ich anscheinend sooo gerne selber möchte.

Das Bedürfnis vor der Langeweile zu fliehen ließ nach. Eine gewisse Zeitorientierung aber blieb. Morgen, Mittag und Abend konnte ich ausmachen durch die Autos draußen, die zur Arbeit fuhren. Langsam erhielt ich die Sicherheit, dass zwischen Dösen und konzentrierten Übungen die Zeit vergehen konnte, ohne dass mich das belastete!

Die Bilder, in denen ich lebte, waren mit offenen oder geschlossenen Augen wahrnehmbar, meistens aber unklar, wie vernebelt, manchmal für einige Sekunden so scharf, hell und bunt, wie Plastiken von Niki de Saint-Phalle. Diese Wahrnehmung forderte eine aufgeschlossene, leicht distanzierte Einstellung. Es war mir nicht möglich zu fokussieren, ein Detail näher zu beobachten, weil sich die Bilder wie die Strömung des Wassers nicht fixieren lassen. Kaum wollte mein innerer Buchhalter einordnen, festhalten »ah, das ist dies oder das...«, so hatte sich das Bild schon verändert. Ging ich noch weiter ins Denken, gab es keine Bilder mehr! Doch mit der Zeit ergaben sich zwei Hauptgruppen von Bildern:

1. Geschlossene Räume, Keller, Grotten, Gänge, Säle, Zimmer, unterirdische Tempelräume
2. Küsten, Landschaften, Berge, Meer, Bäume unter freiem Himmel

Die Auseinandersetzung mit diesen bewegten Bildern und was ich beeinflussen konnte und wollte, war eine Spiegelung meiner Psyche und Persönlichkeit, in der ich normalerweise distanzlos bade. Grundlegende Verhaltensmuster entfalteten sich in mir in einer emotionslosen Plastizität, in ihrem unverrückbaren Drang nach Wiederholung von langweilig bis unerträglich.

Stellvertretend dafür ist das Muster des »Warten bis endlich ... ich so weit bin ... jemand so weit ist ... die Bedingungen so weit sind ... etc., einfach warten.« Es langweilte mich ungemein, während der ersten Tage, immer nur in Bildern von geschlossenen Räumen zu sein. Der Hinweis von Holger, dass einmal jemand mittels der Visualisierung von Hammer und Meißel versucht hatte aus diesen Räumen zu flüchten, hat mich tief beeindruckt.

Ich nahm wahr, dass ich, hinter meiner vordergründig-kritischen Haltung, die Bedingungen, die ich mir selbst auferlege, als objektive und unantastbare Rahmenbedingungen akzeptiere, während ich gleichzeitig auf eine hypothetische Veränderung warte, die nur von außerhalb meines Machtbereichs kommen kann und der ich darüber hinaus eher misstrauisch gegenüber stehe. Doch experimentell konnte ich einmal bereits die Erfahrung machen »raus-zu-gehen« und es war tatsächlich so, dass die Klarheit der Intention mir in kurzer Zeit half, tatsächlich durch die Gemäuer zu Bildern in der freien Luft zu gelangen. Gegenkräfte der Gewohnheit, des Zweifels, der Unwürdigkeit brachten mich natürlich immer wieder zurück, aber ich hatte das Draußen erlebt und wusste, dass das Prinzip stimmte. Das war für mich auch eine Bestätigung der Regel: »Es gibt keine Zeit, keinen Weg, alles ist jeder Zeit da.« Ich kam mir wie ein Säugling vor, der sich noch nicht gezielt bewegen kann. Ich hatte den Eindruck, dass ich noch viele Übungen und Erfahrungen brauche, um in der Lage zu sein, mich in dieser Dimension gezielt zu bewegen. So gesehen spürte ich auch, dass ich das bekommen habe, was für mich zur Zeit angemessen ist.

Körperauflösung und Todeserfahrung

Kreola, 6 Tage Nachtlicht

• Trotz vollkommener Dunkelheit konnte ich am dritten Tag Licht erzeugen.

• Ich konnte die Umrisse meiner Hand sehen, die Tür, die Toilette, den Spiegel und den Waschtisch.

• An diesem Tag hatte ich auch mein einziges Tief. Ich habe mich gefragt, warum ich mir all das antue und was diese Therapie eigentlich soll.

• Ich habe auch ganz deutlich gesehen, wo meine Schwachpunkte liegen. Vor allem mein Eigensinn, wenn etwas nicht so verläuft, wie ich es mir vorstelle. Daran bin ich jetzt am arbeiten. Auch dieses Festhalten an bestimmten Abläufen und Tageszeiten.

- Die Leute um mich herum haben bemerkt, dass ich viel ruhiger und ausgeglichener geworden bin.
- Am dritten Tag habe ich angefangen, die schönsten Farben zu sehen.

Ob die Augen jetzt geschlossen oder offen waren, spielte keine Rolle. Es hat mit einem ganz dunklen, strahlenden Blau angefangen und wechselte dann zu rot-orange, und an meinem Hinterkopf kam ein ganz großer weißer Kreis hervor.

- Am vierten Tag kamen dann die ganzen Vorfälle aus meiner Vergangenheit hoch. Menschen, die ich schon Jahre nicht mehr gesehen habe, postierten sich vor meinen Augen. Ich konnte ihre Gesichter klar und deutlich erkennen, so als ob sie vor mir stünden.
- Die Gedanken kamen so schnell hintereinander, dass mir danach der Kopf schwirrte.
- Am fünften Tag geriet ich in einen Zustand, den ich ausführlicher beschreiben möchte. Ich hatte keine Gedanken mehr, auch kein Gefühl. Es war, als ob ich schlafen würde, was ich jedoch nicht tat, weil ich auf der Straße Autos wahrnehmen konnte. Es war ein faszinierendes Gefühl. Ich lag da sicher so einige Minuten. Dann fing es an in meinem Rücken zu kribbeln. Ich hatte die Empfindung, mein Körper löst sich auf und er besteht nur noch aus Zellen. Ich konnte die Zellteilung fühlen. Alles bewegte sich durcheinander in meinem Körper. Dieses Gefühl blieb, bis ich überhaupt nichts mehr fühlte. Es war, als ob ich (die Materie) nicht mehr existierte. Ich konnte mich nicht mehr fühlen!
- Dann habe ich allerlei Masken gesehen, aus Stein und aus Holz. Einige von ihnen strahlten Licht aus den Augen, andere konnte ich nicht genau erkennen.
- Am letzten Abend kam es zur Todeserfahrung, wie lebendig begraben zu werden, behindert, missbraucht für die Organspende,

für den Zeitgeist zu freizügig und deshalb umgebracht worden. Ich bin im Weltraum umhergeflogen, ohne Organe zu haben, ich war halb organisch, halb mechanisch und wie ein Computer programmiert. Ich hatte keine Arme und Beine, war nur eine Kugel mit Augen.

Lichtstädte, Lichtvögel und Kristallgrotten

Die Malerin Circone schreibt nach drei Tagen Lichtentzug:
Dienstag abends
Kaum saß ich in dem dunklen Raum auf einem Holzstuhl: Gefühl von Frieden, wunschlosem Glück; der Alltag: weit weg!
Abends im Bett: Blick in einen sehr tiefen, hohen Sternenhimmel. Ich nehme etwas unter der Zimmerdecke wahr: eine kleine Kugel ganz intensiven, klaren, weißen Lichts. Um sie breitet sich in linksdrehender Spirale milchiges Licht aus. Zwei parallel reisende Kometen, einer etwas kleiner als der andere, schießen herbei und verschwinden. Dreiecke aus Licht, manchmal ganze Ketten (die Wahrnehmung von Dreiecken hält die vier Tage an).
Relativ nahe vor mir: zwei große längliche Schrifttafeln übereinander, auf der oberen Hieroglyphen, auf der unteren griechische Schriftzeichen.

Mittwoch
Durch den dunklen Raum schweben in schöner, tänzerischer Bewegung Schleier von Licht.

Wieder ein Komet, näher und größer.

Wie in einem Film ziehen vorbei: riesige Landschaften mit Pyramiden und halbkugelförmige Gebilde, wahrgenommen aus der Vogelperspektive. Aus der Dunkelheit heben sich vergletscherte

Berggipfel in hellem Licht, blauer Himmel, tempelartige, weiß strahlende Gebäude über den Wolken.
Immer wieder tauchen aus dem Dunkel in milchigem Licht Kristallgrotten auf.

Donnerstag
Weitere Kristallgrotten und Gebirge, die Berge verwandeln sich in Bergkristalle.

Sehr groß: das Kapitell einer korinthischen Säule. Dann, zunächst in Grau, später in fast blendendem Weiß die Innenräume sehr hoher Tempel mit allen möglichen Ornamenten an den Wänden und immer wieder Schrifttafeln in mir unbekannten Schriften. Einmal eine Szene wie in einem antiken griechischen Theater. Wiederkehrend: Formen wie tibetische Mandalas, Rosetten, Nischen, Säulen, Bögen wie in romanischen Krypten mit Durchblicken ins Licht.

Ein weiteres wiederkehrendes Bild: Der Mittelteil eines, immer als sehr groß und immens hoch wahrgenommenen sakralen Bauwerkes bewegt sich mit ziemlicher Geschwindigkeit nach oben.

In der Meditation: Ich saß in einem sehr hellen, weißen Gewölbe. Im Übrigen wie am Vortag.

Für einen Augenblick sehe ich im dunklen Zimmer wie im Dämmerlicht, aber deutlich das Bett mit meiner Trommel darauf.

Am Abend
Grotte mit großen Bergkristallen; das (milchige, aber sehr helle) Licht, zum Teil in zarten Nuancen von Blau, breitet sich aus zu einer Kuppel, in deren Mitte ich stehe. Danach: Der ganze Raum ist gefüllt mit diesem sehr hellen, milchigen Licht.
Es gelingt mir, eingehüllt in diese Helle, nur mit Mühe, mich im realen Zimmer zurechtzufinden, das Bett zu ertasten.

Vom Bett aus wieder weiße Tempelwände mit Gravierungen und Schrifttafeln. Dann in sehr ferner Höhe: ein vollmondähnlicher Lichtkörper an einem hellblauen Himmel.

Freitag

Wieder die Tempel, nur mit jedem Tag näher. Mit dem Hinsetzen zur Meditation: sofort dieser weiße Raum, nur diesmal viel größer, das ganze Zimmer, auch den Fußboden umspannend. Später, in einer anderen Meditation – der gleiche Raum, diesmal bei Nacht, wahrgenommen als ein wunderschönes, von zartem Licht durchwirktes tiefes Blau; ich fühle mich eingehüllt in dieses Blau.

Ich liege auf dem Bett bei der Heizung und folge dem inneren Impuls den Kopf nach rechts zu wenden. Knapp unter der Zimmerdecke taucht eine hell erleuchtete Nische aus dem Dunkel auf und zeigt einen gleichfalls leuchtenden Kopf. Um abzukürzen: In dieser Weise zeigen sich nacheinander insgesamt zehn dieser hell leuchtenden Nischen mit Köpfen, sie bilden einen raumumspannenden Bogen. Hell und sichtbar ist jeweils nur eine. Bei der dritten von rechts: der besonders große, sich bewegende Kopf eines alten Mannes mit sehr markanten Zügen. Mir ist, als schaute ich in mein Antlitz von damals, in vergangenen Zeiten.
An einer blendend weißen Wand in einem sehr großen, hohen Raum eines Kuppelbaus hängen in Gold gefasste Edelsteine in leuchtenden Farben; besonders eindrucksvoll ist ein Aquamarin. Außerdem viele Reihen von Goldstatuen übereinander.

Dann wieder Bergkristallgrotten, in blaues Licht getaucht. Große Flächen, gesehen in zartem Purpur, in Rosa, in verschiedenen Nuancen von Blau, in allen Schattierungen von Rot, in Grüngold.

Wieder ein Dreieck, diesmal in tiefem Blau, an der Spitze silbern, in der Mitte ein großes, blaues Auge.

Geysire aus Licht, fächerartige Lichtfelder, am oberen Rand golden, tiefblau und ganz intensives wunderschönes Rot. Eine große Figur, ähnlich den Spangen eines tibetischen Dorje, in wunderschönen Farben, wie ich sie noch nie gesehen habe.

Herrliche Landschaften, die sich in Seen spiegeln.

Wieder die kleine Lichtkugel wie am ersten Abend, nur diesmal unten im Raum, ein in der Tagesrealität noch nie gesehenes, intensives, reines Licht.
Ziemlich nah vor mir: Aus dem Dunkel erscheint, von oben schwebend, eine fast raumhohe Lichtgestalt mit einem riesigen, wunderschönen Flügel, wie die alten Meister Engel gemalt haben. Als ich vor dem Tischchen knie, um in der Dunkelheit so vorsichtig wie möglich Tee aus der hohen Thermoskanne in die Schale zu gießen, sehe ich für den Bruchteil einer Sekunde meine Hände, die Schale und den Tischrand so hell, als schiene die Sonne darauf.

Am Abend vom Bett aus wieder diese »Tempelwand«, so hell, als würde sie angestrahlt: Dieses Licht breitet sich im ganzen Raum aus. In einem anderen sehr hohen, riesigen Kultraum vor gewölbtem Gemäuer eine Art Sockel, auf dem nacheinander verschiedene Personen in unterschiedlichen Gewändern erscheinen. Ein endloser Zug von Menschen bewegt sich durch enge Straßen vorwärts.

Samstag
Wie oben, nur erlebe ich die »Tempel« als noch näher, eine riesige, runde Säule steht direkt neben mir. In einer Nische der Tempelwand eine hell leuchtende Gestalt im Lotussitz. Ein riesiger Buddhakopf.

Wieder diese intensiven Lichtkugeln, diesmal als eine Art Geschwader, in zwei langen Reihen übereinander.

Durch den Raum schießen »Lichtvögel« auf mich zu, kommen ganz nahe. Über mir: Von der Decke hängt, an lichtdurchwirkten, dünnen Stäben, ein ganzer Schwarm »Lichtvögel«. Sie haben etwa die Gestalt japanischer Origami-Vögel.

All diese optischen Phänomene waren mit völliger Stille verknüpft.
Dreimal folgte ich Holger Kalweits Rat, mir ab und zu die Ohren zu verstopfen, obwohl ich Ohrstöpsel nicht mag. Beim ersten Mal hörte ich Vogelgezwitscher, beim zweiten Mal einen sehr hohen Ton.

Merkwürdigerweise tönte mir am nächsten Morgen genau dieser Ton aus meiner Trommel entgegen. Bei dritten Mal Glockengeläute.

Mit den Lichtphänomenen war das Gefühl freudiger Erregung und Zuversicht verbunden und natürlich der Wunsch, sie mögen länger anhalten. Ein besonders inniges Glücksgefühl lösten die Kristallgrotten aus. Die Sakralräume, Schrifttafeln, Ornamente, Symbole, Figuren hätte ich gern verstanden in ihrer Bedeutung für meinen Weg heute.

Am Abend zu Hause. Die Beleuchtung kommt mir duster und fahl vor, so sehr habe ich mich an die Lichtwelt in der Dunkelkammer gewöhnt.

Eintritt ins Licht

Kazius, 7 Wochen Lichtentzug
Ich öffne die Tür. Meine Augen waren sieben Wochen geschlossen und sind es auch jetzt. Hinter meinen geschlossenen Lidern wird es hell, aber das ist nichts Neues, das passierte dauernd in

der Dunkelheit. Doch jetzt öffne ich die Augen – und trete ein in eine Welt aus stofflichem Licht. Was ist das! Schnell schließe ich die Lider, halte die Hand vors Gesicht: eine lebendige Welt. Ich kneife die Augen zusammen, blinzle: grelle Lebendigkeit. Das Leben selbst!

Neugeburt. Ich werde neu geboren. Ich betrete eine unbekannte Welt. Ich fange jetzt ganz von vorne an. Bin ein Kind. Jetzt ist mir klar: Licht ist lebendig! Licht ist kein toter Strahl, sondern ein Wesen. Mein Gott: Licht ist eine Person, eine Überperson. Wie hatte ich das übersehen können. Das ist nicht einfach ein physikalisches Etwas, das ist eine lebendige Person. Ein Wesen ohne Kopf und Hände und Körper, ein übergewaltiges Wesen, das alles durchdringt. Dass es solche Wesen gibt, wusste ich nicht. Ich hatte Licht einfach als etwas Dazuseiendes gesehen. Licht ist ganz fein, ganz zart und dabei handelt es wie ein heiliges Wesen, besonders fein und zart. Man sieht die Dinge jetzt ganz neu, umso intensiver, je länger man im Dunkel war.

Der Lichtblitz

Magenus, vor der Dunkeltherapie
Ich hatte ein Erlebnis, als ich vom Gesangsunterricht nach Hause ging. Plötzlich, aus heiterem Himmel, durchzuckte mich ein Lichtblitz, so hell, so klar, aber auch so kurz, dass ich dies seitdem nicht mehr vergessen kann. Das genau brachte mich auf den geistigen Weg, das ist meine Lampe in der Dunkelheit des Lebens, das treibt mich vorwärts, ist mein Ziel.

Anmerkung
Was immer das war, diese Lichterfahrung kennt die Menschheit seit Anbeginn, es ist die Offenbarung der Seele und des Geistes, die sich ankündigen durch Entspannung, Glückszustände, durch Loslassen

von allem. Wohl durch den Gesang, die gute Stimmung, das Glück, die Leichtigkeit des Seins, öffnete sich ein Spalt zum Geist hin und schlug als Lichtblitz zu ihm durch. Dieses Erlebnis brachte ihn auch in die Dunkeltherapie.

Die Auslöschung des Ichs

Cromwell, 1 Woche Lichtfasten

Nun ist schon eine Woche vergangen, seit ich aus der Dunkeltherapie heraus bin. Bislang fühlte ich mich nicht in der Lage, meine Erfahrungen aufzuschreiben, sie wirken noch zu mächtig in mir nach. Erst jetzt bin ich eigentlich wieder hier gelandet. Es ist unglaublich, wie stark diese Erfahrung in mir wirkte und irgendwie immer noch wirkt, ich glaube, der Einfluss wird nie ganz nachlassen, bzw. es fühlt sich an, als sei ich auf eine bestimmte Weise verändert. T. sagt, ich sei weicher geworden. Ich selbst fühle mich auf eine angenehme Weise leer, es ist, als sei etwas in meinem Kopf gelöscht, was früher für eine bestimmte Unruhe in mir verantwortlich war. Das »über eine Sache nachdenken« fällt mir schwer, es ist anstrengend und das erlebe ich als Befreiung, denn ich war stets sehr viel mit Nachdenken beschäftigt. Stattdessen fällt mir jede Menge spontan ein. Wenn ich mich z. B. an den PC setze, um etwas zu schreiben, ist es, als schreibe es sich von selbst, als führe etwas meine Hände, ohne dass ich mich auf das, was ich schreiben will, besinnen muss. Die Dunkelheit hat offenbar einen Kanal zu einem tieferen Bereich geöffnet.

Was mir inzwischen auch klar geworden ist: Ich fühlte mich dort von der ersten Stunde an schwer, dumpf, müde, apathisch. Da hörte das Nachdenken schon auf. Vielleicht setzte dort augenblicklich der »Löschvorgang« ein, der dann in dem nächtlichen Erlebnis gipfelte, in dem es mich nicht mehr gab. Möglicherweise war durch frühere Erfahrungen dieser Prozess im Unbewussten

vorbereitet, deshalb wollte ich wohl so unbedingt die Dunkeltherapie machen. Für den Augenblick ist es wahrscheinlich genug, ich glaube, eine längere Zeit als diese Tage hätte ich im Moment nicht so gut verkraftet.
In der Dunkelheit ist es nicht mehr möglich zu projizieren. Man ist nur mit sich selbst konfrontiert, kann nichts mehr irgendwo anders hin abschieben. Insofern wäre die Dunkelheit wie ein großer, unerbittlicher Spiegel. Da ist sonst nichts anderes, nichts, was dich liebevoll an- oder aufnimmt, tröstet, leitet, beruhigt. Man sieht sich selbst in einer unheimlichen Klarheit. Die Dunkelheit ist somit der beste Therapeut.

In der zweiten Nacht wurde mir gezeigt, dass es nichts gibt, was mich hält, wenn ich selbst es nicht tue. Es war der letzte Schritt für mich zu erkennen, dass nur ich allein für mich und mein Leben verantwortlich bin. Das gibt mir eine große Freiheit. Es geschah eine Ablösung von allen falschen Verwobenheiten. Und damit – erstaunlicherweise – eine neue, so noch nicht gekannte Freude, in Beziehungen sein zu wollen. In Beziehungen, die, zumindest von mir her, in vollkommener innerer Freiheit stattfinden. Das ist sehr, sehr schön.

Ich bin sehr dankbar für diese Erfahrung und ich glaube, ich werde sie noch mehrmals machen wollen, um wieder neue Schritte gehen zu können. Fürs Erste hat es jedoch gereicht, mehr wäre vielleicht über meine derzeitigen Kräfte gegangen.

Übrigens hatte ich einmal in einer Meditation (das ist allerdings schon sieben Jahre her) erlebt, dass ich in einem vollkommen dunklen, leeren Raum war. Auf einmal stand ich vor einer großen, schwarzen Mauer, in der alles Wissen der Menschheit aus Vergangenheit, Gegenwart und Zukunft enthalten war. Mir fiel damals ein, sie sei acht mal acht (Meter?) groß und danach fiel mir ein, dass das I Ging, das chinesische Orakelbuch, 64 Zeichen hat.

Es ist einfach sehr spannend was geschieht, wenn man sich in neue, unbekannte Räume begibt. Die Erfahrung in der Dunkelheit gehört zu den stärksten, die ich je gemacht habe.

Traumodyssee im lichtlosen Land

Tamarinde, zwei Wochen

Mit großer Unsicherheit und Ängstlichkeit begann ich am 3. Januar 2001 mit der Dunkeltherapie. Ich war jedoch sehr überrascht, dass ich mich von Anfang an in meinem Appartement sehr gut zurechtgefunden habe und sofort alle Gegenstände finden konnte. Auch das Gefühl der Geborgenheit war ganz schnell da und hat sich im Laufe der zwei Wochen noch verstärkt. Um jedoch eventuell auftretenden Problemen aus dem Weg zu gehen, bin ich am ersten Tag sehr bald schlafen gegangen.

Die beiden folgenden Tage habe ich ganz bewusst gestaltet. Ständig war ich mit Tai Chi, Qi Gong, Meditations- und Entspannungsübungen beschäftigt. Ich war recht stolz auf mich, mein Leben als Blinde führen zu können und trotzdem unbefriedigt, weil ich dachte, das kann doch nicht alles sein, warum ich hier bin. Beim Abendgespräch war ich voller Protest gegen ein Seelenlicht, das eventuell, wie Holger sagte, auftauchen könnte. Es erschien mir nicht mehr wert als eine Skiabfahrt und ich wollte von diesem Licht nichts wissen.

Aber wie so oft im Leben kommt es anders als man denkt. Am nächsten Morgen, nach meinem ersten blauen Plastiktraum habe ich überall lapislazuliblaues Licht gesehen, in den verschiedensten Formen, die sich ständig veränderten. Von der Stirn ausgehend war ein sehr helles Licht zu sehen, das meinen ganzen Kopf einhüllte. Als mir Holger sagte, dies sei mein Seelenlicht, war ich tief berührt und konnte diese Erscheinung gar nicht fassen. Den ganzen Tag bin ich wie im Kino gesessen, habe mir die wunderschönen blauen Formen des Seelenlichts angesehen.

Sehr bald habe ich bemerkt, dass dieses Licht kommt und geht, wie es will. Wenn ich ganz ruhig und gelassen dasaß, ohne bestimmte Erwartungen, ist es meist sehr schnell gekommen. Habe ich mich jedoch in Gedanken, Bilder und negative Gefühle verstrickt, war es ganz schnell weg. Dies hat mich veranlasst, meine Gedanken und Gefühle näher zu erforschen. Die Gedanken in Zaum zu halten ist mir immer wichtiger erschienen, da sie mich oftmals von meiner Seele wegbrachten.

Die wichtigsten Fragen, die immer wieder aufgetaucht sind, waren: »Wer bin ich? Was ist das Leben? Was ist der Tod und was gibt es danach? Wie kann ich in Kontakt mit meiner Seele bleiben? Was ist meine Seele und wie nehme ich sie wahr? Wie beeinflussen Gedanken und Gefühle meinen inneren Zustand – bringen sie mich ins Leben oder halten sie mich vom Leben fern?«

Sehr bereichernd habe ich die Erinnerungen an meine Großmutter und Mutter erfahren, an die Liebe, die sie mir als Basis für mein Leben mitgegeben haben. Eine Basis, die mich trägt und nährt. Einige Übungen von Holger zum Tod, wie z.B. Erleben der Zeit kurz vor dem Tod, die verschiedenen Stufen nach dem Sterben einschließlich meiner eigenen »Hölle« waren sehr bereichernd und haben mich immer mehr in Kontakt mit meiner Seele und dem Leben gebracht. Im zeitlosen Raum habe ich erfahren, dass das Leben draußen in der lauten Welt nur ein billiger Abklatsch des tatsächlichen Lebens ist, das ich erstmals hier erfahren durfte, als ich ganz in Verbindung mit meiner Seele und meinem Licht stand.

Mit der Zeit habe ich alle Tai Chi, Qi Gong und sonstigen Übungen aufgegeben, keine Meditationshaltungen mehr eingenommen, sondern mich irgendwie frei bewegt oder bin in den unmöglichsten Stellungen gelegen, gesessen, gekniet oder ähnliches.

Während der zwei Wochen bin ich immer tiefer in meine Seele und mein Leben eingedrungen, habe mich in einer Dimension erfahren, von der ich vorher keine Ahnung hatte. Das Schlafbedürfnis ist immer weniger geworden, die Wahrnehmung der Zeitlosigkeit trat deutlicher hervor und ich habe die Dunkelheit und die Seele als große Heiler erlebt. Dunkelheit ist die Kraftquelle, die mir zur Verfügung steht, um meine Seele zu nähren.

Gegen Ende der Dunkeltherapie bin ich nach einem ungewöhnlich langen Schlaf aufgewacht und war voller Zorn auf meinen Umgang mit dem Leben. Auf die Oberflächlichkeit, mit der ich meinen Alltag draußen gestalte und auf meine Unfähigkeit, mich von dem herkömmlichen Frauenbild zu lösen. Mir ist dabei die Bedeutung meines Traumes mit den Barbiepuppen bewusst geworden und ich habe erkannt, dass auch ich so »ferngesteuert und entseelt« lebe. Voll Zorn war ich auch auf das Frauenbild, das uns die Gesellschaft aufdrängt: immer attraktiv, begehrenswert, sexy, jung, erfolgreich und fröhlich zu sein. Die große Wut hat aber mir selbst gegolten, da ich nicht den Mut habe mich dagegenzustellen, sondern bei diesem Irrsinn mitmache.

Die Träume

Traum 1
Plastikkörper
Ich träumte in der ersten Nacht in der Dunkelheit, dass ich eine Art Plastikkörper besitze. Vom Kopf wurde mir der obere Teil wie ein Ei geköpft und darin stand Wasser, überzogen von einer feinen Haut. Ich schaute hinein, es war bläulich. – Zuvor hatte Holger gesagt, ich werde mich kennen lernen.

Deutung
Das Blau sowie das Wasser stehen für das Plasma. Es wird hier eindeutig auf die seelische Konstitution verwiesen, die hier, wie kulturell üblich, im Gehirn angesiedelt wird. Also: Einsicht in unsere Plasmanatur soll hier erlangt werden!

Traum 2
Barbiepuppen
Ich hatte am Anfang der Dunkeltherapie lauter Plastikträume. Bei einem warteten die wie Barbiepuppen aussehenden Mädchen hinter der Bühne auf ihren Auftritt auf dem Laufsteg. Alle sahen gleich aus. Meine Aufgabe war, das Ganze zu organisieren. Dann traten die Puppen alle nackt oder in hautenger Kleidung auf, liefen über den Steg. Sie waren alle furchtbar aufgeregt, aber das war's dann.

Deutung
Dies ist ein typischer Traum für den Anfang einer Dunkeltherapie. In der Stille der Nacht erkennt man sein Treiben im Alltag deutlicher; aber mehr noch den Unterschied zwischen erfundenem und authentischem Leben. Gleichzeitig bekam Tamarinde große Angst, dass sie alles, was sie hier vom Leben erfahren durfte, draußen nicht würde halten können. Dass ihr »der Rockzipfel des Lebens«, den sie im Dunkeln zu fassen bekam, wieder abhanden kommen würde.

Ich hatte noch weitere Plastikträume. Ich lehnte jedoch eine inhaltliche Deutung ab. Gegen Ende der zwei Wochen kam die Lösung, aber nicht im Traum. Ich erkannte, dass ich in einer Plastikwelt lebe, einer künstlichen, erlogenen Welt der Schönheitsoperationen. Eines Nachts versank ich mit drei tiefen Paukenschlägen in Schlaf und schlief sehr lange, vielleicht zehn Stunden. Ich erkannte den Schein der Welt. Hier in der Dunkelheit erfuhr ich nun das wirkliche Leben, draußen würde ich – so meine Angst – aber alles wieder verlieren. Der Schein da draußen, die Konditionierungen, die Anpassung, das Mitmachen, der Schönheitswettbewerb der Frauen würden wiederkommen. Ich war zornig über mich selbst. Ich freute mich über mein schönes Haus, die großen Fenster, die schönen Bilder, die Familie. Alles schön, aber – wo bleibt das innere Licht! Man hat nur große Fensterscheiben, weil man kein inneres Licht besitzt. Deshalb möchte ich am liebsten die ganze Zeit in der Dunkelheit bleiben.

Traum 3

Der Plastikkopf

Vor mir steht ein blauer Plastikkopf und ich nehme ein Messer und schneide die Schädeldecke weg. Drinnen ist eine dünne Plastikhaut, die ich mit den Fingern durchstoße und darunter ist blaues Wasser, das ich umrühre. Ich weiß, dass ich der Plastikkopf selbst bin und mein eigenes, blaues Wasser betrachte.

Deutung

Der Kopf steht hier für das innere Wesen, das Bewusstsein; allerdings ist er aus Plastik, also nicht ganz echt oder seriös; dafür ist er blau, die Farbe der Transzendenz, des Spirituellen. Der Kopf, sprich das Bewusstsein, wird geöffnet, um zu sehen was drinnen tatsächlich ist. Innen ist blaues Wasser. Blau steht wieder für die Transzendenz, Wasser für das Seelische (altgerm. Seele = See). Sie rührt das blaue Wasser um, das heißt, ihre Seele erwacht.

Traum 4

Bühnenauftritt der Puppen

Ich habe den Auftrag, einen Werbefilm über elegante Damenschuhe zu drehen. Der Chef dieser Schuhfirma ist ein ehemaliger Studienkollege, der mir immer sehr unsympathisch war. Die Vorbereitungen beginnen und 50 lebende Barbiepuppen, die alle gleich ausschauen, nehmen Aufstellung. Es sind auch 20 Barbiemänner dabei. Männer und Frauen sind, wie bei einer Misswahl, nur knapp bekleidet.

Um ihm das Lampenfieber zu nehmen, frage ich einen Barbie-

mann, ob er diese Frauen attraktiv findet. Er verneint dies und ich bin darüber total überrascht und frage mich, was dieser ganze Unsinn dann eigentlich soll.
Ich gebe das Startsignal, das Scheinwerferlicht fällt auf ein Model, das jetzt sogar noch mit einer Plastikverpackung über dem Körper zehn Schritte nach rechts geht. Das zweite Model folgt usw. Alle sind nach diesem Auftritt total begeistert wie gut sie das gemeistert haben. Ich verstehe nicht, warum man von so einer Banalität so hingerissen sein kann und wende mich meinem Auftraggeber zu. Er sitzt mit mehreren Barbiemodels gelangweilt in einer Sitzgruppe. Alle sind nackt und geschlechtslos. Ich betrachte diese Szene und fühle mich sehr unangenehm, mir wird fast schlecht davon.

Deutung
Das Thema Plastikkopf wiederholt sich hier in Gestalt von Barbiepuppen, die hier aber lebendige Frauen sind. Diese Barbiepuppen, das Künstliche selbst, sollen Schuhe vorführen, also das Instinkthafte. Schuhe und Füße stehen für die Erde, für Instinkt usw. Alles macht den Anschein großer Äußerlichkeit und Künstlichkeit. Ein Barbiemann findet die Barbiefrauen wider Erwarten nicht schön. Das überrascht die Träumerin, denn offenbar spricht der Mann ihr aus dem Herzen. Sie selbst ist über diese oberflächliche Plastikwelt entsetzt. Der Manager sitzt zwischen seinen geschlechtslosen Models. Obwohl so sexy, haben sie keinen echten Geschlechtstrieb und der Manager hat auch keinen Geschlechtstrieb – also ist alles nur Show. Das entsetzt die Träumerin, ihr wird fast schlecht vor Falschheit, Schein und Oberflächlichkeit. Ist das Teil ihres Lebens und leidet sie darunter? Ist sie gespalten zwischen Ablehnung ihres Lebens und Identifikation damit? Hier deutet sich aber ein Wandel an. Der Traum kündigt eine neue Phase an, hin zu mehr Authentizität und Echtheit.

Traum 5
New York
1. Teil: Ich befinde mich mit mehreren Freundinnen in New York

in einem großen, mehrstöckigen Kaufhaus aus der Jahrhundertwende. Ich bewundere die dunklen Holzsäulen und Geländer. Vor allem die großen Kugellampen, die überall hängen, haben es mir angetan. Ich habe Malzeug eingekauft und verpacke alles in einem großen Plastiksack. Ich will dann mit dem Bus aus der Stadt rausfahren, aber meine Freundinnen wollen noch weitere Kaufhäuser besuchen. Wir können uns nicht einigen, was wir machen sollen.

Deutung

Kaufhaus steht für Konsum, Äußerlichkeit, Kaufdrang, Angst vor Authentizität, Kompensation aufgrund mangelnder Lebensbefriedigung. Dort kauft sie sich Echtheit in Gestalt von Malzeug, sie will selbst schöpferisch tätig werden. Doch steckt das Malzeug wieder in einem künstlichen Plastiksack, also ist es doch nicht so ernst damit. Sie will die Kaufhausstadt verlassen, also dem Künstlichen entfliehen, doch die Freundinnen (sie selbst), die sich scheinbar alle im Kaufrausch befinden, wollen nicht wegfahren. Sie selbst sitzt nun zwischen zwei Stühlen – Kaufrausch fortsetzen oder ernsthaft malen.

2. Teil: Ich bin mit meinen 46 Jahren Bewohnerin des Seniorenheims St. Georgen und stehe mit den alten Damen im Heim beisammen. Wir freuen uns sehr, dass das Seniorenheim an den Stadtrand von New York übergesiedelt ist und ich will mit dem Bus in die Stadt fahren. Leider komme ich kurz vor Ladenschluss an und so kann ich nur kurz bleiben. Ich schaue in das erste Geschäft und bewundere die vielen modernen Lampen und will auch eine sehr große Tischlampe mit ins Seniorenheim nehmen. Ich nehme mir aber nicht die Zeit dazu und gehe zum nächsten supermodernen Geschäft. Es sind nur blaue Plastiksessel drinnen, in den verschiedensten extravaganten Formen. Die Wände sind meterhoch mit abstrakter Malerei verziert und blaue Farbe ist darüber gespritzt. Ich bin so begeistert davon, dass ich in meinem Zimmer im Seniorenheim ebenfalls die Wände auf diese Art bemalen will.

Ich gehe ins nächste Geschäft, das genauso aussieht, nur sind alle Sessel grün und auch die Wandbemalung. Jetzt wird endgültig zugesperrt, es ist bereits Nacht und ich gehe, von einem stillen, schwarz gekleideten jungen Mann begleitet zum Bus zurück. Dabei bemerke ich, dass all die Geschäfte rund um einen riesigen Swimmingpool angeordnet sind, der schwarzes Wasser enthält. Wir gehen rundherum und ich betrachte wohlwollend schwarze Bilder, die am Beckenrand liegen.

Deutung

Erneut Kaufhäuser, Kaufrausch und die Sehnsucht nach Kunst, hier als abstrakte Malerei angedeutet. Die Wände und Möbel im Kaufhaus sind postmodernistisch mit Farbe bespritzt, todschick findet sie, künstlerisch und schräg, das spricht sie enorm an. Die Farbe ist Blau, also Sinnbild für Transzendenz. Sie sucht die Transzendenz in einer Ecke ihres Bewusstseins. Leider ist alles ein bisschen hektisch, weil sie kurz vor Ladenschluss kommt – irgendetwas scheint sie am Kaufrausch zu hindern: eine innere Stimme! Im zweiten Kaufhaus ist alles grün, die Farbe der Ruhe und Natur, wonach sie sich sehnt. Zu schnell werden jetzt alle Geschäfte zugesperrt, sie will also das Ende des Kaufrauschs. Die Träumerin befindet sich in einer Zwickmühle aus Konsumfreudigkeit und Künstlertum sprich zwischen Äußerlichkeit und Innerlichkeit.

Auf dem Heimweg fällt ihr auf, dass all die Kaufhäuser um einen Swimmingpool, also um das seelische Wasser, ihr Seelenbedürfnis herum angeordnet sind; das Wasser der Seele hier ist schwarz, also ist die Seele erloschen, nicht mehr lebendig und echt. Sogleich kommt ein Bedürfnis nach künstlerischer Echtheit und Lebensfreude in ihr hoch und sie sieht schwarze Bilder am Swimmingpool liegen, ein weiterer Fingerzeig auf ihre Sehnsucht, selbst in dieser schwärzesten Lebenssituation. Ein stiller, schwarz gekleideter Mann begleitet sie zum Bus. Die Lebensqualität von Schwarz wiederholt sich, aber ein Mann ist es, der sie begleitet, es bricht erneut Sehnsucht nach Erotik durch. Der ganze Traum strotzt vor Zweideutigkeit und Gespaltenheit zwi-

schen künstlichem und echtem Leben. Das wird der Träumerin in der Dunkeltherapie bewusst. Aber da ist noch etwas. Obwohl erst um die Vierzig, lebt sie bereits in einem Seniorenheim. Was soll dieser Widerspruch? Nun, obwohl noch jung und vital, hat alle Lebenskraft und Positivität sie verlassen; vorzeitig begibt sie sich also ins Seniorenheim, als lebendige Tote. Doch auch hier naht Rettung: Sie will Licht kaufen! Licht als helle Daseinslust. Licht als Ziel ihres Lebens!

Traum 6
Sepia-Rücken
Ich liege am Fußboden im Hof meines Elternhauses und habe gerade meine Tochter Marita geboren. Man legt mir das kleine, feuchte Kind auf die Brust und ich bin sehr glücklich. Ich liege im Hof meines Elternhauses im Freien auf einem weißen Bett, das sich wie Schaumstoff anfühlt. Es ist bereits Nacht und ich gehe in das kleine Badezimmer, das ebenfalls aus Schaumstoff besteht. Drinnen ist eine Schaumstoffbank mit einem Skelett und einem Teddybären. Als ich die Schiebetür wieder schließe, bemerke ich, dass all das nicht aus Schaumstoff, sondern aus Sepia-Rücken-Teilen besteht und ich bin sehr erleichtert darüber.

Nach diesen vier Träumen, die ich am Anfang der Dunkeltherapie hintereinander an vier Tagen geträumt habe, träumte ich nur mehr ganz banal und einfach – kein Plastik, kein Schaumstoff mehr.

Deutung
Ein Traum zwischen Authentizität und Kunstwelt, was genau ihre seelische Situation beschreibt. Sie sucht die wahre Wirklichkeit, wird aber immer wieder in eine Welt aus Schaumstoff und Plastik gezogen. Glücklich war sie im Elternhaus, glücklich war sie bei der Geburt, hier ist echtes Leben. Doch schimmert die Plastikwelt in Gestalt des Schaumstoffbettes, auf dem sie liegt, durch. Im Bad deutet sich die künstliche Welt vielleicht durch das Skelett an, was sagt: Deine Schaumstoffwelt ist tot! Das Skelett liegt auf Schaumstoff, aber auch das Symbol der

Authentizität, der Teddybär, das Spielzeug der authentischen Kindheit. Irgendwie ist sie gebettet – obwohl im Freien schlafend auf einer tief in ihr verwurzelten, künstlichen, unechten, unwahren Weltvorstellung, die sich wiederum auf Angst gründet, nämlich der Angst davor, ganz in die Echtheit der Natur, des wahren Gefühls zu gehen. Das Bett als Hinweis auf »So wie man sich bettet, so liegt man«, also auf die Lebensgrundlage, ist aber – offenbar hat die Träumerin sich entschieden wohin sie gehört – gar nicht aus Schaumstoff, sondern aus etwas Natürlichem. Die wahre Welt gewinnt also im sechsten Traum die Oberhand.

Das Ende

Bin in der letzten Nacht irgendwann total aufgewühlt und verzweifelt eingeschlafen, um dann, zu meiner großen Überraschung, nach dem Aufwachen die Botschaft von meiner Seele zu erhalten: Es geht absolut nichts verloren, alles ist in mir gespeichert, wenn auch nicht immer gleich abrufbar. Mit ganz großer Gelassenheit, innerem Frieden und Vertrauen sehe ich dem kommenden Alltag entgegen und ich weiß, dass dieser sich verändern wird, da ich mich verändert habe, da ich meiner Seele näher gekommen bin. Auch mit meinem Leben als Frau bin ich wieder versöhnt, werde aber in Zukunft die äußeren Dinge mehr in Frage stellen. Mir wird auch klar, was ich konkret verändern werde:

1. Ich werde vegetarisch leben, da ich nicht mehr möchte, dass ein Tier für mich sein Leben lassen muss.
2. Ich werde mit den Menschen über das Thema Tod und Sterben öfter in ganz einfacher Form reden, um dieses Tabu in unserer Gesellschaft zu brechen.
3. Ich werde eine Zeremonie abhalten, um dem Tod beziehungsweise dem Leben meine Achtung zu erweisen und werde diese von Zeit zu Zeit erneuern.
4. Ich werde meine herkömmlichen und freien Gebete und Rituale wieder stärker beleben, da mir ihre große Kraft hier sehr stark bewusst geworden ist.

Was sich in den ersten Tagen danach daheim verändert hat:
Ich merke, dass mir die Seinserfahrung der Finsternis noch sehr gut zur Verfügung steht, dass ich in gutem Kontakt mit meiner Seele bin.
Meine Partnerschaft mit J. gewinnt dadurch an Tiefe und Intensität, da er offen ist für das, was ich erfahren habe und meine Veränderungen wertschätzt. Ich genieße die Dunkelheit am Abend oder in der Nacht und bewege mich ganz sicher und voller Vertrauen.

Meine Tai Chi und Qi Gong Übungen haben sich wesentlich verändert: Eine Klarheit, Zentriertheit und Seelenverbindung in nie gekanntem Ausmaß prägt alle Bewegungen. Die Tai Chi-Prinzipien habe ich verinnerlicht wie nie zuvor. Ich erlebe vor allem in langen, schlaflosen Phasen in der Nacht, dass mir der zeitlose Raum, die Dunkelheit und die Stille als große Kraftquellen für mein Leben zur Verfügung stehen, dass ich in diesen Zeiten meiner Seele ganz nahe bin. Auch das Reden und Handeln aus der Seele heraus gelingt mir besser als ich gedacht hätte, ohne dass ich dabei Menschen verletze. Was mir fehlt, sind das blaue Licht und das Seelenlicht, die sich leider in der normalen Dunkelheit nicht mehr einstellen. Ich bin sehr dankbar für diese wertvolle Seinserfahrung in der Dunkelheit und Stille, sie hat mich mit einem riesigen Fußtritt ins Leben befördert.

Gebete aus dem Innenraum

(Hier der Bericht der Frau. Der Mann befand sich in einem anderen Dunkelzimmer. Sie hatten keinen Kontakt miteinander.)

Clementine, 6 Tage Lichtblindheit
Oh ja, genau das ist die Art des Zurückziehens, die mir angemessen ist. Ich freue mich über diese Möglichkeit und bin gleichzeitig

aufgeregt. Mein Mann und ich werden beide gleichzeitig sechs Tage in die Dunkelheit gehen. Als mein behandelnder Homöopath entsetzt auf dieses Vorhaben reagiert, bin ich verunsichert: »Ich als gemüts-labile Krebspatientin?« Doch ich will es weiterhin durchführen. Auch als mein Mann sich skeptisch zeigt, frage ich mich: »Will ich es unbedingt durchdrücken? – Bin ich wirklich ehrlich mit mir?« Meine physische und emotionale Stabilität wackelt stark in der zweiten Woche vor dem Retreat. Doch je näher es rückt, desto mehr freue ich mich. In meinem vorbereitenden Packen und auch bei der Anfahrt bin ich allerdings recht gereizt – mein armer Mann. Am letzten Tag ist alles gut!

Holger, unser Retreat-Begleiter, ist uns beiden sofort sympathisch. Nach einem kurzen Gespräch können wir es beide kaum abwarten, dass es endlich losgeht. Holgers Empfehlung ist, nichts zu tun, rumzuhängen und einfach Urlaub zu machen. Ich denke schmunzelnd an meine vorherige Sorge, ich könnte dort durch falsches Herangehen oder gar durch mangelnde Reife meine Erfahrungs-Chancen verpassen – ich lache: Ich lache und fühle mich willkommen zu entspannen.

Nach kurzer Orientierung lösche ich endgültig das Licht und stelle den Strom ab. Ich richte mich tastend in meiner kleinen Dunkelkammer ein und verstopfe mir die Ohren. Da sitze ich und freue mich, meinen kleinen Raum als einen Ort der Geborgenheit wahrzunehmen. Das erste Teetrinken wird zu einer sinnlich-achtsamen Zeremonie, die mich angenehm feinfühlig stimmt. In meiner Freude danke ich Gott.

Bevor ich mir überhaupt Gedanken machen kann, um ein weiteres Vorgehen zu überlegen oder gar zum Rumhängen komme, spüre ich den Impuls einer Bewegungsabfolge – verbunden mit einer entsprechenden Atemzuordnung, die klarer wird, indem ich sie ausübe. Diese Präsenz, das Nachfühlen und Erspüren dieses Ausführens berührt mich tief. Ich fühle Ehrfurcht, Dankbarkeit und Freude; sowohl über das Erscheinen dieser Übung als auch durch das Ausführen der Übung an sich.

Bald schon kommen Worte und *Heilige Namen* mit in die Übung. Das Anrufen der *Heiligen Namen* ist wie ein Prozess mit Sogwirkung. Die Melodie dazu höre ich wie schleichend darin, ohne ihr Auftauchen richtig zu bemerken – so, als wäre sie immer schon da gewesen; als wäre sie das Geflecht, auf dem alles andere sich aufbaut. Ich freue mich – ich freue mich – ich freue mich! Die Wort-Zuordnung ist zeitweise noch etwas wacklig; ich spüre nach und belasse es erst einmal beim »Wackeln« – so, wie es gerade ist.

Die erste Reismahlzeit: ein so sinnlicher Genuss – ich bin dankbar und freue mich über dieses wohlschmeckende Genährt-Werden; Vertrauen – Geborgenheit – Dankbarkeit. Als ich in mein Bett krieche, dehnt sich auch hier das Empfinden von Geborgensein aus. Zahnschmerz ist da – die Sorge, es könnte schlimmer werden, taucht auf; ein kleiner Zweifel, ich habe vielleicht doch nicht ins Retreat gepasst. Ich höre und fühle liegend das neue Bewegungsgebet – die Sorge löst sich auf. Mein danach freies Beten fließt von selbst und ich schlafe ein.

Nächtliches Wachsitzen – ich höre, spüre in mir das Bewegungsgebet – denke an dieses und jenes; denke an Madeira – sehe mich nährend, ein männliches Wesen im Arm. Schlafen.

Aufwachen – unangenehme Traumerinnerung – »Oh ich bin ja im Dunkelretreat!« Sitze wie ein freudig aufgeregtes Kind im Bett – wie auf einem Ausflug – und taste mich ins Bad und in den Tag hinein. Das feinsinnige Hantieren in der Dunkelheit gefällt mir. Es macht mich auf sanfte Weise feinspürig.

Üben des Bewegungsgebetes in einer anderen Sitzhaltung – die Atemzuordnung festigt sich, zwei der Worte wechseln in hebräische Namen. Das Ausüben ist Praktizieren und Erfühlen des

Erforschten zugleich. Etwas später erscheint ein anderer Name, den ich vor wenigen Tagen zum ersten Mal in einer Andacht hörte und ich sehe gleichzeitig Tanzbewegungen einer Kreis-Tanzgruppe dazu – erst angedeutet wie Richtung gebend. Bald schon werden die sich ergänzenden Bewegungsabläufe deutlich, die ich wieder tastend weiter erforsche. Dabei bin ich freudig aufgeregt, ich juble in die Dunkelheit hinein! Und als still oder dunkel oder aushängend empfinde ich es hier überhaupt nicht. Viel eher würde ich sagen: Hier geht die Post ab!

Sitzend auf meinem Kissen gehe ich mit diesen Weiterentwicklungen von entstehenden Gruppentänzen mit (ich habe so gut wie keine Erfahrung mit solchen Tänzen, geschweige denn mit deren Erarbeitung). Zwischendurch erfahre ich kurze Belehrungen über die Bedeutung bzw. Spiegelung bestimmter Haltungen oder Rollenzuweisungen. Diese Belehrungen empfange ich nicht als ein mir gesprochenes Lehren, sondern umgekehrt als ein von mir ausgehendes Lehren und Anleiten einer Gruppe. Meistens scheinen sie über meine eigenen Bedenken oder Anzweiflungen ausgelöst zu werden. Diese Belehrungen sind klar und von deutlicher Ausdruckskraft geprägt – manchmal sogar fast aggressiv predigend!
Über all dieses Erfahren bin ich erfreut, aufgeregt und dankbar. Sobald ich mich zur Pause anders hinsetze, geht es nach kurzer Zeit entweder weiter oder mündet in ein denkendes Beten, welches mittlerweile nicht mehr von der Melodie zu trennen ist.

Nach meiner Reismahlzeit und einem kurzen Schlaf (die Zahnschmerzen nehmen ab, verschwinden nach dem 2. Tag ganz) geht es nachmittags ruhiger weiter – mehr Ruhepausen, sogar ein wenig rumhängen, aber mein Denken ist meist recht sprunghaft und unruhig im Ablauf. Zwischendurch viele schleichende Gebete, immer weniger bedacht.
Zum Abend hin wird der schwerfällige, aber eher an-mir-zweifelnde Anteil wieder spürbar – in den Nachtphasen besonders, wo ich in

erinnerten Szenen mich kämpfend und projizierend bewege und wahrnehme. Die Abstürze scheinen hier noch schneller zu gehen und die Zweifel-Phantasien erscheinen mir dann auch durchaus real – meine Hinwendung und mein Vertrauen zu Gott sind hier aber so viel stärker als sonst, dass mich das achtsame Umgehen mit diesen Abstürzen auch sehr schnell wieder ins Licht führt – ich bin dankbar, ich fühle Geborgenheit und Liebe.

Mein Erfahren und Zulassen – mein Beten und Fließen, es wird immer kindlicher, einfacher und direkter. Das Einlassen und Achten auf die Impulse ist hier offen und stark. Beispielsweise beim beginnenden Kopfdruck spüre ich sofort die entsprechende Bewegung und Atmung dazu; oder direkt folgend auf ein Kopfanstoßen spüre ich, wohin ich jetzt atmen soll, welche inneren Körperräume wie zu öffnen bzw. zu entspannen sind. Die Nachtphasen sind weiterhin immer wieder voller Projizieren und drohendem Gemüts-Abbau.

Ein Traum

Gemeinsam mit meinem Mann sitze ich in einer Riesenrad-Gondel; meine linke Hand (im schwarzen Handschuh) liegt an der horizontalen Schutzstange einer anderen, benachbarten Gondel (worin Kinder sitzen), die sich im gleichen Rhythmus parallel bewegt. Plötzlich merke ich, dass ich die Hand nicht mehr von der Stange lösen kann, da sie durch eine nicht sichtbare Kraft wie daran festgebunden scheint – wie klebend oder unüberwindbar magnetisch. Während neben dem Karussell eine fröhliche, beschwingte und blumenbekränzte Hochzeitsgesellschaft vom Berg herunter kommt, bin ich voller Angst, die Gondeln könnten sich beim Drehen oder Anhalten auseinander bewegen – panikartig versuche ich immer wieder erfolglos, die Hand von der anderen Gondel abzuziehen – bis ich die Hand irgendwann aus dem Handschuh lösen kann und erschrocken spüre, dass der Sog erst ganz aufhört, als ich von der befreiten Hand den Ehering abstreife.

Befreit von diesem Sog öffne ich meinen rechten Ärmel nach oben und sehe erschrocken, dass mein ganzer rechter Arm dick angeschwollen ist; und ich nehme zwei rote Druckabbildungen (wie von zu strammen Rundum-Gummis) am Handgelenk und ober- oder unterhalb des Ellenbogens entsetzt wahr: Ich jammere und bin völlig erschöpft.

Deutung
Es geht wohl um die Trennung vom Ehemann, erst wenn sie den Ehering abstreift, ist sie wirklich frei.
Die Trennung bewirkt natürlich Wunden. Sie jammert.

Szenenwechsel
Im nächsten Bild sehe ich mich in der Dunkelheit bei Nacht allein (eine dunkelhaarige Frau ist irgendwo in der Nähe) auf einer weißen Unterlage sitzend auf der Liegefläche eines Kasten-Autos. Widerwillig spüre ich eine blutfreie Wunde in der rechten Fußsohle, um die ich wohl weiß, aber nicht wissen wollte! Ich klappe die groschengroße wunde Haut darüber wie eine Klappe auf und aus ihr heraus kommen einige kleine Würmer. Ich bin entsetzt – ich fühle Ekel und Abscheu – in einer schnellen Bewegung stupse ich die obersten Würmer weg – angewidert – und klappe wieder zu, bewege meinen Kopf und Oberkörper schnell entfernend von der Wundstelle und vom Fuß weg. Doch gleich wende ich mich ihm wieder zu, öffne die Klappe und sehe, wie wieder ein kleines Tier zur Oberfläche kommt und raus will (sie streben alle der Oberfläche zu, um herauszukommen). Ich wiederhole angewidert das Herausstupsen und sehe entsetzt, dass endlos weiter aus dem Inneren der Wunde, mehr und mehr dieser Tiere nachkommen. Sie werden jetzt mehr zu Fröschen. Je länger ich die Wunde offen halte, desto mehr kommen aus dem Inneren nach. Ich klappe wieder zu, drehe mich weg und denke, dass ich schnell zu meinem Mann will, damit er mir hilft, diese Wunde zu heilen, zu desinfizieren. Beim nächsten Öffnen und Hinschauen sehe ich diesmal, dass sich das Innere

der Wunde trichter- und spiralförmig von unten (innen) nach oben (außen) öffnet – wie das Innere einer Muschel, symmetrisch und schön, in beigebrauner, klarer Form. Die Tiere aus ihr sind jetzt zu Fröschen, Seepferdchen und Einhörnern in Miniaturform geworden. Ein Einhorn schwebt in Brusthöhe neben mir und ich sehe, wie dieses kleine Einhorn mit abgestumpftem Horn sehr farbenprächtig und kunstvoll bemalt ist – es wirkt wie ein scheinbar glückliches Wesen.

Deutung
Offenbar hat die Erkenntnis der Trennung vom Ehemann, bzw. die unbewusst gespürte Notwendigkeit der Trennung eine Wunde hinterlassen. Daraus kommen nun Würmer. Sie rennt zu ihrem Mann, er soll die Wunde heilen und desinfizieren. Die Würmer werden nun zu Fröschen Einhörnern und Seepferdchen, also an sich etwas Schönem. Deutet sich hier eine Heilung, eine Transformation der Wunde in eine Erkenntnis an? Das Einhorn ist ein glückliches Wesen, wird die Träumerin nach dieser Erkenntnis und Transformation ein glückliches Wesen?

Szenenwechsel
In einem rollbaren Krankenhausbett liegend werde ich von derselben Frau des Nachts über eine enge Straße geschoben. Die Straße ist beidseitig bemauert, links unterhalb liegt der große See. Als die Geräusche und Lampen eines herannahenden Autos zu erkennen sind, schiebt die Frau mein Bett ganz an die Mauer der Bergseite und stellt sich selbst auch ganz an die Wand. Ich habe große Angst, dass das Auto uns nicht sieht, nicht genügend ausschert neben dem breiten Bett oder sogar gleichzeitig Gegenverkehr kommt – ich habe Todesangst – ich wache auf.

Deutung
Die Träumerin ist krank. Die Transformation macht zunächst krank. Sie befindet sich auf der »Lebensstraße«. Die Frau, die ihr Bett schiebt, ist vielleicht sie selbst. Sie hat Todesangst überfahren zu

werden – sollen der Tod oder ein möglicher Tod auf die große Transformation hinweisen?
Diese drei Träume stellen eine Steigerung dar: Die Gondelaffäre – mentale Trennung vom sie dominierenden Ehemann; die Wunde, die dieses Ereignis schlägt; der notwendige Ich-Tod als Höhepunkt einer Entwicklung zu seelischer Reife wird angedeutet, erwartet, gefürchtet.

Nach drei Tagen das erste Gespräch mit Holger über den 3-Szenen-Traum. Dieses Gespräch ist auch ein Ertasten des anderen in seiner Rolle. Holger erscheint offen und interessiert; und ich fühle keinerlei professionelle Steifheit oder Geschliffenheit – eher eine kindlich frische Neugier. Wir sprechen über den Traum, über die Zusammenhänge der Krebserkrankung, über meine Gottesbeziehung und ich erwähne den Wunsch, Gottes Willen wirklich klar zu erkennen – wovon ich mich nicht weit entfernt fühle. (Wenig später schon scheint mir dieser Wunsch absurd, denn gerade hier öffne ich mich so stark meiner inneren Führung und handle entschieden aus ihr – immer entsprechend dem Grad meiner jeweiligen Reife, wie mir scheint. Die Frage des Erkennens des Willens entwickelt sich hier also eher zu einem Erkennen der Bereitschaft und Wachsamkeit, ihn zu spüren – und ihn zu tun, ihn auszuführen). Holgers Vorschlag in unserem Gespräch ist, mehr rumzuhängen, öfter nichts zu tun.

Und obwohl ich Sympathie und auch Vertrauen zu Holger empfinde, mache ich gedanklich immer wieder projizierend an ihm rum oder, ehrlicher ausgedrückt, an meinem gerade aktuellen Bild von ihm: »Rumhängen zu müssen« (was er nie gesagt hat) ist auch nur ein »Anspruch!«, ich denke, »dass er mich auf meine, von mir erwähnte Krebsursache festlegt«, »… dass er vielleicht mit meinem Mann über mich redet«, »der soll bloß nicht blöde von mir denken, der soll mich toll finden!« Ich sehe die mir wohl bekannte Tendenz der Selbstwert-Tändelei, die über ein Außen, einen anderen, immer wieder die gleichen Emotionsbäder verspricht. Halb lächelnd sehe ich, wie ich auch dieser nur kurzen Begegnung mein Strickmuster aufzudrücken versuche.

Das tägliche Versorgtwerden mit Essen und Tee ist wichtig. Einerseits freue ich mich jedes Mal über die kleine Begegnung, obwohl ich meistens kein weiteres Gespräch suche. Die Mahlzeiten sind mir ein Genuss, eine Freude, ich bin dankbar und esse genüsslich mit den Fingern. Andererseits ist dieses Versorgtwerden im Tag-Nachtablauf neben solchen Übungen, wie dem täglichen Bewegungsgebet, für den Tagesablauf strukturgebend.

Auch gegen meine Unlust und Widerstände führe ich ab dem dritten Tag abends zwei mir unangenehme Übungen durch, die mir aus dem Innen empfohlen werden. Grob betrachtet ist morgens und vormittags das kreative-freudige Fließen stärker; nachmittags und nachts eher Rumhängen, Unzufriedenheit oder Langeweile. Seit dem zweiten Tag beginne ich (in eher angedeuteten Erscheinungen) in der Dunkelheit oder in der Leere vor mir – und bald auch um mich herum – sich bewegende Strukturen oder symmetrisch ausgeformte Muster wahrzunehmen. Wie Wände, die sich in die nicht-räumliche Weite auftun, bewegen sich vor mir oft faszinierend gestaltete Symmetrien oder Geometrien. Sie bewegen sich um mich herum wie weich fließende Wände. Manchmal kann ich durch die Wahl meiner Perspektive die Bewegung beeinflussen. Im Liegen kommt manchmal starker Schwindel dazu, den ich, mich sicher gebettet wissend, genieße. Diese Erscheinungen sind meistens angenehm und faszinierend (manchmal echt geil!), allerdings möchte ich sie, genauso wie die manchmal nicht enden wollenden Singgebets-Impulse zum Einschlafen abstellen.

Am letzten Abend wird dieses Strömen so stark, dass ich nicht mehr recht weiß, wohin mit all dieser Energie. Verbunden mit einem Heiligen Namen lasse ich diesen machtvollen Energiefluss ins Meer fließen. Dies reicht jedoch nicht aus. Und so sende ich den Strahl, gleich einer Rakete, um die Erde. Doch auch dieser Raum scheint noch nicht weit genug und so lasse ich den Energiefluss ins All strahlen. Dieses Strahlen – immer verbunden mit dem Heiligen Namen – ist eher wie ein unendliches Schießen, da seine Strahlkraft so machtvoll und feurig ist (kurzzeitig sehe ich die Erscheinung eines wunderschönen, symmetrisch schwimmenden Fischschwarmes, die ihn zu begleiten scheint). Schließlich ist diese Kraft so feurig, dass ich eine aggressive Strömung darin wahrzunehmen meine, die mich verunsichert. Als die Verunsicherung ansteigt, richte ich mich auf einen weiteren Heiligen Namen aus, um all dieses Geschehen zu schützen. Sofort verändert sich die Szene zu einem, jetzt ruhigen Betrachten des Aufbaus einer Kathedrale, die sich wie von selbst in wenigen, weinroten Bausteinen aufeinander aufbaut. Jetzt bin ich ruhig und aufgeregt zugleich. Ich fühle Dankbarkeit und schlafe bald ein.

Bei einer Begegnung innerhalb einer Meditationsvisualisierung sehe ich, wie ich meinem göttlichen Gegenüber einen goldenen Apfel darreiche. Und nach anfänglichem Widerstreben empfange ich (als ein eher männliches Wesen) einen umhüllenden Umhang, eine Krone und einen langen Stab. In zwei anderen Begegnungen erfahre ich wiederholt den deutlichen Hinweis/Empfehlung »das Geistige zu stärken«. Was dies bedeutet, wird mir bildhaft gezeigt (ich habe keine deutliche Erinnerung daran). Wie ich dieses in meinem Alltag umsetzen kann, bleibt mir noch unklar. Klar ist allerdings der Impuls, mich später an meinen Mann zu wenden, um die Bedeutung dieser Empfehlung weiter zu erforschen. Noch bevor ich dies von mir aus tue (äußerlich gesehen), wird es mir in umwerfender Deutlichkeit in einem vier Tage später stattfindenden Ausbildungsblock durch meinen Mann nahe gebracht und vermittelt.

Ein besonders Aufmerken, welches mir wie ein immer wiederkehrendes »Anklopfen« erscheint, gilt dem Hochmut in mir. Wie eine ermutigende Ermahnung spüre ich so etwas wie eine Aufforderung, die verschiedenen Facetten und versteckten Formen des Hochmuts in mir zu erkennen. Dieses Aufmerken und Entdecken erstreckt sich auch weit über diese Woche hinaus in meinen weiteren Alltag hinein.

Zum Ende der Woche gibt es neben dem Bewegungsgebet zwei mantrische Sing- und Gruppentänze, die wie fest einprogrammiert sind und in allem aufeinander aufgebaut und abgestimmt sind. Noch wichtiger als diese Geschenke ist jedoch das Erleben des ständig fließenden Gebets. Egal was ich tue – fast ununterbrochen höre und forme ich innerlich sich reimende Gebete in eine, dem allen zugrunde liegende Melodie hinein. Während die Melodie einfach immer da ist, vermag ich in den sich formenden Gebeten kaum zwischen Empfangen und Geben zu unterscheiden. »Oh mein Gott«, denke ich ehrfürchtig und staunend, »ist dieses unbeschreibliche Lieben das, was da ist, wenn es im Außen still wird?« So groß ist für mich dieses betende Lieben – wie ich es bestenfalls zu nennen vermag – dass ich kaum wage zu fragen, was wohl dann da ist, wenn nicht nur das Außen, sondern auch ich wirklich still werde?!

Verlasse ich den Raum des kontrollierenden Selektierens und Darstellens und fühle ich mich wieder ein in die kindliche Einfachheit, die Leichtigkeit des Fühlens und Liebens, des Vertrautseins im liebenden Gespräch mit dem, was ich einfach »Vater« nenne, so mag ich mein Erleben einfach nur so ausdrücken: »Oh Vater, ich bin so glücklich, dass ich lieben darf.«

In Dankbarkeit für all diese Erfahrungen, weiß ich auch nach dem Retreat um die gelebte Gewissheit, dass ich – wann und wo auch immer – mich mit diesem Raum des liebenden Vertrautseins verbinden und von hier aus weiter wachsen kann. Und diese Qualitätserfahrung ist sicherlich nur eine von vielen Möglichkeiten oder Stufen, ein Dunkelretreat zu erleben.

Ich danke Holger für das Ermöglichen und das wohltuend einfache und unaufdringliche Umsorgen und Begleiten bei dieser lichtvollen Dunkelheit. Ich freue mich auf ein weiteres Einlassen auf die Stille und äußeren Dunkelheit in seiner Begleitung. Danke!

Lichthülle und eigener Schatten

Lucia, eine Woche Dunkelheit

Im Nachhinein vermute ich, dass ich zu Beginn annähernd zwei Tage lang schlafend, dämmernd, ruhend und driftend verbracht habe. Die Einsamkeit und das Abhängen genießend, tauchte mein Alltagsleben bald nur noch wie eine ferne Erinnerung in wehenden Fetzen auf. Drängender war gelegentlich ein Gedanke der Sorge, dass ich, als »kritischer Geist« auch diesmal möglicherweise wieder scheitern könnte.

Diese Bedenken spielen in meinem Leben eine große Rolle, da ich mich als solcher Geist in einer süßlich und gnadenlosen *Spiritscene* recht einsam fühle. Meine Eigenwahrnehmung ist andererseits geprägt durch den Vorbehalt, nicht in Hybris zu verfallen. Viele Ereignisse meines Lebens erschienen mir selbst dadurch wohl rätselhaft aufgespalten. Hilfreich empfand ich hier die Ermutigung durch Holger, alles entspannt anzugehen. Sein Hinweis: Wahrnehmungen werden sich eher sanft und gemächlich einstellen. Auf den Umgang mit Gedankenschnüren durch Holger aufmerksam gemacht, benutzte ich für mich das Bild des Bildschirmschoners meines Laptop. Dadurch fühlte ich mich eher als selbstgestaltende Kraft, nicht so sehr als Opfer meiner besorgten Gedanken.

Aus der Vorbesprechung mit Holger erinnere ich gar nichts, außer einem diffusen Eindruck, mit meinen Bedenken irgendwie verstanden zu werden. Ich halte das im Nachhinein im Sinne einer klassischen compliance für entscheidend. Wer sich ahnungslos auf so eine offene und extreme Situation unter Anleitung eines unbekannten Menschen einlässt, ist vermutlich entweder reichlich naiv, recht stark oder regelrecht versessen auf irgendetwas.

Anmerkung

Der Angstschrei des Verstandes

Man sieht an diesem, für einen Europäer so typischen Vorwort, wie sehr der Gedanke der Dunkelheit und Einsamkeit beunruhigt. Es gibt in unserer Kultur kein Modell der ruhigen Psyche. Nicht-Sein macht Angst, weil alles auf Bewegung und Tun eingestellt ist. So kommt es zu der in allen Berichten durchscheinenden Unruhe und Unsicherheit, den verkrampften rationalen Bemühungen, das sich nähernde Nichts intellektuell in den Griff zu bekommen. Das gesamte Panoptikum schlauer Intellektualismen besteht nur aus Angst vor der wirklichen Erfahrung und will nichts anderes als diese verhindern. Dennoch ringen sich Menschen dazu durch, in die Finsternis zu gehen, aus einem vagen, aber tiefen, unbewussten Wissen heraus, dass hier eine große Wahrheit zum Vorschein kommen kann. Die Ängste der meisten Menschen, ihre überklugen Bemerkungen, laufen jedoch alle ins Leere, keine ihrer Bedenken bestätigt sich. Es ist der Amoklauf des Intellekts, der weiß, dass er bald abgeschaltet wird. Man sieht an solchen Ausführungen, die so intelligent anmuten, wie schwach letztendlich der Intellekt ist, wie sehr er – auch durch bizarre Wortwahl und Gedankengänge – versucht sich aufzublähen. Es ist der Angstschrei der Moderne, die um ihre letztendliche Nicht-Existenz weiß, denn es gibt keine Neuzeit, denn: Es gibt gar keine Zeit und keinen Wandel des Bewusstseins und der Psyche. Die Menschheit hat sich nie geändert, die Unruhe war da am Anfang und sie wird das Ende bestimmen. Menschheiten verwandeln sich nicht. Was sich wandelt sind die Trugschlüsse, wie die Welt aussieht vom Standpunkt der Unruhe aus – aber ein Trugschluss bleibt es immer. Die Frau weiß zwar, dass sie hier mit dem Intellekt kompensiert, aber es hilft ihr nichts.

Am vermeintlich dritten Tag dauert der Zustand einer angenehmen Ruhe an. In längeren Wachphasen habe ich hauptsächlich im Liegen ein gewisses Gefühl des Schwimmens als sehr angenehm empfunden. Ich erinnere mich an einige beflügelnde, künstlerische Ideen, die jedoch emotional erschienen. Meine normalen Lese- und Schreibwutattacken waren zu meiner Überraschung kein Problem, ebenso wenig das Fasten. Das registrierte ich nahezu amüsiert, denn ich hatte mir da weniger zugetraut. Selbst Essensgerüche waren einfach nur angenehm und stellten keinerlei Provokation dar. Ich war beruhigt.

Nach und nach beobachtete ich kleine Blitze, einige helle Schlieren, kurzfristig auch wandernde, helle Punkte. Zunächst deutete ich diese sehr feinen Phänomene selbst als optische Druckreize auf meine Augen, z. B. durch eine bestimmte Liegeposition. Auch könnten vegetative Zustände durch langes Liegen in der Dunkelheit ähnliche Symptome hervorbringen. Interessiert und zuversichtlich nahm ich zur Kenntnis, dass dies durchaus im Bereich des zu Erwartenden liegt und keine physiopathologischen Reaktionen sind, wie mir Holger erläuterte.

Anmerkung
Die Verdrängung unserer Körperempfindungen
Interessant ist hier wie schnell bei Menschen eine Angst heraufdämmert, diese merkwürdigen Blitze und Lichterscheinungen könnten pathologischer Natur sein, so als ob dergleichen nicht dauernd im Alltag passierte. Tatsächlich – wer sich einmal die Zeit nimmt, einen Tag lang genau zu beobachten, welche unerklärlichen Reize ihn andauernd überfallen – der müsste große Bedenken bekommen und alle Menschen müssten sich andauernd in Behandlung begeben. Es ist ein Kulturirrsinn, sinnliche Phänomene, körperliche Reize, seelische Reize aller Art als Störungen zu diffamieren, als ob der Körper dauernd gleichmäßig existiere. Tatsächlich sind wir eingebettet in ein Meer aus Zuckungen, Stechschmerzen, Lichtphänomenen, Druckempfindungen, Unebenheiten und Schwankungen der Seele, und

zwar ohne Pause. Es gibt keinen gleichmäßigen Seelen- und Körperzustand, wer genau beobachtet und dafür Ruhe und Feinempfinden besitzt, sieht, dass wir einem dauernden Meer an Reizen ausgesetzt sind und kaum eine halbe Minute ohne extreme Schwankungen durch den Alltag kommen. Allein das Konzept, das uns eingeimpft ist, sagt, dass alles gleichmäßig verläuft und es uns entweder gut oder schlecht oder einigermaßen geht. Der heutige Mensch hat jegliche Wahrnehmung über die tausend Reize, die ihn dauernd überrollen, verloren – weil er keine ruhige Wahrnehmung mehr besitzt. Unserer Kultur ist die Unebenheit seelischer und physiologischer Vorgänge abhanden gekommen. Wenn einem doch einmal etwas auffällt, so muss ein Arzt dafür Sorge tragen oder Tabletten müssen fähig sein dieses wegzuretuschieren. Die mangelnde Selbstwahrnehmung für akustische Störungen, visuelle Reize, Hautveränderungen, innerkörperliches Glucksen, Drücken, Stoßen, Drehen ist dafür verantwortlich. Wir haben den Kontakt zur Wirklichkeit verloren. Zu unserer eigenen, wie zu derjenigen der Natur. Wir glauben die Natur sei tot, weil wir nicht mehr in ihr leben, und so glauben wir auch unsere Seele bewege sich nicht und unser Organismus bleibe ständig gleich und nur dann sei er gesund.

Der Schatten

Etwa am nächsten Tag war ich durch den Eindruck, die Verdunklung habe sich gelöst, irritiert. Mit Kleidungsstücken und Handtüchern verhängte ich, zum Sein im Dunkeln wild entschlossen, vermeintliche Lichtlücken. Meine Bemühungen zeitigten nur einen bedingten Erfolg. Etwas grantig wurde ich, nachdem ich dann auch noch meinen Schatten an der Wand mitwandern sah. Interessanterweise war das an jeder Wand so, dennoch war ich überzeugt, es müsse eine äußere Lichtquelle geben.

Holger löste die Illusion durch Bewegungen, die ich bei ihm nicht wahrnahm, auf. Die Schattenwahrnehmung blieb jedoch die ganze Zeit im Dunkel weiter erhalten.

Die Lichtwelt
Mit Erstaunen akzeptierte ich daraufhin die jetzt ebenfalls auftretenden Lichtphänomene, die Teile des Zimmers sanft erhellt erscheinen ließen, als Teil meines Prozesses. Diese Wahrnehmungen waren kurz, aber wiederkehrend. Das gilt auch für das erste deutliche Bild: Ich sah mich in einen nächtlichen Sternenhimmel hineinstürzen, hineinrasen. Die blau schimmernden Sterne teilten sich und ich war so etwas wie ein Komet in Myriaden blau funkelnder Diamanten. Irgendwo gibt es einen Tunnel oder einen großen Trichter, der interessanterweise mit hellen, glatten, kleinen Muscheln ausgelegt ist. Weiter ist da nichts.

Eine ähnliche Wahrnehmung habe ich häufiger beim Mikroskopieren von Blutbefunden. Da ähnliche Empfindungen im Solarplexus dabei vorkommen, habe ich die Ähnlichkeit deutlich empfunden, was aber ist Henne, was Ei?

Ein weiterer Eindruck, jetzt von großer Beständigkeit, war von einem Netz. Jeder Raum, jede Blickrichtung, bei offenen wie geschlossenen Lidern, war lang andauernd erfüllt von einem intensiv gelbrot vibrierenden Netz in einer deutlichen Dreidimensionalität. Kurze Phasen des Aussetzens waren gekennzeichnet durch Orientierungsverlust. Ich suchte einmal z.B. in dem Raum verzweifelt meine Bettdecke. Ansonsten nutzen mir meine nackten Fußsohlen auf dem Holzfußboden besser als die Hände. Erstaunlich!

Die Lichthülle
Im weiteren Verlauf nahm ich im Liegen wahr, dass ich von einer hauchzarten Hülle umgeben war. Sie war eine Art Brotlaib oder Ei, sehr viel größer als mein Körper und von einem feinen, durchgefärbten, rosa Farbton. Längst musste ich mit den Fingern tasten, um zu wissen, ob meine Augen offen oder geschlossen waren. Der Eindruck war sehr friedlich und hielt lange an. Etwa zur selben Zeit sah ich an meinem Kopfende eine tiefrote

Glut leuchten, einen richtigen Köhlerschwelbrand, wirklich ein wundervoll glühendes, tiefes Rot.
Irgendwann sah ich, mitten im Zimmer stehend, eine Schneeeule mich umrunden, ganz ruhig und lautlos, von links nach rechts.

Die Dreiecke
Danach, ebenfalls stehend, sah ich im milchig-hellen Zimmer um mich herum dunkle Dreiecke fliegen. Sie erinnerten mich entfernt an Rochen. Die Seitenspitzen bewegten sich auch fliegend. Mir entfuhr ein beeindrucktes, aufgeregtes, lautes »Wow!« und daraufhin stürzte sich eines in meine Magengrube und kam am Rücken wieder heraus; kein Körpergefühl dazu, einfach nur interessant. Ich merkte, dass sie auf mich reagierten und hob die Hand. Eins setzte sich anmutig wie ein Schmetterling in einer Feengeschichte darauf. Ich freute mich darüber, alles ist so zärtlich.

Meine Verdachtsdiagnose war, dass es meine eigenen, manifestierten Gedankenkräfte sind. Wiederum war ich gerührt, dass ich vielleicht doch ein friedlicher, einfacher Mensch bin. Das ist glatt möglich, obwohl ich oft gefürchtet werde. Egal, wo sind überhaupt meine psychischen Probleme? Ich bin ja ohne Lehranalyse gar nicht befugt, irgendeine Aussage über mich selbst zu machen! Ja, wo sind sie denn, Mama und Papa und alle?

Ein Dreieck-Traum
Ich blicke in den Nachthimmel. Dort haben die Gestirne dieselben großen Dreiecke formiert, die ich um mich gesehen habe. Eine Stimme sagt so etwas wie: »Na bitte! Siehst Du es jetzt? Alles klar?« Mich irritiert der siegessichere Unterton, denn mir ist leider gar nicht klar, was das soll. Na gut, dann eben nicht. Es sieht dennoch schön aus.

Am Ende der Woche stellen sich Schmerzen ein, nicht sehr dominierend, dennoch deutlich. In der oberen Brustwirbelsäule verspannen sich die Rückenmuskeln zu den Schultern hin. Ich vermisse mein hartes Bett ein wenig und phantasiere über Behandlungsmöglichkeiten, und hat nicht irgendwer mir einmal gesagt, da säßen meine früheren Depressionen?

Das Spiegelbild

Irgendwann stand ich mir selbst gegenüber, ganz deutlich und sehr nah. In Ruhe betrachtete ich mein Gesicht, dasselbe kurze Haar, jedoch etwas jünger, nehme ich an. »Wir« sprachen nicht, wir sahen uns an. Ich fühlte viel Verständnis und erstaunlich ruhiges Wohlwollen für »sie«. Am ehesten würde ich das mit einem Blick auf meine erwachsene Tochter vergleichen. Dieses Bild kommt später ein zweites Mal in derselben Intensität und Stimmung wieder. Gibt es etwas zu tun? Nein, alles läuft, wie es soll, das ist ganz klar!

Körperverlust

Später stellte ich liegend fest, dass mein Körperempfinden von den Beinen an aufwärts nachließ. Der Schierlingsbecher? Wenn ich schluckte, war das ein lautes Geräusch. Plötzlich war ich weg wie ein Stein und war irgendwann, genauso plötzlich, mit einem bestimmten Ton wieder da. Dieser Ton ist eine tiefe, gezupfte Saite einer Laute. Ich glaubte, den Wind in den Tannen draußen zu hören, gibt es einen Sturm? Immer wieder gibt es diese Phasen des Wegseins.

Anmerkung

Das Klarhören

Im Klarheitszustand kommt es oft zu einer erhöhten Aufmerksamkeit. Akustische Reize werden verstärkt wahrgenommen. Überhaupt kann die Welt auf allen Sinneskanälen schärfer erfahren werden, wodurch es zu eigenartigen Erscheinungen kommt.

Der Trennungston

Das plötzliche Wegsein ist ein vollkommener Bewusstseinsverlust, der Mensch ist dann als Bewusstsein nicht mehr da. Der entstehende Ton bei der Rückkehr ist bekannt. Mit dem erneuten Erwachen in die Welt treffen Seele und Körper wieder zusammen; das Zusammenkommen löst einen Ton aus, der dann im bereits hinübergewechselten Wachzustand gehört wird. Ebenso wird häufig ein Ton gehört, wenn die Seele den Körper in der so genannten AKE (außerkörperliche Erfahrung) verlässt; der Knall oder Schlag verweist auf die Trennung der beiden Daseinsebenen Körper und Seele; auch bei der Rückkehr der Seele und ihrem Fall in den Körper entsteht für einige ein Ton. Ich denke, es ist ähnlich wie bei einem Kuss. Drückt man einem anderen die Lippen auf die Wangen entsteht ein Unterdruck, ein Vakuum und wenn man den Mund wegzieht, kommt es zu einem Ton.

Während ich zweifle, ob ich in diesen Zuständen vielleicht einfach schlafe, bietet mir Holger im Gespräch an, den Aspekt der Zeitlosigkeit zu überdenken. In der Tat hatte ich keine Idee, wo ich da war und wie lange. Keine Träume, kein langsames Ein- und Auftauchen, außerdem war da dieser seltsame Ton. Erst langsam dämmert mir, dass ich das kenne. Es gab da in Mexiko vor Jahren mal einen Abend mit einer Flasche *»poche«*. Ich kämpfte wie wild, um nicht in einen Stein verzaubert zu werden, denn ich glaubte, es sei für immer. Intensiver habe ich dieses »Verschwinden« in der Endphase der Geburten meiner beiden Kinder erlebt. Aber: Bin ich nicht hier, um *hier* zu sein? Besteht mein ganzes Lebenswerk darin zu lernen, wie ich »verschwinde«, soll ich meine Inkarnation an der nächsten Garderobe dezent abgeben?

Die Flutlichtanlage

Gedanken dieser Art dauerten nicht lange an und ein weiterer Eindruck fegte jede gedrechselte Reflexion vom Tisch. Mitten in einer Klamottenwechselaktion im dunklen Badezimmer, ohne jede Vorwarnung: eine Lichterscheinung, die mich nachhaltig wegfegt. Schlagartig ein sehr helles, grellweißes Licht, überall! Wie eine Flutlichtanlage vor meinem Gesicht. Das Licht ist jedenfalls schmerzlich weiß und sehr stechend. Alles wird völlig überblendet, nichts ist mehr zu sehen. Ich schreie auf, Hände vor meinem Gesicht nützen mir nichts, ich wimmere wohl vor mich hin, denn das Ganze hält beängstigend lange an und tut richtig weh. Ich glaube, ich bin jetzt auf den Knien und wedle mit den Armen. Eine eigentliche Lichtquelle ist nicht auszumachen. Irgendwann ist alles vorbei. Ich schleppe mich zum Bett, keine weitere Erinnerung.

Später kommt der Gedanke, der fast eine Hoffnung ist, ob da jemand aus Versehen etwa die Sicherungen reingedreht hat? Vielleicht ein paar billige Gags? Die Vorstellung mit dieser Art Starkstromüberlastung im Hirn immerzu zu leben ist erst einmal nicht sehr verführerisch. Genau das jedoch ist es, was sich im Gespräch mit Holger abzeichnet: freie Energieentfaltung!
Mir wird immer wieder kalt und heiß.

Mein albernes Leben

Ich beobachte immer wieder, wie mir einzelne Passagen und Ereignisse meines Lebens einfallen. Nein, kein blitzschnelles Durchlaufen, nur einzelne Szenen und die ganz ruhig. Highlights vielleicht? Ich liege im Bett und lache und lache, wie köstlich albern, kleinkariert und einfältig ich mich oft benehme. Besser als Eddie Murphy in seinen besten Tagen.
Bevor ich unnötig ins Philosophieren komme, nimmt Holger das Ganze unbeeindruckt als Energieentladung auf. Auch gut und vor allem, es stört mich niemand bei diesem Spaß.

Die Stehlampe

In der letzten Nacht leuchtet mir andauernd und penetrant eine Art Stehlampe ins Gesicht. Ich ertappe mich dabei, dass ich mir am Ende der Woche wünsche, es möge doch einmal richtig Dunkelheit geben. Ich bin direkt besorgt, ob ich es jemals wieder dunkel haben werde, so wie vorher.

Ein Traum

Ich sitze auf einer Linoleumplatte und drohe nach vorn ins

Unermessliche zu kippen: In den Teich. Ich fürchte mich und eine Stimme flüstert mir zu: »Kontrolle und Langsamkeit!« Das klingt beruhigend nach klarem Bewusstsein. Ja wirklich, ich glaube, dass es ziemlich viel Kontrolle braucht, um die Kontrolle bewusst aufzugeben.

Deutung

Das Umkippen ins Unermessliche wird hier durch die innere Stimme, sprich Angst, »Kontrolle und Langsamkeit« verhindert. Gekippt sollte werden in einen Teich, ins Wasser, in die See, sprich ins Seelische, doch besteht noch Angst, reine Seele zu werden. In der Tat bedarf es keiner Kontrolle, um diese aufzugeben. Erneut Angst! Es beherrscht den Menschen eine instinktive Angst vor der Abtrennung der Seele vom Körper, denn dies kommt einem Tod gleich. Wir alle halten dauernd die Kontrolle über den Mechanismus, der Seele und Körper zusammenhält, aufrecht. Könnten wir die instinktive Angst vor der Trennung überwinden, würde die Menschheit dauernd in zwei Welten leben und nicht nur in der bekannten.

Die Schriftzeichen

Im Halbdunkel sehe ich an den Wänden viele vorgezeichnete Muster, vermutlich Vorzeichnungen für Wandbemalungen denke ich, schriftähnliche Symbole in Reihen. Ich habe keine Ahnung davon. Als ich sie auf ein Blatt zeichnen will, ist auch das Blatt bereits voll davon.

Plötzlich ist die Woche vorbei

Ich brauche Zeit, um mich zu entschließen, das Dachfenster einen Spalt zu öffnen. Sonnenschein, grüne Tannen, mir wird sofort leicht übel. Wie um alles in der Welt schaffen Menschen es, da draußen herumzulaufen, als wäre nichts?

Ich gehe sehr wacklig eine Stunde spazieren im Wald. Alles wuselt vor unbekanntem Leben, riesige schmale Barakudas in einem kleinen Teich, trockene Blätter hüpfen wie Frösche, Wolkentiere

kämpfen miteinander und und und – und ich mittendrin. Immer wieder ist mir enorm heiß.
Ich bin voller Dankbarkeit, ganz tastend, und da ist auch eine elektrisierende Vorfreude – auf was?

Drei Wochen nach der Dunkeltherapie
Intensive Träume von Verstorbenen und magische Deutung meiner bisherigen Lebensgeschichte halten an. Die hell-dunkel Empfindlichkeit der Augen ist noch erhöht, deutlich verändert ist die Art zu hören. Alltagsgeräusche sind oft eine polyphone, atonale, zwölftonartige Inszenierung.

Die Erscheinung des Todes

Dies ist ein sehr stark gekürzter Bericht. Ich habe alle Ereignisse, die sich mit alltäglichen Sachen, Essen, Schlafen, Teemachen sowie alle Träume ausgelassen.

Kleopatra, 8 Tage Dunkellicht

So, seit ungefähr acht Stunden habe ich wieder das Licht der Welt erblickt und habe sehr vielschichtige Eindrücke erhalten, die ich versuche in Worte zu fassen.

Meine Freundin G., die vor mir in der Dunkeltherapie war, hat mir prophezeit, dass es sich um einen »Nachbrenner« handelt. Die Entwicklung sei damit noch nicht vorbei.

Tag 1
Um 13.30 Uhr näherte ich mich mit einem dicken Kloß im Hals dem Ort des Geschehens. Ich meldete mich noch einmal bei einigen Leuten via SMS ab und verschwand im Funkloch.

Nach einem einstündigen Gespräch mit Holger entließ er mich ins Dunkle. Ich habe meine Eindrücke auf Band gesprochen und lasse euch daran einfach teilhaben.

Ja, liebe Nachwelt, jetzt sitze ich hier seit ungefähr zwei Minuten im Dunkeln ... hab schon ziemlich die Orientierung verloren – sehr spannend, ungefähr wie 7 Tage »blinde Kuh am Stück«, nur ohne Mitspieler.

Holger hat fast einen Anfall bekommen, was ich alles dabei habe, alleine an Taschen. (War gar nicht so schlimm, 6 große Reisetaschen und vier kleinere Einkaufskörbe voll für eine Woche – ist doch nicht zuviel oder? – Männer ... War noch nicht mal mein halber Hausstand und ich brauchte die Rückbank nicht umzuklappen.

Tja, wie soll ich euch das Zimmer beschreiben? Stockdunkel, höchstens 13 qm groß, wobei das Bett französische Maße hat und die Tagesmatte 2 qm einnimmt. Ein marokkanisches Beistelltischchen und ein von mir aus dem Nachbarraum geholter, schienbeinhoher Tisch machen das Mobiliar aus. Eine besondere Schikane stellt die Dachschräge dar. Bei meiner Ankunft erfuhr ich dann, dass der ganze Event einen Tag länger dauert als ich dachte. Ich komme also erst am Donnerstag wieder zur Welt ... Bis jetzt weiß ich noch nicht, was mich hier erwartet, ich bin ziemlich aufgekratzt und nehme das ganze als Abenteuer- und Selbsterfahrungsurlaub. Natürlich frage ich mich im Zwei-Minutentakt, wie ich mich von G. habe anstecken lassen können und wieso ich mich freiwillig, ohne äußeren Zwang und tatsächlichen Anlass, hierhin begeben habe.

Als nächstes werde ich erst mal schauen, ob ich hier im Dunkeln alles wieder finde. Das ist eine echte Herausforderung ... Bei der Anmeldung ist mir vor Aufregung fast die Stimme und die Luft weggeblieben, jetzt ist davon nur noch Freude auf sieben Tage schlafen, nichts tun, nur dösen, schlafen, meditieren ... und in den ersten drei Tagen nicht einmal etwas Essen ...

Nach meiner geschätzten Zeitrechnung bin ich jetzt ca. 45 Minuten im Dunkeln. Ich überlege, was ich jetzt mit diesem großen, dunklen Nichts anfange.

Ein Auge sieht

Eben habe ich festgestellt, dass sich mein rechtes Auge anfühlt, als ob es blind sei und ich nur mit dem linken sehen könnte ..., das linke ist viel klarer und sehender als das rechte. Ein interessantes Gefühl. Rein praktisch sehe ich hier überhaupt nichts, denn es ist stockdunkel, aber mit links meine ich die Konturen des Zimmers und der Einrichtung wahrnehmen zu können.

Weit weg von der Stille

Ich bin sicher noch ganz weit weg von der Leere und Stille wie es mir G. und Holger beschrieben haben.

Als Holger raus war habe ich noch ein bisschen Sport getrieben. Da die maximale Bewegungsentfernung bei zehn Schritten liegt, wird die Muskulatur nicht so sehr beansprucht. Also muss ich was dafür tun, sonst kann man mich hinterher hier raustragen. Der ganze Akt hat ca. zwanzig Minuten gedauert, dann war es mit der Motivation vorbei.

Dann habe ich mir wieder heißes Wasser gemacht und meine Thermoskanne gefüllt – auch sehr spannend im Dunkeln – und jetzt habe ich mein Malzeug aufgebaut und will mal im Dunklen malen. Ich möchte ausprobieren wie es ist zu malen, ohne zu sehen, was es gibt, ohne die Farbe zu sehen, einfach die Bewegung zu spüren. Die ganze rechte Körperhälfte fühlt sich anders an, nicht nur das Auge.

Ich werde wohl betreut, das ist richtig, aber ich habe nicht den Eindruck, dass ich mich hier richtig reinfallen lassen kann und bedingungslos alles von mir preisgeben kann, um meinen Kern zu finden. Allerdings bin ich bisher immer noch sehr kopfgesteuert, schaue, wo ich was tun kann und wie ich mir die Zeit vertreibe.

Ich bin sicher noch ganz weit weg von Leere und Stille. Als Holger heute (es ist ca. 12 Uhr) sagte, na ja, dann bis morgen Nachmittag und mir bewusst wurde, dass ich jetzt fast 30 Stunden niemanden spreche und sich niemand um mich kümmert, wurde mir doch irgendwie komisch. Alle Eindrücke, Visionen und was da sonst noch so kommt sind dann allein mein Ding – komischer Gedanke.
Ich genieße ansonsten auch die Stille.
Ich habe vor, jetzt eine geführte Meditation zu machen und so den Ablösungsprozess von F. und allen anderen Energieverbindungen aus Beziehungen voranzutreiben.

Licht und Schatten
Ich liege hier in meiner Meditationsecke und sehe jetzt das erste Mal Schatten. Es sind finstere, bedrohliche Schatten, die mir wirklich auch Angst machen. Sie halten sich auf der anderen Zimmerseite, mehr an der Decke auf. Ich hoffe, da bleiben sie auch. Sie schweben dort, als ob sie sich jeden Moment auf mich stürzen möchten. Sollte das der Fall sein, werde ich mich dem auch stellen.
Ich habe den Eindruck, dass es hier hell ist von irgendwoher. Das Fenster lässt sicher kein Licht durch, das Licht ist hinter mir und sieht aus wie Mondlicht. Im Grunde fühle ich mich in meinem Zimmerchen hier ganz wohl, vor allem, wenn die Tür zu ist. Die Dunkelheit gibt mir auch Geborgenheit.

Ich habe einen Aktionsschub hinter mir. Ich habe etwa anderthalb Stunden gebadet und mich dann in meinen Hausanzug gekuschelt. Anschließend habe ich wieder meine Vitamine genommen und einen Liter O-Saft getrunken. Ich habe mir einen leckeren Tee gemacht und liege wieder auf meiner Matte.

Ich bin fast sicher, dass hier Licht ist, aber es ist wohl mein eigenes Licht.

Wenn ich über Sachen nachdenke, die ich zum Beispiel gestern gemacht habe, stelle ich fest, dass ich diese Erinnerungsbilder im beleuchteten Raum sehe. Ich habe auch nur, wenn ich bewusst von A nach B will oder bewusst etwas suche, den Eindruck, ich sehe nichts. Sonst ist die Dunkelheit nicht wirklich dunkel.

Weiterhin sehe ich von rechts ein Licht, egal wo ich stehe und gehe.

Sonst passiert nicht so viel Spannendes. Ich frage mich mittlerweile schon fast ein bisschen knurrend, ob es das jetzt ist oder ob da noch etwas kommt, ob sich die ganze Sache soooo lohnt und das jetzt wirklich der Bringer ist. Vielleicht bin ich einfach zu ungeduldig und erwarte zuviel, sodass ich nicht offen genug bin. Vielleicht höre ich zuviel Musik. Im Moment bin ich ziemlich frustriert.

Es ist doch ganz schön spannend, was hier passiert. Einerseits geschieht nicht viel, andererseits dann doch. Scheinbar habe ich hier das Medium Traum ausgesucht, um meine Dramen zu bearbeiten. Holger kam gestern Abend nicht mehr. Ich war darüber ziemlich stinkig, was meine Annahme der mäßigen Betreuung nur bestätigte. Auch wenn es hier ein Bereich ohne Raum und Zeit ist, sollte er sich wenigstens vergewissern, dass soweit alles ok ist. Er hätte sich ja abmelden können.

Anmerkung
Über den Sinn der Unpünktlichkeit
Als Menschen erwarten wir eine dauernde Betreuung von anderen, Anstand, Form und Kontakt. Wir sind sehr abhängig von diesen Formen des Umgangs. Aber es sind starke Bindungen ohne wirklichen Halt. Je nach Person versuche ich, dass sich kein Rhythmus

meines Kommens und Gehens einstellt, weil die Klienten sich dann sehr schnell darauf einstellen und beginnen zu warten. Mein Besuch sollte überraschend kommen, eben um dem Warten vorzubeugen. Viele sind anfänglich darüber enttäuscht und werfen mir Unpünktlichkeit etc. vor, wenn ich jedoch eine Regel einhalte, fühlen sie sich ebenfalls schlecht, weil sie dann Opfer ihrer Erwartung werden. Unregelmäßiges Kommen und Gehen hält das Bewusstsein wach und unabhängig. Das ist sehr wichtig in der Dunkeltherapie. Leute, die länger in der Dunkelheit sind, bevorzugen die Überraschung!

Ich habe geschlafen mit drei Träumen.
Dann fiel ein Eiszapfen vom Dach und ich wurde dadurch wach.

Es ist interessant, was sich jetzt doch alles ergibt. Nicht dass es Sachen wären, die nicht auch im Licht entstanden wären, aber sicherlich nicht in der Tiefe.

Die Gedanken mit dem Tod und um den Tod hätte ich im Licht nicht in der Tiefe betrachtet wie hier. Wo obendrein noch alles dunkel ist und ich aufgebahrt liege wie in der Gruft.

Anmerkung
Die Seinserfahrung
In der Tat, in der Dunkelheit ist alles wie im Licht; nur, dadurch, dass es dunkel ist, bekommen alle Gedanken und Gefühle ein größeres Gewicht und werden intensiver erfahren – und darum geht es! Es geht um Tiefenerfahrung, um Seinserfahrung. Höchste Erfahrung des Seins befreit uns von allen Problemen, wir stehen dann über dem Irdischen, im Überirdischen! Seinserfahrung ist das Ziel der Dunkeltherapie. Der Mensch erfährt im Allgemeinen das Sein nur in seiner allergröbsten Ausprägung, gefiltert durch die seichten Ansichten anderer Menschen, gefiltert durch willkürliche Kulturmaßstäbe, gefiltert durch Gefühle, die durch Überreizung überlastet und abgestumpft

sind, gefiltert durch ein in festgelegten Kategorien zurechtgestutztes Denken, das ebenfalls durch Dauerdenken und die dadurch entstehende Reizüberflutung zu einem erloschenen Denken geworden ist. Dunkelheit soll helfen die Dinge neu zu sehen, also so, wie sie sind. Zumindest ein Stück, wie sie sind.

So etwas sollte jeder einmal gemacht haben, auch sieben Tage lang. Nach den ersten zwei Tagen war nicht so viel Tiefe, das kommt erst jetzt so nach und nach.

Flackern und Glühwürmchen

Ich hatte gerade eine interessante Meditation.
Ich hörte die CD mit der Musik der Inkas. Ich hatte heute den ganzen Tag schon Lichteffekte vor meinen Augen. Es sah aus, als würde eine Kerze von einem Windhauch ins Flackern gebracht werden. Das Flackern blieb mit geschlossenen wie mit geöffneten Augen. Eine andere Erscheinung waren Glühwürmchen, die scheinbar durch mein Zimmer schwebten.

Glückseligkeit

Auch während der Meditation. Das Flackern begann rechts und ging dann nach links rüber. Danach waren die Augen hell bestrahlt, als ob mir eine Lampe ins Gesicht gehalten würde. Ich habe darum gebeten, dass das Licht auch mein drittes Auge durchflutet und ich lerne auch, damit zu sehen. Nach einer Weile zeichnete sich ein Dreieck vor meinem Auge mit einem Auge in der Mitte ab. Ich hob die Arme nach oben, wie bei einem Sprung vom Sprungbrett. So tauchte ich in dieses Auge ein. Je weiter ich da durch war, ließ die Helligkeit im Auge nach. Als ich komplett durch dieses Auge geschlüpft war, durchflutete mich ein derartiges Glücksgefühl, das ist nur sehr schwer zu beschreiben. Es erfüllte jede Zelle mit Harmonie, tiefstem Frieden und Glückseligkeit … eigentlich gibt es keine Worte dafür. Von rechts oben kam wieder der Lichtschein, allerdings diesmal wärmer, heller.
Gestern bin ich mit Delphinen geschwommen, ich war einer von

ihnen und tanzte durch das Wasser. Leider konnte ich mich nicht mit ihnen verständigen. Aber ich habe mich sehr wohl gefühlt.

Viel und nichts
Irgendwie passiert viel und irgendwie auch nichts.
Ich weiß nicht, ob ich das noch mal machen würde.

Ich werde jetzt einfach mal ein bisschen dösen und mich von den grauen Farben bestrahlen lassen. Die bringen es ja bei mir wirklich.

Hab wieder ein bisschen meditiert und geschlafen und mich weiter aktiv von F. verabschiedet und wieder ein Ströphchen geheult.

Langsamkeit
Gerade habe ich mir noch ein Häppchen zu essen gemacht. Ich bin stark verlangsamt. Ich habe ganz bewusst eine Banane gegessen, bewusst gemerkt, wie die einzelnen Zellen zersprungen sind und dabei fiel mir auf, wie viel an Eindrücken mir durch mein Leben auf der Überholspur verloren geht. Ich merke sogar beim Kauen welche Zähne aufeinander treffen.
Es ist wohl Ziel des Lebens, mit voller Bewusstheit das zu tun, was man in dem Moment gerade tut? D. h. bewusst hier zu sitzen und zu sprechen, zu schreiben und sich auch dessen bewusst zu sein!
Am Abend hatte ich eine spannende Sensation. In meinem rechten Auge entwickelte sich eine Helligkeit, die immer stärker wurde. Aber nur rechts. Ich hatte erst gedacht, ich habe die Augen auf, aber sie waren zu. Links habe ich es gemerkt, dass das Auge zu war, rechts nicht.

Geisttiefe
Als ich Holger in der mir eigenen, direkten Art fragte, was er gestern beim *scannen* (also dem Einleitungsgespräch) erfasst hat, druckste er herum: »Na ja, wenn du mich schon direkt fragst ...

Ich habe bemerkt, dass du an der Oberfläche eine sehr klare und direkte, durchstrukturierte Persönlichkeit bist, die weiß, was sie will und das dann auch tut. Aber innendrin in uns, tief unten im Meer des Seelenozeans ist eine große Stille, zu der man nur kommt, wenn man still wird. Es scheint mir bei dir ein weiter Weg bis dorthin zu sein; zudem kommt in deinem klaren Charakter die Intuition zu kurz. Dafür musst du stiller werden. Dann kommst du an die Kraft und das Potential und an mehr Effektivität in der Arbeit. Der Wesenskern kann nur erreicht werden, wenn man ruhig wird, weil er selbst ruhig ist, aber das ist keine Sache, die man mit dreißig oder vierzig erreicht, darüber wird man alt.
Die westliche Kultur als Ganzes hat kein Verhältnis zur Geistwelt. Das wirkt sich natürlich auf jeden Einzelnen aus. Selbst Personen mit einer gewissen Begabung das Geistige leise zu spüren, werden von der kulturellen Missachtung gestraft und können so ihre Fähigkeit nicht entwickeln. Wer sich in der abendländischen Welt der Klarheit des Geistes verschreibt, wird mit psychiatrischen Begriffen versehen.«

Das ist heftig und geht tief

Holger hat mich heute das erste Mal gefragt, ob ich unter der Dunkelheit leide. Das ist es aber nicht. Es ist dieses untätige Rumhängen und nichts tun, nichts Produktives gestalten oder planen zu können. Das Sitzen und Warten, dass die Zeit vergeht, es aber auch gleichzeitig zu genießen, dass man nichts tun kann.
Ich sehne mich nach Licht, Sonne, Sauerstoff. Ich weiß nicht, ob ich ein solches *Event* noch mal machen würde ... ein paar Tage vielleicht, aber keine Woche. Das ist heftig und geht tief. Aber dazu ist es ja da.
Übermorgen, wenn ich rauskomme, ist Vollmond. Das ist der Tag, an dem ich das Licht der Welt wieder erblicke, wie symbolisch.

Die Nacht der Nächte

Das war die Nacht der Nächte heute. Meine Güte, wenn so die ganze Woche gewesen wäre, ich wäre reif für die Klapsmühle.

(Im Wachzustand – obwohl ich das erst nach einiger Zeit realisierte.)
Ich spürte, dass es kälter wurde im Zimmer, vor allem von unten, von den Füßen und im Gesicht. ... Da ich das mit der Wärme am Fußende im Halbschlaf nicht geregelt bekam, habe ich die Augen geöffnet und wollte nachschauen, was da los ist. Am Oberkörper war ich allerdings warm, fast heiß.

Ich öffnete also die Augen und erschrak im wahrsten Sinn des Wortes zu Tode. Am Fußende saß ein Mann an meinem Bett, behaftet – mit Ausnahme der Sense – mit allen Attributen, die man sich so zum leibhaftigen Tod vorstellt. Er hatte ein stark eingefallenes Gesicht, fast einen Totenschädel, knochige Hände, eine braune Kutte aus einer Art Jute, einen schwarzen Gürtel, eine Kapuze, die zurückgeschlagen war, daher konnte ich sein schütteres, weißes Haar sehen.
Meine Nase war kalt, die Temperatur im Raum war niedriger als sie eigentlich hätte sein müssen.

Er sah mich ruhig an. Ich saß wie ein hypnotisiertes Kaninchen in der obersten Ecke meines Bettes. Ich zitterte am ganzen Körper. Ich fragte: »Bist du der, der ich denke, dass du es bist. Wenn ja, was willst du von mir?«
»Wer sollte ich sonst sein. Du weißt, was ich will!«
Mir wurde das zu heftig (innerlich suchte ich die Fernbedienung zum Umschalten und versuchte die Augen zu öffnen. Schade, die waren scheinbar schon offen.) Mit einem Satz sprang ich aus dem Bett, in der Hoffnung der Tod bleibe im Zimmer. Ich flitzte ins spürbar wärmere Bad, obwohl dort die Heizung ausgedreht war und das Fenster weit offen stand. Dort war Licht, denn es war fast Vollmond, der gerade direkt ins Fenster schien.
Ich klapperte vor Angst, Kälte und Aufregung mit den Zähnen, irgendwann ging es in verzweifeltes Heulen über. Ich hatte viel in der Dunkelkammer erwartet, aber nicht eine derartig konkrete Frage und Darstellung meines bisherigen Lebensthemas.

Als mein Puls wieder unter 200 Schlägen pro Minute war, fasste ich mir ein Herz und ging zurück ins Zimmer. Wenn ich in der Panik meine Decke mitgenommen hätte, hätte ich den Rest der Nacht im Bad im Mondschein verbracht. Ich ging ins Zimmer, schlüpfte unter die Decke und zog sie bis zur Nase. Ich konnte im Moment nicht feststellen, ob er noch da war. Ich machte vorsichtig die Augen zu, alle Antennen auf Empfang. Nichts passierte. Ich begann mich zu entspannen.

Da, wieder das Kältegefühl. Ich riss erschrocken die Augen auf. Da war er wieder. Der Tod hielt in jeder Hand eine Kerze und streckte mir beide entgegen. Er hielt mir die kleinere Kerze entgegen, die nicht mehr als der Boden einer Stumpenkerze war. Die andere Kerze war noch etwa halb hoch.
Ich fragte: »Was willst du von mir?«
»Ich möchte von dir eine Entscheidung.«
»Wie bitte? Was heißt entscheiden?«
»Ja, entweder jetzt, das Datum kennst du«, dabei streckte er mir die kleine Kerze entgegen, »oder in 45 Jahren, wie wir es abgesprochen haben.«
»Wie bitte, abgesprochen?« (Wer hat sich mit wem geeinigt??? Ich weiß von nichts – das muss von anderer Ebene her entschieden worden sein.)
»Ja«, sagte der Tod, »auch über den Zeitpunkt haben wir gesprochen.«
Moment mal, was läuft hier für ein Film? Was passiert hier überhaupt? Ich merkte, wie ich begann, rational über seine Frage nachzudenken und das für und wider beider Varianten zu überdenken. Ich war zwar immer noch in Panik, aber das Denken klappte schon.
»Wenn ich mich für jetzt entscheiden würde, was wäre denn dann? Sterbe ich dann an Krebs?«
»Nein, wir hatten uns auf einen Unfall geeinigt, damit du nicht leidest.« Erstaunlicherweise hörte und fühlte sich das für mich total verlockend an. Und ich dachte, noch 45 Jahre? Das war

nicht verlockend. Die kleine Kerze brannte immer weiter herunter, die große zwar auch, aber das fiel nicht so auf. Und der Tod blieb immer noch da sitzen. Ich fragte: »Was willst du noch?«
»Überlege es dir ganz genau!«
»Und ich würde nicht an Krebs sterben?«
»Nein, nein, so oder so nicht. Du schläfst einfach ein und wachst nicht mehr auf.«
(So ein Mist. Beide Tode waren nicht so dramatisch für mich). Ich begann wieder zu zittern und klappern und bekam wieder Angst, denn die kleine Kerze flackerte schon sehr bedenklich. Ich sauste raus aus dem Bett ins Bad und setzte mich wieder ins Mondlicht und heulte wie ein Schlosshund. Durchgefroren bin ich später erneut zurück und er war weg. Ich habe noch lange im Bett gesessen und überlegt: So ein Mist! Dein Wunsch zu gehen, kann jetzt wahr werden; was aber passiert dann?

Darüber bin ich dann erschöpft eingeschlafen.

Ich bin wach geworden, durch eine Hand, die mich an der Schulter berührte. Ich bin hochgeschossen, ich weiß gar nicht wie viele Gedanken mir da gleichzeitig durch den Kopf schossen. Ich dachte, es wäre wieder mein spezieller Besucher. Ich rief : »Ich hab mich noch nicht entschieden, lass mich in Ruhe!«
Eine Stimme sprach zu mir aus der Dunkelheit, warm, sanft und vertraut: »Du hast mich nicht gehört, entschuldige, ich wollte dich nicht erschrecken, ich war schon drei Mal hier.« Es war Holger: »Ich habe dir deinen Tee gebracht und hier hingestellt.« Ich fiel ihm ins Wort und wimmerte fast: »Kommst du nachher noch auf ein Gespräch?« »Ja!« Er drehte sich um, kam dann noch mal näher: »Geht‘s dir nicht gut?«
»Nein, geht mir nicht gut!«
»Ja, ich bin gleich wieder da!«

Er kam zügig wieder hoch und setzte sich vor mein Bett, hielt mit festem Griff meine Hand und hörte zu, was ich stammelte und erzählte. Zu dem Zeitpunkt war ich mir nicht darüber im Klaren, ob es sich um eine Erscheinung oder einen Traum handelte. Erst als ich später im Bad war und die Klorolle auf dem Boden stand, an der Stelle, wo ich saß und den Mond anheulte und nach Fassung rang, war mir klar, es war Realität gewesen.

Selbstbefragung zum Daseinssinn

Auch Holger meinte, dass es einige Hinweise dafür gäbe, dass es sich hierbei um eine reale Begebenheit handelte.

Seine Meinung dazu war: »Es geht bei dir um eine tiefe, spirituelle Frage, eine Entscheidung für oder gegen dein Leben zu treffen. Nutze den Tag heute und schau hinein und stelle dir immer wieder die Frage »Wer bin ich?« und versuche zum tiefen Wesenskern deines Seins vorzudringen und die Frage tief zu beantworten. Er erklärte mir noch, dass meine Hobbys und meine Bereitschaft zu gefährlichen Sportarten wie Tauchen, Fallschirmspringen etc. ein Indiz dafür seien, dass ich bereit sei, diese Erfahrungen der anderen Seite zu machen. Tief innen in mir sei aber schon eine Entscheidung getroffen worden, nämlich die für meinen Beruf(ung) der Naturheilkunde und des Helfens. Und alle Erlebnisse dienten letztendlich dazu, den anderen Menschen noch besser zu helfen, dadurch dass ich die meisten Erfahrungen selbst gemacht habe. Die Erlebnisse des nahen Todes und der Gefahren sind andererseits nur Inszenierungen der Oberfläche, um zu verhindern an den Wesenskern zu gelangen. Ich solle in Meditation gehen und nachschauen, was ich da entdecke, damit ich meine Entscheidung treffen kann.

Ich habe also den Tag damit verbracht, mir den Angstschweiß vom Körper zu baden und mir in allen Lagen Gedanken zu machen über den Satz: »Wer bin ich?« In einer Meditation kamen auch sehr angenehme Bilder.

Ich stellte die Frage und bekam zunächst über Worte die Ant-

wort: »Ein Wesen, das sich geirrt hat auf die Erde zu kommen und hier eine Person darstellt, die zu bequem ist hier zu bleiben und sich den Anforderungen zu stellen.«
»Was ist mein wahrer Kern?«
»Jemand der Trost und Hilfe bieten kann, der Perspektiven aufzeigt und Wege sichtbar werden lässt.«

Und dann bekam ich ein Bild von einer schroffen Vulkanküste, an die die Wellen des Meeres heranklatschten. Das war mir nicht genug, denn das war nur die Oberfläche. Ich tauchte ein in das Meer, tauchte tief hinab bis auf den Grund. Dort sah ich eine Öffnung aus der kontinuierlich Lavaströme herausflossen und sich ins Meer ergossen und es teilweise auch zu heftigen Eruptionen kam.
Als ich die Frage »Wer bin ich?« noch einmal stellte, sah ich einen sehr verschmutzten Fluss, der sich langsam durch die Landschaft schob. Das Wasser kam an eine Staustufe. Hinter dieser Stufe war das Wasser zwar noch lehmig, aber nicht mehr stinkend und hinter der nächsten Stufe war es noch klarer. Es kam dann ganz klar im Meer an. Ich tauchte hinab ins Meer und sah mich in zwei Wracks (die ich beide aus der Realität kenne). Dann bin ich eingeschlafen.

Rückkehr des Todes
Nach diesem Traum war ich einige Zeit wach. Auf einmal kam wieder ein kalter Lufthauch und ich hatte wieder den Eindruck, dass sich die Temperatur absenkt. Mir gefror das Blut in den Adern und ich begann schon vorab zu zittern. Ich zog mir die Decke bis zu den Augen. Zunächst geschah nichts.

Ich schaute vorsichtig zum Fußende und erwartete den Sensenmann zu sehen und hoffte gleichzeitig, dass er doch nicht wiederkäme. Zu meiner großen Überraschung saß am Fußende R. (mein vor zweieinhalb Jahren tödlich verunglückter Freund). Er hielt die große Kerze in der Hand, die ich von der Nacht vorher schon kannte. Er sagte, das Universum wolle mich da oben noch nicht haben, obwohl sie mir die Entscheidung überlassen. Jedoch ist er geschickt worden, um mich zu unterrichten, dass es für mich auf der Erde noch genug zu tun gibt und ich der ganzen Gruppe mehr diene, wenn ich mich entscheide hier zu bleiben. Sollte ich mich für die kleine Kerze entscheiden, wäre alles, was ich bisher geschaffen habe, verloren und ich müsste mit allem wieder von vorne beginnen.

Er streckte die Hand aus und hielt mir die Kerze entgegen. In mir schoss eine überwältigende Welle abgrundtiefer Sehnsucht hoch. Ich hätte schreien können, so sehr tat es weh. Er lächelte und meinte mit seinem verzaubernden Charme: Er hätte mich lieber irdisch, als dass ich jetzt schon zu ihm käme, er würde warten und dort, wo er sei, seien 45 Jahre nur ein Fingerschnipp. Dann verloren sich die Konturen und er verschwand. Der Raum wurde spürbar wärmer.

Das war zuviel. Ich heulte hemmungslos los, das was ich in der Zeit, die er nicht mehr hier ist, fast nie gemacht habe. Es zerriss mich. Warum durfte er gehen, gerade als ich diese Liebe kennen gelernt hatte. Das Universum hat sadistische Züge.
Danach schlief ich erschöpft ein.

Ende der Dunkelheit

Morgens
Was für ein Gefühl, zu sehen und sich im Licht zu waschen, zu wissen, dass einen nur noch wenige Minuten von der Freiheit, dem Licht und der Natur trennen. Ich bin gespannt, wie sich mein Gleichgewichtssinn draußen verhält.

Was für ein Grün, was für Farben, welch Licht, das Zwitschern, die Waldluft !!!!!!!!!!!!!

Anmerkung
Von den über 30 Seiten Text habe ich nur einige Abschnitte ausgewählt. Die nicht aufgeführten beschäftigen sich im wesentlichen mit Essen, Toilettemachen und Reflexionen über die Freunde. Die Frau war im Wesentlichen mit Tun beschäftigt, in zweiter Linie mit ungelösten Problemstrukturen. Von ihr aus kam kein Vorstoß ins Geistige. Allein die Dunkelheit erzwang die Licht- und Todeserfahrung. Dieses Fallbeispiel zeigt sehr schön, wie Schwarzlicht durch sein massives Auftreten helfen kann, bei denjenigen zumindest kleine Erfolge zu erzielen, die keinen Halt im Geistigen haben oder die sich, wie so viele, überhaupt nicht vorstellen können, was damit gemeint sein könnte.

Eine beschwingte Bilderreise

Wer des Weges sicher sein will,
auf dem er wandelt,
der muss die Augen schließen
und im Dunkeln gehen.

Johannes vom Kreuz

Kurtisane, 2 Wochen ohne Lichtstrahlen
Schlaf. Dann nach endgültigem Aufwachen sofortige Klarheit, wo ich bin und was ansteht.
Der erste Tag begann mit Farbprojektionen. Vorherrschend war die Farbe rot, dazu ein tiefes, strahlendes Blau, gelegentlich grün und sehr schnell das warme Licht einer Lampe hinter mir, die zeitweise den ganzen Raum erhellte. Beginn fließender Bilder. Erst ein Frauengesicht, nach oben gewandt, still in sich ruhend. Von links unten nach links oben. Dem folgten gefaltete Hände, gleiche Fließrichtung und dann nochmals das gleiche Frauengesicht, diesmal den Mund aufgerissen, wie im Schrei.

Ich wache morgens auf mit einem brennenden, langsam ringförmig nach außen strahlenden Schmerz. Im Laufe des Tages wächst er zu einem sehr großen Schmerz, der über die Rückseite der Beine bis in die Füße zieht. Dies hält mich aber nicht davon ab, mit den Bildern, die immer stärker auftauchen, und den Meditationen und Übungen zu gehen.

Ich sitze in Meditationshaltung und merke, wie vor meinen Augen eine weiße, reliefartig geschmückte Wand – aber nicht glatt und aufgerichtet, sondern wie eine Bergwand – auftaucht. Immer wieder wird ein Relief punktartig aus dem Ganzen durch Lichtbestrahlung hervorgehoben und erscheint deutlicher. Mal ist es ein Paar, mal Tiere, mal einzelne Menschen, Blumen, rankenartig verziert. Sie bleiben für einen Moment und verschwinden dann wieder. Ich versuche zu fixieren, doch es gelingt nicht.

Da gehe ich zurück in die Meditation. Lasse die Bilder an mir vorüberziehen und beachte sie nicht. Zeit spielt keine Rolle. Öfters kommt aber das Gefühl, jetzt will ich aufhören. Aber wie mit Holger besprochen, gehe ich über diese Hürden hinweg. Plötzlich tauche ich mit einem Schrecken ganz tief und wie von weit her auf und vor mir auf der »Wand« zeigt sich ein strahlend weißes Berggebilde. Ich bin wie in tiefem Schrecken über das Bild, das real aber nichts Furchtbares an sich hat.

Die »Wand« verändert ihre Farbe und Beschaffenheit. Sie ist jetzt aus einer tonähnlichen Konsistenz und von roter bis dunkler Farbe. Es zeigen sich fellartige Ausschnitte, die ich nicht zuordnen kann, bis ich merke, dass dies alles Teile von Tieren sind. Die Bilder weiten sich aus und Augen und Ohren, Schnauzen und Rüssel werden erkennbar. Irgendwann kann ich die Tierarten unterscheiden und Reh-, Hasen-, Hunde- und vor allem immer wieder Wildschweinköpfe erkennen.

Ich werde zunehmend fassungsloser, was alles aus mir heraus

entsteht. Ich kann es fast nicht glauben und doch geschieht es einfach. Der Raum, in dem ich sitze, verwandelt sich in unterschiedliche Räume, die bis in die kleinste Kleinigkeit dargestellt werden. Ein alter Dachstuhl, in dem alles Mögliche gelagert ist. Ein Zimmer, wie in einem englischen Landhaus, ein Kellergewölbe mit Steinwänden und viele alte Gegenstände, auch Bauschutt. Alles Bilder und Darstellungen, die mich fast bis zum Schluss begleiten werden, wie ich im Laufe der Tage feststelle.

Natürlich denke ich darüber nach, was dies zu bedeuten hat. Immer wieder wird das Zimmer, das ja in vollkommener Dunkelheit liegt, von einem riesigen, hell erleuchteten Dom überspannt.

In diesen Räumen findet andauernd Bewegung statt. Vor allem Katzen tauchen auf, eigentlich immer schwarze. Hunde gesellen sich dazu. Kühe, Lämmer, kleine Tiere wie Hasen, Mäuse, Ratten, Eidechsen. Gelegentlich auch wildere, dämonische Arten. Und immer Bewegung. Manche springen auf mich zu, kommen von der Seite, setzen sich auf meinen Schoß. Aber immer, wenn ich sie berühren will, verschwinden sie.
Später werden die Tiere, die sich ununterbrochen bewegen, immer kleiner. Plötzlich kriechen sie aus der Wand, hüpfen hin und her. Es gibt zwei Arten von Erfahrungen. Die eine zeigt sich in Form immer kleiner werdender Tiere bis hin zu Insekten, die andere in Form großer Fische, bis auch diese immer kleiner werden. Zuerst finde ich dies spannend, mit der Zeit wird es äußerst lästig. Ich will Ruhe haben und meditieren, aber ob die Augen geschlossen sind oder offen, diese Wesen verschwinden nicht. Ich erkenne, dass sie Ausdruck meiner Gedanken sind und dass sie, weil ich so unkonzentriert bin, in dieser Wuseligkeit auftreten.

Ich bin auch immer noch fassungslos, was es alles gibt und wie weit das menschliche Spektrum sein muss – wie wenig davon wir wirklich leben und was noch alles entwickelt werden kann. Ich berichte von meiner Verzweiflung, kein wirkliches Gottesbild zu haben und höre, dass dies auch nicht einfach so mal hergeholt werden kann. Da muss ein wirklicher Anlass bestehen, eine innige Sehnsucht, Bedürfnis, tiefes Bitten darum und tiefe Versenkung darin.

Anmerkung

Gott – Das Gesetz der Einheit

Was ist der Grundirrtum aller Spiritualität oder Religion?: Dass es einen Gott gibt, losgelöst von den Erscheinungen der Welt. Man stellt sich einfach eine Person, eine Überperson vor, einen Vater, eine Mutter, ein Wesen. Aber es gibt keinen Gott, es gibt die Natur als Ganzes als Gott. Da ich zur Natur zähle, bin auch ich Gott. Wir wollen die Natur loswerden und uns mit Gott vereinigen. Wie soll das gehen? Gott ist das Ganze, alle Planeten, alle Kosmen und alle Wesen darin und alle Erden, alle Himmel und alle Leerräume. Man mag das als persönliche Meinung betrachten. Gut! Wer ein solch personenbezogenes Gottesbild besitzt, erlangt jedoch niemals Gotterkenntnis! Gott kann nur in allem und in jedem erkannt werden, als ein Gesetz des Daseins, das alle Dinge und Zustände durchwebt. Was aber ist das für ein Gesetz? Es ist das Gesetz, das alle Dinge vereinigt, auf den kleinsten gemeinsamen Nenner bringt. Damit wird alle Vielfalt auf einige oder gar nur ein Gesetz reduziert und dieses Gesetz könnte man dann Gott nennen. Wer nun dieses Gesetz erkennt, erfährt und schließlich wird, der nur erlangt eine so genannte Gotterkenntnis, sprich Einheitserfahrung.

Ich weiß, für die meisten ist das zu billig, zu wenig mystisch. Aber das hier nur am Rande.

Ich stelle fest, dass mir die Gespräche im Dunkeln, die mir am Anfang seltsam, auf jeden Fall ungewohnt erschienen, viel Struktur und neue Erfahrungen ermöglichen.

Anmerkung

Das Gespräch in der Dunkelheit

Das Gespräch in der Dunkelheit ist fast unvermeidlich. Die Menschen in der Dunkelheit bedürfen eines gewissen Außenweltkontaktes, der ihr Leben strukturiert. Ohne Gespräche versacken viele schnell in einem einmal festgelegten Erlebnisstrang und können sich alleine nicht mehr daraus befreien. Ihnen fehlt gelegentlich auch der Überblick über das, was passiert. Das Gespräch löst diese Kurzsichtigkeit auf und ermöglicht einen neuen Anfang. Viele, die anfangs kein Gespräch wollen, bitten bald darum. Das Gespräch hebt Probleme hervor und damit auf, es zeigt Linien im Entwicklungsverlauf auf, die man alleine nicht erkennen kann, es befreit von eingefahrenen Denkschienen und emotionalen Stagnationen. Ohne Gespräch ist Dunkeltherapie fast nicht möglich. Die Dunkelheit befreit nämlich nicht nur von Fixierungen, sie erzeugt durch den Mangel an Abwechslung auch neue und da setzt das Gespräch ein.

Das Wasser der Seele

Dann setze ich mich wieder zur Meditation. Finde gelegentlich sogar zu einem Gefühl von Freude und Glückseligkeit dabei. Auch da tauche ich wieder wie mit einem tiefen Schrecken aus einer mir unbekannten und nicht wahrnehmbaren Tiefe hervor.

Ich bin inzwischen glücklich, in regelmäßigen Abständen ausdauernd und intensiv meditieren zu können. Das wird zum Bedürfnis und macht Freude und lässt oft Glückseligkeit aufkommen. Dabei scheinen regelmäßig folgende Hintergrundabbildungen auf: Freskoartige Ton- oder weiße Gips- und Specksteindarstellungen. Nach Ruhigwerden und Versinken, beginnt, ruhig und gleichmäßig, klares Wasser die schräge Wand herunter zu laufen. Ich freue mich daran. Weniger mag ich es, wenn Schmutzpartikel, blutiges oder gar düsteres Wasser am Fuße der Wand auftauchen. Ich merke, wie ich immer noch urteile und bewerte. Alles kontrolliere ich, versuche mich in eine Richtung zu bringen, anstatt leer zu werden. Die Folgen sind natürlich dementsprechend. Genauso stelle ich regelmäßig fest, dass ich dann nicht einfach sehe, was passiert, sondern den Erscheinungen ganz schnell Namen und Bezeichnungen gebe.

Anmerkung
Seelenwasser
Das Wort Seele kommt von See. Seele ist wie Wasser. Alle Wasserzustände beziehen sich auf Seelenzustände. Hier steht klares Wasser für einen seelisch befreiten, reinen Zustand, trübes Wasser für mentale Trübheit.

Anmerkung
Sprache aus Angst
Wir sprechen häufig aus Angst, wir geben Bezeichnungen und reden aus Angst, um nicht nachdenken zu müssen. Vielredner sind Nichtdenker, Nichtfühler. Nichtredner aber ebenso häufig. Ob nun geredet oder geschwiegen wird aus Angst, das bleibt gleich. Hier ist eine besondere Angst angesprochen – die vor der eigenen Existenz. Im Allgemeinen meint man zu wissen, was Existenz ist und was man darin zu tun hat. Dem ist keineswegs so, diese Anschauung gehört zu den Angstmechanismen, die das wahrhaft tiefe Denken über die Existenz unterbrechen sollen. Die menschliche Situation ist an sich grauenhaft: Wir wissen nicht, was Existenz ist und wozu sie dienen soll und wir durchschauen das Leben als eine Kette von Betrugsmanövern, um nur nicht nachzudenken über das Leben, denn wir könnten keine Antwort geben, niemals eine Antwort finden, ebenso wenig wie andere. Das Leben ist also ein bewusstloser Akt und etwas Wahres ist darüber nicht zu sagen. Das weiß jeder, der tief empfunden hat, wer es nicht weiß, hat bisher nicht wirklich sein Empfinden überprüft – aber fast hundert Prozent der Menschheit haben nicht tief empfunden, tief nachgedacht, denn sobald wir mit diesem Spiel des Nachdenkens beginnen, endet es regelmäßig im Nichts oder vor einer leeren Wand. Der Mensch scheint nicht gebaut, um Wahrheit zu ergründen. Deshalb die weltweite Resignation. Man entscheidet sich dann einfach mitzuleben, alles gehen zu lassen. Theorien über das Leben helfen zwar sich einzubilden, man hätte ein System gefunden, aber alle Systeme sind Trugschlüsse, sie sollen nur die Angst mildern helfen. Das Leben ist nicht ergründbar. Das bemerkt jede/jeder in der Dunkelheit sehr schnell. Alle Versuche wider besseres Wissen

scheitern. Kleine Schritte, die wir versuchen, helfen uns zu überleben, nicht aber das Leben zu erleben.

Daher ist Dunkeltherapie so überaus schwierig, denn man stellt sich immer irgendwann die Frage nach dem Sinn. Und Antworten gibt es keine, sofern man nicht einfach irgendwelche Worte ins Spiel bringt, also ein Kategoriensystem sich anschafft, mittels dessen man die Angst und die Leere zudecken kann.

Dunkeltherapie zeigt diese Wahrheit nur gelegentlich auf, obwohl wir sie ja beginnen, um eben diese Wahrheit zu finden. Wir suchen viel zu konkretistisch nach Wahrheit, wir wollen etwas in der Hand halten. Wir beschreiben Wahrheiten in Worten, aber Worte können die Wahrheit nicht aufzeigen. Wir umgeben uns auf diese Weise mit Pseudowahrheiten, mit Systemen von Irrlehren, Religionen, Wissenschaften – aus Angst, die große Leere könnte uns schlucken und sie tut es, sobald die Lehren und Systeme in der Dunkelheit nachgeben, zerbrechen. Andererseits meinen wir zu wissen, dass die große Leere Gott ist, und wir hoffen, dass alle Wahrheiten und Worte zerbrechen. Doch selbst in der Dunkelheit lösen sich nicht alle Ordnungssysteme auf, nur einige und die geben uns tiefe Einsichten in die zugrunde liegende Struktur. Ich habe auch keine letztendliche Lösung, ich sehe nur das Problem.

Imaginative Tonwelten

Klar ist, dass bei mir die visuelle Wahrnehmung überwiegt. Regelmäßig und immer häufiger entstehen aber auch Tonphänomene wie Klingeln, Glockenläuten, Glockenspieltöne und eine immer wiederkehrende Melodie. Ich höre einzelne Geräuschphänomene wie Schritte auf dem Dach, die mit der optischen Wahrnehmung von Licht, das durch die Badezimmerluke fällt, einhergehen. Ich kann es bis heute fast nicht glauben, dass dies nicht wirklich geschehen ist, da es so deutlich war. Bei den gehäuft auftretenden Katzen höre ich gelegentlich das Kratzen der Krallen auf dem Betttuch und das Schnurren. Allerdings, immer wenn ich den Tastsinn ausprobieren will, verschwinden sie. Häufiges Trommelspielen lässt sich aus der immer wieder anspringenden Heizung erklären. Aber trotzdem höre ich da gerne zu ... Neben den geschilderten Geräuschen meine ich einen davon getrennten, dauerhaften Ton wahrzunehmen, den ich aber nie als Urlaut bezeichnen würde.

Mein Wesenskern – Gotteslicht oder Seelenlicht?

Die Frage nach spirituellen/philosophischen Themen bringt mich automatisch zum Verstummen, obwohl ich mich damit sehr viel beschäftige. Das alte Leiden. Als wenn ich nichts davon verraten dürfte. Tief in mir sitzt eine Angst, als dürfe ich diesen Teil von mir nicht verraten. Gleichzeitig der tiefe Hunger mehr Austausch zu finden.

Schließlich die Frage »Was erhoffst du dir von deinem Leben?« Dies lässt mich wieder ausatmen und ich zwinge mich auch, darüber zu sprechen. Es war wie eine Erlaubnis, jetzt darfst du sprechen: Verbundenheit mit allem, zu Gott finden, die Bedeutung meines Wesenskerns ist da noch nicht so sehr präsent. Bewertungsfreie und bedingungslose Liebe leben zu können und als Grundvoraussetzung, mich selbst zu lieben und zu achten. Ganz zu mir selbst zu kommen.

Klar ist nun auch, dass ich dieses Licht nicht als Gotteslicht bezeichnen kann, sondern als mein Inneres Licht.

Innenwelten nach außen gekehrt

In dieser Nacht ist etwas ganz Erstaunliches passiert. Nach einer weiteren ausgiebigen Meditation hatte ich Lust, wie so oft, wenn viele Stunden vergangen sind, gemütlich zu baden. Als erstes ging ich ins Bad und wollte mit dem Bimsstein meine Fußsohlen abreiben. Dann stand ich vor dem Waschbecken. In diesem Moment raste aus dem Spiegel überdimensioniert und blitzschnell ein Fuß, von unten gesehen, mit einem dazugehörigen Unterschenkel mir entgegen. Ich bin erschrocken wegen dieser Plötzlichkeit. Und wusste: So funktioniert das. Ich denke etwas und es setzt sich sofort in einem Bild um. Dann erschien ein Frauenkörper im Spiegel, in einem imaginären Spiegel, der wirkliche hängt viel höher und ist nicht so groß. Es sind meine Formen, wenn auch mit einem dicken, eher ungeformten Körper, allerdings ohne Kopf.

Die Tierwelt

O.k., ich habe begonnen, mir das Wasser einlaufen zu lassen. Da ich dies über den Duschkopf mache, lege ich mich ziemlich früh rein, und lasse das Wasser über meinen Bauch laufen, auch, damit es nicht so laut ist. Ich genieße dies und habe mir dies am Anfang täglich, später öfter gegönnt. Ich sehe, wie so oft, ein perfektes Badezimmer vor mir. Interessant ist, dass die Armaturen in Wirklichkeit ganz anders positioniert sind. Zu dieser Zeit beginnen die Blitze. Teilweise wirklich große, gleißende Flecken, manchmal wirklich nur Blitze. Zu Beginn bin ich immer erschrocken, weil es so plötzlich kam. Dann fällt mir ein, dass ich ja üben soll, Formen, Tiere, was auch immer herzuholen. Dies tue ich und rufe unseren jüngeren Hund Dion. Ich drehe mich auf den Bauch und schaue in das Rund der Wanne, dies taucht wie ein Bildschirm auf und dann erscheint Dion, wie er leibt und lebt. Ich betrachte ihn mir eine Weile und freue mich, dass es so gut klappt. Dann verabschiede ich mich und rufe den Älteren unserer Hunde. Der taucht auch sofort, allerdings, wie ich meine, unklar auf und so rufe ich ihn nochmals. Er erscheint wieder wie zuvor. Nein, sage ich, das ist nichts. Dann tauchen immer mehr Tiere in meinem Bad auf. Viele schwarze Hunde, Rehe, dämonische Tiere, die immer wiederkehrenden Wildschweine. Alle dunkel bis schwarz. In meiner Badewanne schwimmen die zwei gerufenen Hunde. Ich schaue mich im Badezimmer um und bin fasziniert. Angst ist absolut keine da. Als ich mich wieder ins Rund der Wanne wende, sitzt davor ein riesiger Löwe, hängt seinen Schädel über den Wannenrand und schlürft vom Badewasser. Ich kann alles ganz genau sehen. Er hat den Kopf seitlich gelegt und blitzt mich mit dem rechten, schräggestellten Auge an. Es blitzt wirklich ganz scharf und ich weiß, so muss ich leben. Ich habe nicht die geringste Angst, begrüße ihn vielmehr freundlich. Das ist ein Teil meines Wesenskerns. Interessanterweise ganz deutlich ein *er*, keine *sie*, wie ich an der enormen Halskrause sehen kann, Ja, so schaue ich mir eine ganze Weile die Tierwelt an. Ich versuche nicht, daraus irgendwelche Schlüsse zu ziehen. Betrachte ganz neutral, auch amüsiert. Dann merke ich: So, jetzt wird es mir zu eng!

Mentaler Schrott

Heute lässt die Bilderflut deutlich nach, nur bei der Meditation taucht regelmäßig der altvertraute Ton bzw. die weiße Wand mit Wasser auf. Das weiße Licht verschwindet auch immer mehr und ich bin traurig darüber. Die reiche Tierwelt weicht einem stets dunklen Zimmer, mal im Keller, mal im Speicher. Oft übervoll mit alten Geräten, Bauschutt oder sonstigem alten Zeug. Ich frage mich, ob ich jetzt ganz im Schrott versinke. Derzeit beschäftige ich mich viel mit meiner Geschichte, wahrscheinlich hängt es damit zusammen.

Meditation und Archetypen

Ich stelle fest, dass das, was ich als tiefe Meditation bezeichnet habe, in Wirklichkeit auch ein Weggehen war. Ich versinke irgendwo im *no where*. Und dann tauche ich mit großem Schrecken wieder auf und gehe raus. Bei der nächsten Meditation geht es aber wieder los, wie zuvor. Da kommt mir plötzlich die Idee, den Hass, den ich wie eine giftige, grüne Flüssigkeit wahrnehme, immer wenn die alten Schrottgedanken aufkommen, in ein Gefäß abzufüllen und wegzuschütten. Und so tue ich es. Der zweite Bereich, der geklärt werden will, hat mit Wut und Ärger zu tun, das ist eine rote Flüssigkeit. Und so arbeite ich mit diesen Mitteln und werde ruhiger und ruhiger. Und zu guter Letzt scheine ich leer und kann mich geruhsam der Meditation hingeben. Eine riesige Welle des Glücks überflutet mich. Ich habe einen Weg gefunden, mich von Hass und Ärger zu befreien.

Ich erzähle von meinen Bildern und Holger ist wieder einmal erstaunt, was alles auftauchen kann. Wenn das meine jungianischen Kollegen erleben könnten, die warten immer auf ihre Archetypen und sind frustriert, wenn sie nicht auftauchen – und hier passiert alles in Hülle und Fülle. Da wird mir klar, wie sehr wir uns einschränken, wenn wir auf etwas Bestimmtes warten.

Die Gleichförmigkeit der täglichen Erfahrungen setzt sich fort, immer sich wiederholend und doch immer wieder neu und immer tiefer in der Wahrnehmung. Ich merke immer deutlicher die Unterschiedlichkeit der Tiefe. Ich kann feststellen, dass einige Visionen eher gewollt sind und andere ganz aus sich selbst heraus entstehen.
Beim Meditieren nehme ich nicht nur die Vibrationen der Kundalini wahr, sondern intensiviere sie durch bewusste Aufmerksamkeit und das Hinführen des Atems. So, dass schon beim ersten Versuch, ein langsames Hochsteigen in der Wirbelsäule passiert. Es gibt Stellen, die erst einmal wie taub erscheinen, dann aber doch energetisiert werden. Der erste Block ist in Taillenhöhe, ein Einschnitt, der die Trennung Herz/Bauch deutlich zeigt. Er kann aber noch überwunden werden. Eine weitere Schwachstelle ist der Herzbereich. Und nochmals stärker Hals und 5. Chakra. Aber, was ich mir nicht vorstellen konnte, geht die Kundalini bis in den Kopf? Dort staut sich das Ganze. Auf jeden Fall wurde eine intensive Hitze im Verlauf der Kundalini spürbar. Ich bin glücklich. Ich sitze ausgiebig und leicht.

Die imaginierte Todeszone
Der letzte Tag. Morgen ist mittags um 12 Uhr Schluss.

Ich will noch ein Mal eine Erfahrung mit der Todeszone machen. Es tauchen die irrsinnigsten Dämonen, Tiere und sonstigen Wesenheiten auf. In einer Vielzahl und Scheußlichkeit, die unbeschreibbar ist. Ich betrachte sie ohne jede Gefühlsregung oder irgendwelche Angst. Dann verschwinden sie und es taucht eine totale Leere auf. Ich betrachte diese Leere und weiß nun gar nicht mehr, was das bedeuten soll. »Was soll ich nun damit machen?« Die Antwort lautet: »Monster und Dämonen kennst du zur Genüge. Was Du lernen musst in Dein Leben zu integrieren ist, mit der Leere zu sein. Das Nichts zum ständigen Begleiter zu machen.« Und dann kommt wieder die unvermeidliche Mauer mit der Tür. Doch diesmal geht sie von alleine auf. Schon bin ich im Himmel und mit der unendlichen Lichtfigur. Auch glaube ich nun, wieder mit den Menschen auf der Erde arbeiten zu müssen. Aber die Lichtfigur meint, dies sei zu Ende und verschwindet; zurück bleiben die Olivenbäume und das Nichts. Ich kann mich im Augenblick nicht erinnern, ob etwas im Kosmos geschah.

Das Ende

Heute um 12 Uhr wird Holger gongen und dann ist meine Dunkeltherapie zu Ende. Aber noch während des Duschens ertönt der Gong. Da überfällt mich totale Trauer und Panik. Ich will da nicht mehr raus. Ich will in dieser Ruhe und dem Schutz bleiben. Tränen fließen und ich brauche eine ganze Weile, bis ich mir sagen kann: Dein Platz ist nun draußen in der Welt.

Dann fange ich an, mich langsam an das Licht zu gewöhnen. Ich bin nicht nur etwas wacklig, sondern auch äußerst lichtempfindlich. Zu Beginn sehe ich noch die Farben, wie sie waren, während der Dunkelheit. Ich weiß, dass ich lernen kann die Farben auch bei Licht zu sehen. Ich spaziere lange in »meiner Wohnung« umher. Schaue in die Herbstbäume. Dann habe ich den Mut die Treppe hinunter und nach außen zu gehen. Ich kann trotz meiner starken Kurzsichtigkeit klar sehen. Oder zumindest kommt es mir so vor.

Am nächsten Tag zu Hause bin ich in großer Trauer. Hier ist es laut und ich will in meine Schutzhöhle zurück.

Ich arbeite mit sehr viel mehr Ruhe und vor allem meine Einstellung zu meinen Aufgaben ist von Ruhe geprägt. Ich liebe das Leben so.

Jetzt will ich zum Ende kommen. Die wichtigsten Erfahrungen in der Dunkeltherapie waren für mich:

- Wirklich auch in mir wahrzunehmen, wie ich mir meine Wirklichkeit selbst erschaffe und damit natürlich auch ändern kann.
- Wie ich mich davon abhalte, mit mir und meinem Wesenskern zu verschmelzen, wie ich mehr mit der destruktiven Seite lebe als der aufbauenden, wobei klar ist, dass ich noch nicht vollständig erkannt habe, was mich endgültig davon abhält.
- Wie unterschiedlich die Kraft innerer Bilder sich zeigt, wenn ich kontrollierend eingreife, im Gegensatz zu einer aus sich selbst entstehenden Erfahrung. Dies heißt, zu warten, bis die Kraft sich voll entwickelt hat und dann geschehen lassen.

Wenn man unter Ewigkeit
nicht unendliche Zeitdauer,
sondern Unzeitlichkeit versteht,
dann lebt der ewig,
der in der Gegenwart lebt.

Ludwig Wittgenstein

Streifzug durchs Totenreich

Analyse des Sterbens und Beschreibung der Hölle

Thor, 2 Wochen Lichtlosigkeit

Es begann am dritten Tag: Ich (Mann) saß im dunklen Zimmer, die Decke war wie abgesenkt, wie in einem Gewölbe oder Keller und aus der hinteren Ecke des Bettes kamen weiße Nebel hoch,

die sich dann unter der Decke fingen und Totenköpfe darstellten. Ich hatte das Gefühl, das sind verstorbene Verwandte von mir aus früheren Generationen. Der weiße Nebel sah aus wie Gespenster, er hatte etwas, meinte ich, mit meinen Vorfahren zu tun. Während die einen sich verflüchtigten, kamen aus dem Nebel neue hervor.
Ich stand in einem Turm, schaute aus dem gotischen Turmfester hinaus auf eine Landschaft mit Wäldern oder Urwald, das Ganze war hügelig und grünlich-grau gehalten, oliv militärisch mit grau. Ich segelte ganz langsam aus dem Fenster über die Landschaft, recht lange, einige Minuten. Die Landschaft endete dann und formte sich zu Gängen und Labyrinthen. Ich befand mich jetzt in einem Steinschacht, der mit Wasser gefüllt war, wie ein Brunnenschacht. War wie eine Garnele darin, kugelte mich langsam. In großer Ruhe schaute ich die Strukturen der Wände an, oben war Licht zu sehen, ich war weit unten, doch war es auch hier sehr hell. Alle Wände bestanden aus einfachen Strukturen, roter Sandstein, leicht welliges Relief, rund alles. Das hörte auf und ging über in rötliche Gänge; ich schwebte weiter; es gab viel Zeit, langsame Geschwindigkeit. Das Gestein war genau zu sehen. Keine Hektik. Es ging durch viele Gänge, links und rechts gelegentlich Säulen, als rauschte man durch seinen eigenen Dickdarm, runde Gänge, Kurven, labyrinthisch, schlangenartig.

Ich stand wieder auf dem Turm, vor mir wieder Landschaft, jetzt war ich aber näher dran. Die grüne Decke bröckelte an manchen Stellen ab. Löcher waren in der Oberfläche, durch die man helles Licht sehen konnte. Auch Gesichter, Augen, Ohren, Münder. Die Menschen befanden sich unter dieser Oberfläche, sie waren schön und freundlich und sprachen zu mir ohne Worte. Ich segelte über diese Fläche, ab und zu waren Köpfe zu sehen. Die Köpfe waren zufrieden, ich auch und so schaute ich mir alles in Ruhe an. All das dauerte etwa 15 Minuten.

Zwischendurch gab es Himmelserscheinungen. Ich schwebte über oder unter Wolken von gräulich-weißer Farbe; der Wolkenhimmel war gelb bis orange wie bei untergehender Sonne. Riesige Ruhe, keine Geschwindigkeit, keine Hektik, alles kann man mit Gelassenheit anschauen. Wie langsam gespielte Musik, die man in sich aufnehmen kann. So war es auch in diesen Gängen, so dass man jedes Körnchen genau sehen konnte.

Deutung

Bedeutsam hier ist, dass diese Bilder im Wachzustand auftreten. Dem Mann scheinen sie nicht sonderlich bedeutsam mit Ausnahme der Zeitlosigkeit und Ruhe. Offenbar ist er sich nicht bewusst, was er erlebt: Er durchläuft nämlich eine Wachvision der Unterwelt, des Totenreichs.

Erste Szene: *Gewölbe, Keller, Nebel, Verstorbene. Das ist das gängige Szenario, wenn man nicht ganz erlöst ist von seinen seelischen Belastungen. Genauer gesagt, es bleibt so lange bestehen wie überhaupt Seelisches noch vorhanden ist! Der Nebel deutet das Plasma an, in das er langsam hineingeht, hier aber noch halluzinativ als Grabgewölbe vorgestellt und mit den Schatten der Lebenserinnerung durchzogen. Man kann in diesem Stadium nur sehen, was man in sich trägt. Wie diese Dimension tatsächlich aussieht bleibt ganz fraglich, wir projizieren auf die nicht vorhandenen Wände dieser Welt unsere weltlichen Imaginationen. Andererseits erfahren alle Menschen die Unterwelt, das Plasma gleich, es handelt sich also um kollektive, allen Kulturen gleichermaßen immanente Vorstellungen, nicht um individuelle. Nun taucht noch einmal alles Gelebte auf – eine Art Lebenserinnerung und damit gleichzeitig Lebensabschluss – bevor alles verblasst. Das ist eine Übergangszone, ein Entleerungsvorgang von allem im Leben Angestauten.*

Zweite Szene: *Der Turm. Erneut Landschaft, jetzt aber bereits grünlich-grau, jetzt segelt er darüber. Die Landschaftsfarbe hat die Farbqualität der Unterwelt/Plasmadimension angenommen, er befindet sich damit bereits dort, ist also außerkörperlich und das drückt sich* *als Gefühl zu segeln, zu fliegen aus. Grau drückt eher die negative Atmosphäre im Plasma aus, hellere Farben eine eher angenehme.*

Dritte Szene: *Gänge, Labyrinthe, oben das schöne Licht, aber dort ist er noch nicht, sondern unten in einem Wasserschacht. Die seelische Unterwelt wird in der Volksmythologie im Allgemeinen als Labyrinth von Gängen dargestellt und dem ist tatsächlich so, weil die Seele ein unübersichtliches Labyrinth ist, was sich dann proaktiv so äußert. Andererseits ist die Unterwelt nicht nur ein imaginierter Ort, sondern ein real existierender, wie plasmatisch auch immer gestrickt. Das möchte man im Allgemeinen nicht wahrhaben, aber wer tief in dieses Forschungsgebiet eingedrungen ist, weiß das. Hier deuten sich Geheimnisse an, die wir hier umschiffen. Das Wort Seele kommt von See, Wasser, und so stellt sich das Plasma dar. Ebenso verweist der Schacht auf die Unterwelt – man fühlt sich da förmlich unterdrückt. Er ist mental also noch ganz in der plasmatischen Unterwelt seiner Seele gefangen. Die Zeitqualität und die Geschwindigkeit sind langsam, so dass er alles ruhig betrachten kann.*

Vierte Szene: *Löcher durch die Helles kommt. Hier handelt es sich wieder um Plasma mit eingeprägten Bildern der Erinnerung. Warum treten immer Gesichter in den Plasmaerfahrungen auf? Das Plasma, unsere Seele, ist voll gestopft mit erlebten Bildern und Erinnerungen. Jetzt, frei von körperlichen und Gehirn-Restriktionen, entfaltet sich das gesamte in einem Leben angehäufte Panoptikum von Gesichtern. Das muss sich zeigen, ehe es auf einer höheren Stufe der Erfahrung verblasst und in sich zusammenfällt. Es herrscht immer das Gesetz: Was verfallen soll, muss zuerst ungeschminkt emportauchen! Das ist das Gesetz der inneren Reinigung.*

Fünfte Szene: *Er ist immer im Plasma, doch die Szenen wechseln. Jetzt heller Himmel auch gräulich. Er schwebt.*

Abschlussbetrachtung:

Erstaunlich ist, dass er sich ganz im Wachzustand befindet, aber offen-

bar ist durch die Dunkelheit sein Seelisches sehr frei vom Körperlichen, er kann frei die Qualität des Seelenplasmas erleben, wenn auch in die Struktur von Bildern gefasst. Alles was im Plasma ist erfährt er, angefangen von Totengesichtern über die Seelenenge, dargestellt als Gewölbe und Gänge, bis hin zur Zeitlosigkeit, Ruhe und genauen Beobachtung. Es handelt sich hier um eine gemischte Plasmaerfahrung, all die negativen seelischen Zustände sind ebenso vorhanden wie die Ruhe, das Licht, das Schweben.

Was ist die Seele? Wo leben wir?

Der Mann verließ nicht wirklich seinen Körper und er drang nicht wirklich ins Plasma ein. Es gibt Vorformen, Abbilder der Plasmaerfahrung oder der außerkörperlichen Erfahrung, die allein als innere Bilder ablaufen. Die Seele muss sich nicht trennen vom Körper, um die Nachbardimension zu erfahren, allerdings bleibt die Erfahrung dann recht distanziert, wie wir sehen, und hinterlässt keine dauerhafte Erschütterung. Ich unterscheide im Wesentlichen drei Stufen der Plasmaerfahrung:

1. Reale Abspaltung der Seele. Außerkörperliche Erfahrung. Eintritt ins Plasma und Erleben einiger Aspekte dieser Dimension
2. Die Seele bleibt im Körper, erfährt aber einen Anklang oder Abklatsch der Plasmawelt. Die Erfahrung kommt einer Imagination, einem Gefühlsbild gleich.
3. Emotionale und intellektuelle Nachbildung dieser Erfahrung, rein gedanklich oder erfühlt.

Wie kann die Seele die Plasmawelt erfahren, ohne dass sie sich vom Körper abspaltet? Wir können im Traum und Wachzustand Echos des Plasmas erleben. Es gibt immer zartere Echos des Plasmas und diese durchdringen unsere Wirklichkeit, so dass man in diesem Spiegelkabinett der Echos verloren gehen kann und nicht mehr weiß, was nun Echo oder wirkliche Plasmaerfahrung ist. Diese Fragen werfen ein neues Licht auf die Realitätserfahrung, denn unsere Geschichte und Wirklichkeit sind durchdrungen von Schichten von Plasmaechos, insbesondere auf emotionalem und intellektuellem Niveau. Auf emotionalem Niveau stellt sich das als Archetypen und Symbole dar, auf gedanklichem als Theorien; in der praktischen Welt werden diese dann zu Handlungsweisen, Religionen, Weltanschauungen. So ist unser vermeintlich reales Leben gestrickt aus den Echos einer anderen Welt und wir wissen nie genau, wo wir stehen, denn die Echos sind so greifbar.

Ich möchte noch konkreter werden. Unsere Religionen sind gänzlich angelehnt in ihrer Thematik an die Strukturen der Plasmawelt. Auch unsere Theorien über die Welt, also die gesamte Wissenschaft ist vermutlich angelehnt an Strukturen der Plasmawelt. Doch sind Religion und Wissenschaft nur Echos des Plasmas, nicht dieses selbst. Sie sind also verfremdetes, verdünntes »verlogenes« Plasma und so leben wir in einer erkünstelten, mentalen Welt, die weder wahre Wirklichkeit noch wahres Plasma ist. Unsere Existenz ist ein fahler Abklatsch der Plasmaexistenz. Wir leben die Archetypen und Konstruktionen dieser Nachbardimension auf physischem Niveau, gefiltert durch das Gehirnlabyrinth, geschmälert durch den materiellen Körper. Dies wäre eine ganz neuartige Wissenschaft, die untersucht, wie sich die feinstofflichen Plasmagesetze, das Seelenplasma, überträgt und transformiert, wenn es eingesperrt und damit verzerrt wird durch Körper und Gehirn. Wir müssen uns klar darüber werden, dass wir nur ein Abklatsch jener seelischen Quantenebene sind. Das zu erforschen führt zum großen Wissen. Das ist die eigentliche Aufgabe der Dunkeltherapie, die Nachbardimension zu ergründen, die uns jetzt in Gestalt unserer eigenen Seele ganz beherrscht. Eigentlich sind wir nur dies und der Körper ist etwas uns Fremdes.

Hier zwei schwer durchschaubare Erlebnisse des Mannes, die eine sanfte Annäherung ans Plasma andeuten. Das Wasser, der See, das Moor sind übliche Echos des Plasmas, in unsere Sprache und Empfindungen übersetzt.

Episode 1
Gestern gegen Mitternacht
Es war eine längere Abfolge besonders zweier Episoden, die ich tief erlebt habe.

Ich schwebe in 30 Zentimeter Höhe über etwas wie Wasser oder über einem See, der dunkelbraun ist wie Moor und spiegelglatt wie eine Marmorplatte, ohne Wellen. Darüber, aus Felsen, ein Bogen, braunrot, er spannt sich über das Wasser, etwa 50 Meter weit. An einer Stelle sind Seerosenblätter, es schauen auch Grashalme aus dem Wasser. Ich schaue mir das an. Ich sage mir, ich müsste mal das Wasser antippen, ob sich diese Oberfläche bewegt, wenn ich meine Hand hineinhalte. Ich stelle fest, das geht nicht! Ich kann das Wasser nicht erreichen, weil ich eigentlich nicht da bin, keinen Körper habe – ich bin einfach nur da. Lasse alles wie es ist. O.k.!

Deutung
Wasser und Moor deuten das Plasma, die Nachbardimension, an. Sie ist wässrig, so wie die Seele ein See ist. Er versucht das Plasma anzutippen, doch gelingt es ihm nicht. Er fühlt sich körperlos. Entweder steckt er noch nicht tief genug im Plasma, um es zu spüren oder, weil bereits körperlos, kann er auch das stofflose Plasma nicht mehr spüren. Auf alle Fälle deutet sich mit dem Schweben eine außerkörperliche Erfahrung (AKE) an. Sehr geschickt belässt er die Erfahrung wie sie ist, ohne weiter zu forschen. Das Forscherische, das wir häufig zu Beginn der AKE besitzen, wird jetzt aufgegeben, er überantwortet sich einfach dem, was ist. Hier bricht die Erfahrung ab.
Es handelt sich hier um einen kurzen Ausflug ins Plasma, ob nun real oder nur als imaginiertes Echo sei dahingestellt. Durch die Dunkelheit löst sich der Plasmakörper schneller ab als im Normalzustand, in dem wir durch die Sinnesorgane immer an der »objektiven« Wirklichkeit kleben. Die Tendenz des Plasmaleibes sich abzulösen, wird durch die Informationen der Außenwelt unterdrückt. Echos der Plasmaerfahrung, die zu uns als Gefühle und Gedanken durchbrechen, lassen sich so leicht in sachliche Zusammenhänge auflösen. Die aus

dem Plasma aufsteigenden zarten Gefühle und Vermutungen kann das Wachbewusstsein abwürgen oder überspielen.

Unsere Plasmakonstitution

In der Dunkelheit, durch die Ausschaltung der Sinne, insbesondere des Sehens, verinnerlichen wir uns und entfalten uns mehr hin zur Plasmawelt – wohin unsere Seele gehört, die sich im Raumzeitgefängnis des Körpers ganz unwohl fühlt und fremd und nur über die Plasmaechos eine gewisse Erfüllung und Identität findet.

Es gibt drei Plasmaechos: Gefühl, Denken, Empfinden.
Empfindungsecho: Da der Körper selbst nichts anderes als eine Formgebung der dem Plasma innewohnenden Strukturgesetze ist, sind alle Organe und Empfindungszentren ebenfalls Plasmaechos. Empfindungen sind daher nicht nur rein körperlich zu verstehen, sondern ebenfalls als – wenn auch stark durch feste Körperstrukturen gefilterte – Echos plasmatischer Empfindungen!

Gefühle und Denken sind eher als reine Plasmazustände anzusprechen. Sie sind jedoch stark gefiltert durch das Gehirn. Die Außenweltinformationen überschatten diese, an sich reinen Plasmazustände und so kommt es zu unserer sattsam bekannten zwiespältigen Situation, nicht zu wissen, wem wir trauen sollen, Gefühl oder Realität. Das Denken ist noch mehr als das reine Fühlen durchdrungen von Wissen aus der Außenwelt und kann so nur kaum die reinen Denkvorgänge – die ohnehin dem reinen Gefühl gleichen – abgrenzen vom so genannten realen Tageswissen.

Episode 2

Die ganzen Szenen sind nur noch Farben, nichts Konkretes mehr. Im Vordergrund in zwei Meter Abstand vor mir ist ein Trichter von etwa zwei Metern Durchmesser wie eine Lotusblüte. Er ist zartrosa. Dieser Trichter dreht sich linksherum wie eine große Blüte, wie ein Aquarell, nur eine drehende Farbe in Trichterform. Ich schaue mir alles fasziniert an. Der Hintergrund ist graugrün.

Wie ist es, wenn ich die Farben in diesem Bild verändere, doch es geht nicht. Ich war nur der Betrachter in diesem Bild, kam da aber gar nicht vor.
Wenn man in dieser Sache so richtig drin ist, kann man sie nicht lenken. Lenken kann man nur von außen, nicht wenn man drin ist. An dieser Frage hänge ich nun schon den ganzen Tag, nur wie überträgt sich das auf Alltägliches?

Jetzt sehe ich Standbilder, die Zeit steht jetzt fest. Vorhin war ich in einer Art Ruine, stehe auf Erde, der Turm hat nur noch Wände, hohe Fenster. Bin da und bin im runden Tor, bleibe da paar Minuten. Zeit steht still, nichts passiert.
Ich erlebe einige Episoden richtig, so bin ich da jetzt ganz drin, lebe in meinem Zimmer dort, ich bin gar nicht hier. Das ist ganz real.

Raumsinnverlust
Ich schaue im Dunkeln in den Spiegel und sehe hinter mir Strukturen, was gar nicht sein kann. Ich finde nichts mehr. Eine zweite, imaginierte Wirklichkeit überlagert die reale, so sehe ich einen roten Lichtpunkt vor dem Bett und weiß nicht mehr, was jetzt wirklich ist. Oder ich sehe die Wände als schräg und kann mich dadurch nicht mehr abstützen oder finde sie nicht, weil die wirklichen Wände anders sind. Der Verstand überlagert alle Raumrealität, ich lebe in zwei Wirklichkeiten, das beängstigt sehr. Ich bewege mich nicht mehr, bin verloren, einsam; werde ich verrückt? – Solche Zustände kommen und gehen.
Ich sehe die Wand in Farben. Das Bett war orange und höher als normal. Das ist meine Einbildung, doch der Pegel in meinen Kopf ist Einbildung. Irgendwann drehte ein Schalter im Gehirn um und die Kontrolle, was Realität ist, ging weg. Es ging wie so ein Umschalthebel und das Orange dominierte. Ich fasse das Bett an und stelle fest, es ist in Wirklichkeit tiefer. Jetzt, dachte ich, jetzt passiert es. Nach einem Schlaf wurde es besser. Der Schlaf lässt einen in die Wirklichkeit zurückkommen, als wenn man

neu erwacht in die Wirklichkeit. Im Bad waren die Wände alle leicht abgeschrägt, ich hatte immer einen Himmel, wie einen Baldachin über mir im Bad; ging ich raus, war er weg, ging ich rein, war er gleich wieder da. Ich fand das ganz belustigend und es machte Spaß: Du hast hier eine eigene Welt, die gehört dir. Ich hatte nun keine Angst mehr, dass mir das entgleist. Alles war in Purpur oder in Blau, das Bad war in Samt ausgestattet, so schön und angenehm, so wollte ich wohnen. Das musst du jetzt alles weggeben, wenn du gehst, das tat mir leid. Der Richtungssinn veränderte sich ebenfalls; plötzlich konnte ich die Badewanne nicht mehr finden oder den Eingang zum Bad, das schockiert sehr, weil doch alles in Armlänge zu erreichen ist. Man fühlt sich dann wie ins Nichts geworfen, bekommt Angst. Es ist wichtig, einen Fixpunkt zu bekommen, z. B., dass jemand einmal am Tag kommt.

Wachvisionen

Kappadonia, 2 Wochen Dunkellicht

Lichtblitze

Ich sah mich nachts im Dunkeln auf dem Boden liegen, und zwar erhellt durch einen Blitz, der weniger als eine Sekunde dauerte. Da merkte ich, wie langsam Gedanken und Worte sind.

Mein Körper ist ganz müde, es ist mir, als würden die Lasten von Jahrhunderten von mir weggehen. Mein Körper ist total erschöpft, ich liege ganz entspannt, wach, ich schlafe nicht, doch der Körper ist müde. Ich bin ganz in Ruhe.

Deutung

Lichtblitze treten nach einiger Zeit der Beruhigung und Entspannung auf. Interessanterweise kommen sie meistens von links hinten. Damit kündigt sich die innere Bilderwelt an. Es handelt sich offenbar um einen Befreiungsvorgang vom rationalen Sehen. Grundsätzlich dämmert Licht herauf, wenn wir im Dunkeln sind. Die Lichtblitze sind erste Sekundeneinblicke in die Natur unseres immer vorhandenen inneren Lichts, unserer Lichtnatur. Auf deren Grundlage entfalten sich dann Visionen. Gefühle stellen sich auf der Lichtleinwand nun als Bilder und Filme dar. Es ist natürlich die Nacht, die das hervorbringt und gestattet.

Im inneren Licht zeigt sich, dass normale Gedanken und Gefühle sehr zähflüssig fließen, es gibt aber eine höhere, mentale Geschwindigkeit. Beim Schein dieses Lichtes fließen Erkenntnisse schneller. Warum? Im Lichtzustand sind wir – je nach Intensität – vom Körper zunehmend gelöst. Der reine Seelenzustand ist ein Lichtzustand, weil unser Seelenkörper ein plasmatischer Lichtkörper ist. Die Lichtblitze kündigen diesen Zustand an. Daran muss sich die Schulwissenschaft gewöhnen: Wir sind Plasmalichtwesen! Ohne diese Erkenntnis und Erfahrung bleibt Psychologie, ja Wissenschaft insgesamt, ein Hirngespinst.

Das Erlöschen des rationalen Ich

Musik (ich hatte Kassetten mit in die Dunkelheit genommen) mache ich seit dem ersten Tag nicht mehr an. Musik drängt mich in Gefühlsecken und ich merke, da will ich gar nicht sein. Musik wirkt stark gefühlsmäßig und ich fühle mich dabei in einen Zustand gezwängt, in dem ich mich gar nicht befinde. Ich will eher der Stille lauschen – Stille, das ist die Musik – und nicht irgendetwas oder Musik, die in mir Bilder hervorruft, die ich schon hundertfünzigtausendmal erlebt habe und die hier gar nicht brauchbar für mich sind. Ich fühle, das ist richtiger als mich hier von Musik volldröhnen zu lassen. Es gibt eine Musik der Stille, des Seins, die Stille meines Ich. Musik kommt dagegen einer Vergewaltigung gleich. Das Gleiche betrifft sinnliche Reize wie Fernsehen oder sich volllabern lassen, telefonieren etc. Es ist erstaunlich, ich möchte keine Geräusche in der Dunkelheit, Dunkelheit ist Geräusch genug.

Deutung

Das ist ein gutes Zeichen, man bedarf nicht der Außenablenkung, weil man jetzt ein waches Ich spürt, das heißt, zur Inneneinkehr übergegangen ist. Man möchte nicht dauernd von anderen Dingen überrollt werden. Ist mein Ich jedoch unterwach und nicht in seiner ureigenen Kraft, schaut man Fernsehen, führt eitle Gespräche, um sich aufzufüllen, wodurch man jedoch noch schwächer wird. In der Dunkelheit erhält das rationale Ich keine Nahrung mehr, es erlöscht und erlaubt uns die wahre Natur unseres Seins, unser Ur-Ich wahrzunehmen.

Drei Wachvisionen

1. Wachvision: Wollen, Müssen und Sollen

Ich bin in der Wüste, dunkles, rötliches Dämmerlicht, ich sehe eine Frau da stehen und es erscheinen drei Männer. Ich gehe näher hin und schaue sie mir an. Die Frau ist verhüllt und hat kein Gesicht. Der erste Mann links ist das Wollen, in der Mitte steht das Müssen und daneben das Sollen. Das Wollen, der Mann links, ist dunkelhäutig, er hat einen sehr muskulösen Körper, fettglänzende Muskeln, kräftig, er hat ein sinnliches Gesicht mit fleischigen Lippen, er ist ein bisschen rundlich, trägt einen Turban, eine Pluderhose und Sandalen, er hat schöne Füße. In der Mitte steht das Müssen, ein alter Mann, verwelkte Haut, er ist aber ein sehr zäher Bursche, klein, ein durchtriebener Kerl mit Lendenschurz und barfuß; hat etwas von einem Inder oder Chinesen; hat Drahtseile in den Muskeln. Der Rechte, das Sollen, ist hellhäutig, er sieht sehr kräftig aus, hat einen feinen schwarzen Schnurrbart, Glatze und Zopf. Der Oberkörper ist unbekleidet. Trägt einen Lungi, worin eine Peitsche steckt.

Ich weiß sofort, das sind meine Leibeigenen und ich will sie entlassen. Der Abschied ist gekommen. Die drei sagen nacheinander. »Damit du dich an mich erinnerst, geben wir dir etwas.« Das Wollen trägt zwei goldene Ohrringe und gibt mir einen

Ohrring. Unter meiner Verhüllung trage ich ein ganz schlichtes, dunkelrotes Kleid mit einem schmalen Ledergürtel, woran ein Beutelchen hängt, in das ich den Ohrring stecke. Der in der Mitte gibt mir aus seinen Ohren einen Steigbügel, ich stecke auch diesen in die Tasche. Das Sollen gibt mir ein kleines Fläschchen mit Sand, das ich ebenfalls wegstecke. Die drei verschwinden nun. Das Wollen wird zu Bergen, das Müssen zu Felsen und das Sollen zu Sand. Dann kommen sie noch einmal zurück und sagen mir: »Wenn dir diese Erinnerungsstücke zu lästig sind, kannst du den Beutel loslassen.« Der Wollenmann sagt: »Wenn du dich erinnern willst, zupfe dich am Ohr.« Der Müssenmann sagt: »Wenn du dich nicht mehr an den Steigbügel erinnern willst, dann erinnere dich an Stimme (damit hat ja das Ohr zu tun).« Der Sollenmann sagt: »Wenn du den Sand nicht mehr haben willst, kannst du einfach auf die Erde gucken.« Die drei verschwinden wieder. Ich rufe sie jedoch zurück und dann noch mal. Der Wollenmann sagt dann: »Wenn dir das am Ohr Zupfen zuviel ist, erinnere dich an den goldenen Ohrring und schaue die Sonne an.« Müssen sagt: » Wenn dir das zuviel ist, dich an die Stimme zu erinnern, dann denk an Klang.« Das Sollen sagt: Wenn es dir zuviel ist auf die Erde zu gucken, dann erinnere dich, auf was du stehst – der Erde.«

Sie verschwinden nun endgültig und werden Berge, Felsen und Erde. Die Frau sieht die Buchstaben W unten, M oben und dazwischen das S. Ich frage, was die Frau, die da steht, bedeutet und die Antwort lautet: Das Leben. Die Frau verschwindet jetzt auch und wird zu allem, was da in der Wüste ist.

Deutung

Die Frau ist die Visionärin selbst, sie ist verschleiert und hat kein Gesicht, weil sie nicht zu erkennen geben will, dass die ganze Geschichte ihre Geschichte ist. Die Wüste steht für die Reinheit und Leerheit ihrer Seele, was sich durch die Dunkelheit entwickelt hat. In dieser freien Landschaft, also freien Seele, können sich jetzt die wahren Erfahrun-

gen ihrer Seele ungeschminkt darstellen. In allen kommenden Visionen wählt sie die Wüste als Ausgangspunkt ihrer Visionen.

Da stehen drei Männer: Wollen, Müssen und Sollen. Das sind ihre Leibeigenen, denn diese drei Kategorien waren oder sind ihre Moralgesetze, die sie ehrt und unter denen sie zugleich leidet. Im Grunde ist sie die Leibeigene dieser drei Moralgesetze. Sie will die drei sprichwörtlich in die Wüste schicken, sie in der Leere auflösen, also sie entlassen, denn der Abschied ist gekommen. Die Dunkelheit hat ihr gezeigt, diese Lebensphase mit Wollen, Müssen, Sollen ist zu Ende. Sie will diese Zwänge loswerden, die Dunkelheit und ihr neuer Lebensweg nach Entlassung und schwerer Krankheit haben ihr das gezeigt. Die charakteristische Beschreibung der drei verweist lediglich auf die Eigenarten von wollen, müssen und sollen und kann hier übergangen werden. Die Beschreibungen sind sehr witzig, denn die Visionärin liebt Witz und Pointe.

Eine Entlassungszeremonie findet statt. Jeder will ihr etwas zum Abschied geben. Wollen schenkt einen goldenen Ohrring, Müssen schenkt eigenartigerweise den Steigbügel aus seinem Ohr und Sollen schenkt ein Fläschchen mit Sand. Was bedeutet das? – Die drei verschwinden nun und verwandeln sich in Berge, Felsen und Sand, was erneut auf ihre Eigenarten verweist. Wollen ist also so wie Berge, Müssen so spitz wie Felsen und Sollen so zäh wie Sand. Erstaunlicherweise ruft sie die drei zurück, die ihr nun mitteilen, wenn ihr diese Erinnerungen lästig sind, könne sie sie ganz loswerden. Offenbar, obwohl sie die drei entlassen hat, sind sie in Gestalt der Geschenke noch anwesend und bedrücken. Sie ruft sie zurück, um auch die Geschenke, sprich die Erinnerung an sie loszuwerden. Die Methoden des Vergessens wirken jedoch nicht sehr überzeugend, ließen sich aber mit etwas Aufwand deuten, was ich hier jedoch unterlasse, da es nicht zentral ist. Die drei verschwinden erneut, doch ruft die Visionärin sie zum zweiten Mal zurück, denn sie ist noch immer unzufrieden. Erneut geben sie Ratschläge wie sie diese letzten Ratschläge ebenfalls loswerden kann. Sie verschwinden nun endgültig.

Doch ist die Frau noch immer nicht von ihnen befreit, denn die Anfangsbuchstaben ihrer Namen W, M, S stehen jetzt als Gebilde vor ihr. Nun stellt sie die zentrale Frage, nämlich wer die Frau ist, die am Anfang erwähnt wurde und die ja allem beiwohnte, also sie selbst ist. Sie hört »Das Leben«. Eine sehr treffende Antwort, denn die Visionärin weiß instinktiv, dass sie das Leben selbst werden muss, so wie es ist, ohne Wollen, Müssen, Sollen, weshalb die Frau nun wahrhaft in die Wüste geschickt wird und sich dort in alles, was da ist, verwandelt, also ins Leben selbst und so vielleicht die Dreiheit der Pflicht abstößt und frei wird. Eine philosophisch geschickte Wendung der Vision. Doch bleibt trotz Happy End deutlich, sie hat die Pflichtdreiheit der Perfektion nicht wirklich überwunden. Sich selbst in die Wüste zu schicken und zu allem zu werden, das ist lediglich eine Hoffnung, eine Sehnsucht.

Die Vision zeigt das zentrale Leiden der Frau, die Perfektion in Gestalt der Dreiheit Wollen, Müssen und Sollen. Sie weiß um den Hintergrund ihres Leidens, kann sich aber nicht wirklich daraus befreien. Sie wählt den philosophischen Weg der Auflösung ins ganze Leben, aber das ist metaphorisch, nicht wirklich, zu verstehen, und bleibt zunächst noch ein schöner Traum.

2. Wachvision: Spinnweben, das Skelett und die Perfektion

Ich bin auf einem alten Dachboden. Um mich herum fällt ein Kreis. Der Kreis ist voller Spinnweben. Ich bin davon umgeben und darüber in Verzweiflung. Ich stehe dann auf, stelle mich ins Zimmer und kämpfe gegen die Spinnweben, singe laut, um diese zu vertreiben. Ich will in keine Verzweiflung wegen dieser Hirngespinste kommen. Ich schüttele mich und schreie. Dann bin ich erschöpft, ziehe noch einen Kreis um mich und rufe die weiße Tara (buddhistische Gottheit) an. Nun merke ich, die Spinnweben lösen sich auf. Ich setze mich in den Kreis und schiebe die Spinnweben teilweise zur Seite. Im Kreis bin ich grau, ein Ritter und Mann. Komme nicht richtig an die Spinnweben heran, sie sind wie hinter Plastik.

Nun zieht es mich wieder in die Wüste. Es geht um Perfektion, das ist das Thema. Ich sehe nicht, was vor mir ist, das liegt im Dunkeln. Rufe noch mal die drei Leibeigenen von der letzten Vision, doch sie kommen nicht. Sitze einfach da und warte, was passiert. Schreibe das Wort Perfektion in den Sand, doch wird das immer wieder weggeweht. Sehe dann rechts von mir einen Totenschädel. Ein ganzes Skelett steht da; schaue es an und da nimmt es Knöchelchen aus seinen Füßen, jongliert damit und spielt auf seinen Rippen Xylophon und sagt: »Ich bin das perfekteste Skelett.« Ich frage: »Woran bist du denn gestorben.« Antwort: »An der Perfektion!« Ich amüsiere mich. Finde es köstlich. Dann wird es ganz zutraulich, setzt sich an meine rechte Seite, lehnt seinen Kopf an meine Schultern, legt seine Hand auf meine Knie und sagt: »Das tut gut!« Nehme es unter meinen Mantel. »Genau das ist es, das tut gut!« Dann geht es mit Hüftschwung von dannen und wirft mir noch eine Kusshand zu. Ich musste so lachen.

Bezüglich der Spinnweben sage ich mir, ich will doch mal das Skelett dazu befragen. Das kommt auch ganz willig in den Kreis hinein und sagt: »Na, das ist ja die allerleichteste Übung hier«, nimmt die Spinnweben, macht kleine Kugeln draus und schnippt sie ins Nichts hinein. Und dann stellt es sich in den Kreis wie ich und klappert mit den Knochen. Rasselt einmal in der Runde rum. Dann sage ich: »Das finde ich ja total witzig, wie du das hier machst, das gefällt mir sehr.« » Ja, mir gefällt das auch«, antwortet es. »Das ist eine meiner leichtesten Übungen.« Dann beschließen wir beide, die wir nun Rücken an Rücken im Kreis sitzen: Wir werden ein Lied dichten.
Das Skelett fängt an zu singen: »Ich war früher so ein ganz Finsterer, mir ging alles nicht schnell genug und schnell war viel zu langsam und gut war niemals gut genug. Und eines Tages kam ein Unbekannter und bot mir seine Dienste an. »Was hast du anzubieten«, frage ich und er sagt: »Ich beseitige viele Dinge schnell und präzise«. Ich frage: »Ja, aber ich nehme deine Dienste nur an, wenn du alles ganz perfekt machst.« Ich frage weiter: »Aber

wie kann ich denn sehen, dass du gut gearbeitet hast?« Er antwortet: »Das wirst du schon merken.« Ich nehme seine Dienste in Anspruch und was höre ich – ein Knochenklappern.Und wenn ich nicht gestorben wäre, dann lebte ich noch heute.
Ich musste so lachen über diesen Gesang und diese Erscheinung.

Deutung
Die Spinnweben stellen das Verstaubte dar. Die Frau ist eingewoben in Altes, Dreckiges. Alles findet ja auf einem alten Dachboden statt. Der Dachboden steht, weil ganz oben, für das Geistige. Ihr Geist ist von Spinnweben eingehüllt. Sie kommt nicht richtig an diese heran, sie sind unfassbar, so unfassbar wie Gedanken, denn sie denkt zu viel. Sie sieht sich als grau und so ist die Stimmung in ihrem Kokon. Das Ganze findet in einem Kreis statt, einem magischen Kreis, der sie einkreist, umfängt, ein circulus vitiosus des Dauerdenkens, in dem sie gefangen ist.

Plötzlich ist sie wieder in der Wüste, d.h. in der Freiheit des Geistes; sie ist entspannt. Die weite Wüste steht für Freiheit und Geistesleere. Doch hängt ihr noch eines ihrer Leiden nach – Perfektion. Sie empfindet sich als zu perfekt und darunter leidet sie, unter dieser Enge. Schließlich erscheint ein Skelett, aber das ist ihr Spiegelbild. Das Skelett ist an der Perfektion gestorben, denn es hat die Dienste offenbar des Teufels in Anspruch genommen, wodurch es zwar dessen Dienste erhielt, aber dann starb, denn der Teufel gibt erst, dann nimmt er die Seele. Daran starb also das Skelett bzw. daran stirbt sie. Doch ist das Skelett lebenslustig so wie sie auch, spielt auf seinen Knochen usw. Das Skelett sucht Körperwärme und Liebe und das braucht die Visionärin dringend. »Das tut gut!«

Das Skelett hat keine Probleme die Spinnweben loszuwerden, das ist seine leichteste Übung. Also könnte das die Visionärin auch. Die Spinnweben sind die wirren Gedanken und Gefühle, in die sie sich verwickelt. Es ist keine Geistesklarheit vorhanden.

Die Visionärin musste den Prozess des Skeletts durchmachen, in Gestalt der Schulkarriere. An deren Enge wäre sie fast gestorben, sie war zwei Jahre mit undefinierbaren Symptomen krank, wurde dann frühzeitig pensioniert und damit begann ihr Freiheitsprozess. Diese Geschichte ist also eine Übersetzung ihres Werdegangs.

Offenbar ist das Skelett nun von seinem Fleisch, vom vollen Leben befreit, ist gestorben und dennoch lustig und frei. Muss man sterben, bevor man leben kann?
Man hat in der Dunkelheit meistens die Augen zu, denn wenn man sie auf hat, bekommt man leicht Angst, denn es ist so dunkel. Daher halten fast alle die Augen geschlossen. Und deshalb schläft man bei geschlossenen Augen ein.

Die Visionärin sagte: »Man hört das Geräusch mit der Seele, nicht außen.«

3. Wachvision: Die Entfernung der Masken

Heute morgen im Bett liegend denke ich an eine Freundin. Sehe ihr Gesicht, schaue es an, dann löst sich ihr Gesicht ab. Dahinter ist ein Kopf, auch mit einem Gesicht, lange aber nicht so ausdrucksstark, eher hell, auch die Haare hell. Dann erscheint das Gesicht einer anderen Frau. Ich sehe das Gesicht, doch auch dieses löst sich langsam vom hellen Kopf ab. Es steht dann vor dem hellen Kopf. Nun kommen der Reihe nach andere Gesichter: zunächst mein Ex-Freund, dann meine Mutter. Schaue mir alle genau an und wieder dasselbe Spiel. Jetzt mein Bruder, der Schulleiter, der stellvertretende Schulleiter. Zuerst kommen nahe, dann entferntere Bekannte. Dann mein letzter Geliebter. Ich selbst bin auch in der Reihe. Ich sehe nur die Gesichter, sie haben keine Körper.

Ich sehe von allen Personen dann die Hände ganz individuell und genau. Wie ein paar Handschuhe stehen die Hände aller Personen von ihren Gesichtern. Dann sehe ich alle Handschriften aller Per-

sonen. Die des Bruders ein bisschen kindlich, die meiner Mutter sehr steil und zackig, die vom Schulleiter usw. Dann schaue ich noch einmal hin. Alle sehen sich mit dem hellen Gesicht sehr ähnlich, das Charakteristische geht verloren, man sieht zwar noch, wer es ist, doch das Markante geht verloren. Die Ähnlichkeit ist nun auffällig, alle sind hell. Alle haben auch dasselbe geschrieben, nämlich: Ich liebe dich! Ich empfinde nicht, dass die Botschaft an mich gerichtet ist, ich weiß aber nicht an wen.
Dann tauchen Gedanken auf. Einzelne Sätze. Ich werde .... morgen zum Bäcker gehen, ich werde ..., ich werde .... Dann: ich mache ... jetzt mal Rechnungen auf, ich mache...., ich mache... und dann: Ich gehe die Straße entlang, ich gehe..., ich gehe ..... Dann stand da noch der Satz: »Alles Konstruktionen! Also: Ich werde, ich mache, ich gehe.

Ich liege im Bett, ruhe mich aus und spüre das Gefühl dessen, was ich gesehen habe. Ich merke, wie sich mein Gesicht löst und mein Sehen, als löse sich eine anderthalbzentimeter dicke Schicht ab. Ich habe das Gefühl das Gesicht hebt sich ab. Ein wenig, es löst sich nicht ganz. Es fühlt sich so an, als wenn eine Maske sich abhebt. Dann das Gleiche mit den Händen, als ziehe ich sie aus wie warme Handschuhe. Alles nicht spektakulär, sehr zart. Aha, so fühlt sich das an. Ja, das war's.

Deutung

Es löst sich die äußere Natur, das rationale, soziale Ich von allem Bekannten ab und schließlich auch von der Träumerin selbst. Dahinter nun enthüllt sich ihr wahres Seelengesicht, hell, doch nicht so charakterstark wie die Masken des Lebens. Ebenso werden die Hände und die Schrift vorgeführt, die ja ebenfalls sehr stark den Charakter betonen. Ja, unsere Charaktermasken sind Masken! Die Visionärin ist auf dem Weg, ihr wahres Gesicht zu entdecken, bzw. erwägt vorsichtig, die Masken abzusetzen.

Es ist erstaunlich, wie unsere Seele – altmodisch das Unbewusste genannt – sehr genau weiß, was los ist. Eigentlich ist das seelisch Unbewusste ja unser wahrhaft Bewusstes. In Wirklichkeit ist unser rationales, bewusstes Ich vollkommen unbewusst. Westliche Psychologie hat das umgedreht. Sie war die erste Psychologie, die das wahre Verhältnis nicht verstanden hat. Alle alten Völker haben den Oberflächencharakter unseres Kultur-Ichs und Materie-Ichs immer als bewusstlos angesehen und als wirklichen Herrn unsere versteckte, überbewusste Seele erkannt.

Einsichten in der Dunkelheit

Drachin, 14 Tage

Man sieht nur mit dem Herzen gut, das Wesentliche ist für das Auge unsichtbar.

Antoine de Saint Exupery

»Du willst also in die Dunkelheit gehen«, sagte Kalweit und blickte mir dabei tief und ruhig in die Augen und noch tiefer in mich hinein. Ja, mir gefiel dieser Ausdruck »zu gehen«, denn man lässt sich wirklich auf eine Reise ein. Wenn man auf diesem Planeten unterwegs ist, gewinnt man irgendwann den Eindruck, dass sich alles wiederholt, Routine und Sitten werden offensichtlich und verlieren ihren Glanz. Die äußere Schicht mag sich wiederholen, aber eigentlich bleibt alles gleich, es gibt keine Evolution im Reich der Menschen.

Die absichtslose Absicht

In der Dunkelheit fand ich mich erstaunlich gut zurecht, wie selbstverständlich arbeiteten meine Hände und Füße, auch wenn es darum ging, Dinge zu finden. Die Hausschuhe, einen Seidenschal zum Augenverbinden – wenn ich mich nicht anstrengte und krampfhaft suchte, waren sie sofort da. Am meisten hat mich dieses Phänomen, das ich »absichtslose Absicht« nenne, im Badezimmer fasziniert. Ich dachte nur »Zähneputzen«, machte eine Handbewegung nach vorne Richtung Spiegel, wo viele Sachen aufgestellt waren, und hatte die Zahnbürste sofort in der Hand. Ich musste nicht einmal tasten! Die andere Hand griff sozusagen automatisch zur Zahnpasta, wieder ohne tasten. Bemerkenswert ist die absolute Leichtigkeit und Geschmeidigkeit dieses Vorgangs. Der Geist sendet einen Gedanken aus und es entsteht ohne Anstrengung eine Bewegung in diese Richtung, es muss also gar nicht so hartnäckig nachgefasst und mental fokussiert werden, wie man meint. Aber wehe, wenn ich dachte, ich beherrsche die Sache! Dann wurde der fließende Griff zur Zahnbürste wieder zum Tasten, zu einem leichten Schlag gegen den Spiegel, ohne dass etwas erreicht wurde.

Das Haus

Mein Betreuer verließ von Zeit zu Zeit das Haus, um Erledigungen zu machen. Nie habe ich das Alleinsein als unangenehm oder gar beängstigend empfunden, im Gegenteil, ich hörte die lebendige Stille dieses Gebäudes, einen schönen, und doch neutralen Ton. Hier war ein gelegentliches Phänomen interessant – das Haus schien manchmal zu wachsen oder sich etwas zusammenzuziehen. Ein Erlebnis empfand ich beeindruckend: ich hörte, wie die Haustür ging, es still wurde, und plötzlich war das Haus weg. Es war nur noch Wald da, so als würde ich in eine Zeitdimension versetzt, in der an dieser Stelle noch kein Haus gestanden hatte.
Gelegentlich erlebte ich auch eine Zeitdimension, in der ein Weg an der Stelle verlaufen sein muss, wo sich das Fußende meiner Matratze befand. Ich hörte Wagen rumpeln und Menschen vorbeistapfen, ohne dass ich jedoch jemals nur einen Funken von Angst gehabt hätte.

Der Körper

Während der Dunkeltherapie erlebte ich meinen Körper sehr vollständig und natürlich. Die klassischen Rücken- und Bauchverspannungen einer Schreibtischtäterin lockerten sich wie von selbst. Das ist meine entscheidendste Körpererfahrung in der Dunkelheit: wenn man den Körper in Ruhe lässt, organisiert und regeneriert sich dieses System praktisch wie von selbst, außer wenn es wirklich erheblich aus der Balance gebracht worden ist. Manche Körperregionen könnten sicherlich eine Ruhepause von drei bis vier Wochen gebrauchen, aber selbst vierzehn Tage sind schon ein großer Segen.

Ich hatte beschlossen streng zu fasten, um meine Klarheit zu stärken und die Wahrnehmung zu verfeinern. Es gab nur heißes Wasser und Kräutertee und gelegentlich etwas Zitronensaft mit Honig.

Erstaunlich war auch meine gute Laune. Ich litt während der zwei Wochen in der Dunkelheit kein einziges Mal unter einer extremen Stimmungsschwankung. Das zeigt mir, dass emotionale Schwankungen wesentlich von der Umwelt und den Mitmenschen verursacht werden.

Dass eine bestimmte Art von Denk- oder Gefühlsprozessen mit einer bestimmten Körperhaltung verbunden ist, ist aus dem NLP bekannt. In der Dunkelheit experimentierte ich damit und machte eindeutige Erfahrungen, die nicht durch visuelle Eindrücke gestört wurden: Sitze ich leicht nach vorne gebeugt und senke den Kopf etwas, komme ich automatisch in einen Grübelzustand, das Denken ist bereits von Gefühlen überlagert oder beginnt sich in Schleifen zu formieren. Senke ich den Kopf noch weiter, komme ich in die Empfindungsebene, die sich bis hin zu einer Gefühlsdümpelei entwickelt.

Deshalb heißt es ja auch Kopf hoch, wenn man klarer und fröhlich sein will. Nicht umsonst wird in den östlichen Traditionen auch deshalb so viel Wert auf eine aufrechte Körperhaltung gelegt.

Aufsteigen von Bildern

Gerade zu Beginn der Dunkeltherapie stiegen sehr viele Bilder von Lebenden und Toten auf. Ein typisches Phänomen war hier für mich, dass fast ausschließlich der Kopf zu sehen war und die Augen besonders groß und lebendig erschienen. Die Augen sind der Spiegel der Seele, vielleicht wäre das eine Erklärung für die großen Augen. Die Personen sprachen auch eine »Seelensprache«, ganz kurze, schlichte Sätze und Wahrheiten. Es wurde auch überhaupt nicht diskutiert, sondern die Essenz der Beziehung vermittelt, z.B. »Ich wollte dich nicht verletzen« oder »Das mit Person X lass mal meine Sache sein, damit hast du überhaupt nichts zu tun und es würde nichts bringen, wenn du dich einmischst.« Die Botschaften wirkten immer liebevoll, ich habe keine Bosheit oder Aggression wahrnehmen können.

Träume und außerkörperliche Erfahrungen

Seit vielen Jahren bin ich mit außerkörperlichen Erfahrungen vertraut und ich begrüße diese Zustände immer wieder, wenn sie auftreten. Mit einem feinen Summen bis starken Vibrieren löst sich die Seele aus dem Körper. Bei diesem Austritt wird sie wie eine Batterie ganz stark wieder aufgeladen, eine sehr belebende Erfahrung, von der ich immer noch einige Zeit zehre. Bei dieser außerkörperlichen Erfahrung begab ich mich in ein Zimmer, das mit weißen Stoffen ausgestattet war. Das Licht war blendend hell wie das Tageslicht und wurde durch die weißen Stoffe zusätzlich verstärkt. Während ich kurz mit einer Person, die sich in diesem Raum aufhielt, sprach, gab es einen Teil in mir, der nicht glauben wollte, dass es so hell war – ich war doch in der Dunkelheit und selbst das innere Licht war nicht so gleißend, dass es mit dieser Helligkeit mithalten konnte. Und so versuchte dieser Teil von mir, einen Vorhang im Raum zuzuziehen, um den Traum meinem inneren Lichtniveau anzupassen. Davon erwachte ich auch und ging in meinen Körper zurück. Dank der Intensität der Körpervibration und der Lichtwahrnehmungen ist mir diese Erfahrung stärker im Gedächtnis geblieben.

Die Traumqualität verbessert sich grundsätzlich in der Dunkelheit, es gibt eine volle 3D-Show in bester Farb- und Tonqualität. In manchen meiner Träume ging es um zukünftige Projekte, wie etwa um eine Wüstenwanderung. Hier lief ich die Kamelkarawane

ab und sprach mit den Gruppenmitgliedern, obwohl ich noch nie an einer solchen Wanderung teilgenommen hatte.
Manche Träume verarbeiteten auch nur banale Alltagserlebnisse. Die Zahl dieser Träume nahm jedoch rapide ab.
Eine weitere Art von Träumen spiegelt den aktuellen Wachstumsprozess während der Dunkeltherapie wider. Hier ein Beispiel:
In einem Traum erlebe ich mich als Einsiedlerin hoch oben an einem Berggipfel. Als ich den Weg wieder ein Stück bergab gehe, ist er von streunenden Hunden und Abfall gesäumt und endet in einem winzigen Felsentor. Durch dieses Nadelöhr war ich wohl irgendwie hindurch gekommen. Ich verstehe plötzlich, wie nahe ich jetzt dem Gipfel bin. Ich kehre um und beginne, wieder bergauf zu laufen. Bereits nach der nächsten Wegbiegung sind die Luft und das Licht wieder bedeutend frischer und klarer und ich freue mich, in meine noch weiter höher gelegene Klause zu gelangen.

Das Licht

Die Bezeichnung »Yoga des inneren Lichts« war sicherlich ein Punkt, der mich bewogen hat, mich auf den Prozess in der Dunkelheit einzulassen. Am Anfang war mein Wunsch, das Licht endlich zu sehen, sehr stark. Mit etwas Anfängerglück hatte ich auch sehr schnell einige Lichteindrücke. Zuerst nur Blitze und Kometen, dann Lichtexplosionen und schließlich eine anfangs oszillierende, dann gleichmäßig strömende Lichterfahrung. Ich nahm das innere Licht als erstes im Stirn und Scheitelbereich und gegenüberliegend im Hinterkopfbereich war, dann kamen »Scheinwerfer« seitlich und schließlich war der ganze Kopf in Licht getaucht. Fast ein Schock für mich war es, als ich vom Steißbeinbereich aus ebenfalls ein weißes Licht wahrzunehmen begann, zuerst wie einen Vulkanausbruch und dann wie ein loderndes, aufsteigendes Feuer. Der ganze Körper war eine einzige Lichtwolke, was am Anfang vom Verstand her schwer zu ertragen war. Ich erdete mich ein wenig, indem ich aufstand und mich bewegte oder etwas trank.

Der Haken ist – wenn man stark in Gedanken oder gar zielgerichtet oder in Gefühlen versunken ist, so geht das Licht weg. Es ist zwar eigentlich immer da, aber die Wahrnehmung wird von Gedanken oder Gefühlen überlagert, es bildet sich eine Art Vorhang, durch den, wenn überhaupt, nur ein Dämmerschein zu erfassen ist. Dieses Licht kann als Licht der Seele bezeichnet werden. Der Zustand, in dem man das Seelenlicht sehen kann, ist der Zustand des Seins, alles fühlt sich leicht an und ist im Fluss.

Auf dieser Ebene erfuhr ich auch, dass der Körper nicht fest mit der Seele verbunden ist, sondern eher »locker eingehängt«. Ist der Körper im Sein, ist er gesund. In dem Moment, in dem starke negative Gedanken- oder Emotionsenergien das Seelenlicht zu überdecken beginnen, dringen sie auch in den Körper ein – wie schärfste Glassplitter und Stacheldraht.
Nie habe ich die so häufig beschriebene Wirkung von Gedanken und Gefühlen auf den Körper so unmittelbar erfahren wie in der Dunkelheit.

Die Wahrnehmung des Seins

Die Wahrnehmung des inneren Lichts ist nur ein erster Schritt auf der Reise in die inneren Welten. Als ich etwas mehr Übung darin hatte, in den Zustand des inneren Lichts zu gehen und ihn zu halten, war ich daran interessiert, weiter zu gehen. Wo kam das Licht her? Diesen Schritt konnte ich in einer meiner Übungen machen. Ich war in einem tiefen Entspannungszustand und folgte dem Lichtstrom – meinem Seelenlicht – und erlebte ihn als Emanation, als einzelnen Strahl eines riesigen Lichtmeeres, das in einer ständigen wogenartigen Bewegung ist. Mir gelang es mühelos, dieses Meer zu durchqueren, bis ich an einer Art Tor angelangte. Dort traf ich auf zahlreiche Gottheiten, Archetypen und Bodhisattvas. Ich war recht erstaunt – die »Götter« waren gar nicht so weit draußen, wie ich mir das vorgestellt hatte, im Gegenteil, sie sind sehr nah, etwa so, wie in Indien an jeder Straßenecke Shiva anzutreffen ist.

Dann passierte ich das Tor, mit einer großen Leichtigkeit, die den ganzen Prozess über anhielt. Ich gelangte in einen sehr dunklen und absolut stillen Bereich – ich nenne ihn die Ruhe vor dem Sturm oder dem Lichtmeer, das draußen tobte. Ich ging weiter und erreichte einen weiteren, sehr dunklen Bereich, in dem aber sehr viel schlangenartige Bewegungen wahrzunehmen waren, ich nenne sie die formenden Kräfte. Kurz danach erreichte ich das Ende dieses Tunnels oder dunklen Schlauchs und landete – im Nichts. Vielleicht wäre das schwarze Vakuum des Weltalls ein Vergleich oder das geschwollene chinesische Wort Wu Wei, das wohl kaum ein Mensch wirklich versteht. Bezeichnend für mich war das absolut Unsensationelle – kein Engelsorchester, keine Lichtorgien oder höhere Wesenheiten – nur ein absolutes, schlichtes Nichts.
Nach dieser Einsicht beschloss ich, zurückzugehen – vom Nichts in die formenden Kräfte, in das Ruhen und Verharren vor der brausenden Lichtmeerbewegung bis hin zu meinem persönlichen Lichtstrahl, der Seele. Ich war also nicht alleine, sondern über das Lichtmeer mit allen anderen Wesenheiten auf dieser Ebene verbunden.

In die Schwärze gehen

Als ich in der Badewanne lag, sehr entspannt war und mich in mein Seelenlicht einstimmte, beschloss ich weiter zu gehen und das Lichtmeer tiefer zu erfahren. Sehr schnell erfolgte ein Gefühl der Auflösung und des Einsseins, ich war gar nicht mehr vorhanden, sondern nur noch meine Umgebung, eine Verschmelzung, die sich immer noch mehr ausdehnte.
Plötzlich wurde es im Badezimmer um ein Vielfaches schwärzer, es wirkte wie schwärzeste Gewitterwolken, die sich immer mehr verdichteten. Ich sah mich von einer tiefstschwarzen, engen Haut umschlossen. Bevor sie sich noch enger um mich legte, sah ich, wie ich meinen Körper verlor. Das Verlieren des Körpers wiederholte sich in unterschiedlichen Bildern, einmal war es wie eine Häutung, wie ein Abplatzen einer Samenhülse; dann folgten

Bilder des völlig Zerquetschtwerdens und lebendig Begrabenwerdens. Obwohl diese Bilder recht haarsträubend waren, blieb ich unberührt und schaute nur zu. Dann erfolgte die Phase, in der sich die Schwärze wie eine ganz enge Haut um mich legte. Ich überlegte, ob ich mich bewegen oder sonst etwas tun sollte – als Antwort kam immer »Du kannst NICHTS tun« und »es gibt keine Bewegung, keine gedanklichen Handlungen, es gibt nichts«. So blieb nur ein Verweilen in diesem Zustand, bis plötzlich wieder das innere Licht, mein Seelenlicht einströmte und ich wieder in einem Zustand war, in dem ich mich bewegen konnte. Die ganze Zeit über war ich ein neutraler Beobachter gewesen, nur mein Gesicht triefte vor Schweiß.

Nach dieser starken Ausdehnung im Geist folgte ein Rückholungsversuch seitens meines Ego. Ein fürchterliches mentales Schimpfen setzte ein, das sei hier alles unsinnig, warum wollte ich meine Zeit vergeuden. Ein emotionaler Sumpf schwappte nach oben, es folgte eine Diashow von Bildern aus der Kindheit, Situationen, in denen sich das Kind hilflos oder ängstlich gefühlt hatte. Ich beschloss, einfach nur dazusitzen und zu warten, bis das Gewitter vorbeigezogen war. Der körperliche Höhepunkt war ein starker Schmerz im Bauchbereich, eine totale Verhärtung der Bauchdecke und eine durchfallartige Entleerung des scheinbar leeren Fastendarms, hier kam wirklich Uraltes hervorgebrochen. Danach folgten Entspannung und eine schöne Weichheit.

Wenn sich der Geist weitet, entsteht plötzlich der Raum für Lösungen und Reinigung, und es ist immer wieder faszinierend, wie der Körper im Echo darauf reagiert.

Wieder im Tageslicht – das Sehen

Als es nach zwei Wochen an der Zeit war, wieder ins Tageslicht zu gehen, fragte ich mich, ob es mir möglich sein würde, wieder normal sehen zu können. Zuerst erschien mir das Tageslicht unendlich grell, selbst bei geschlossenen Augen mit vorgehaltenen Händen. Ich setzte mich und ließ mir Zeit. Ein Blinzeln zeigte mir einen überwältigenden Farbenrausch. Und ich konnte auch sofort wieder lesen, was auf einem Flaschenetikett stand! Kontraste wie ein kornblumenblauer Becher auf einem orangefarbenen Tablett sind ein Fest für die Augen. Sie trinken diese Reize förmlich.

Das erste Verlassen des Raumes – mein Körper weiß, wie man läuft, aber nun kommen die Augen sozusagen als Kamera hinzu und senden minimal zeitverzögert. Das bedeutet, dass man den Schritt eigentlich schon getan hat, bevor das Auge seine Sehinformationen ans Gehirn gesendet und dieses sie weiterverarbeitet hat. Das Laufen bekommt ein Sehecho, nach dem es sich erst einmal wieder richten muss. Im Alltag ist dieses Phänomen für uns so selbstverständlich, dass es gar nicht mehr bemerkt wird.

Wahrnehmung der Natur – Bäume und Sterne

Bäume erhalten eine eigentümliche Lebendigkeit, wie ein Regiment steht der Wald da, lebendig und doch still, ein aktives, natürliches Verharren. Wenn ich die Äste betrachte, kann ich die Bewegung der formenden Kräfte sehen, das Aufwärtsstreben, das Ausdehnen.

Sterne erhalten eine enorme Leuchtkraft und Tiefe, wenn man aus längerer Dunkelheit kommt und sie betrachtet. Wenn ich mich auf einzelne Sterne einstimme, kann ich sogar individuelle Töne hören.

Die Tagesqualitäten sind in der Dunkelheit ebenfalls sehr stark und klar wahrzunehmen. Ich konnte den Ton des Sonnenauf- und -untergangs hören, er ist wie ein Gong. Die Luft wird in diesen Stunden dichter und lebendiger. Kein Wunder, dass zu dieser Zeit auch die Vögel am lautesten singen.

Trotzdem der Raum vollkommen abgedunkelt war, konnte ich den Tag wahrnehmen. Er wirkt für mich klarer und härter, während sich die Nacht weich und anschmiegsam anfühlt und die Kraft der Dunkelheit noch unterstützt.

Die Dunkelheit ist wirklich eine gute Freundin von mir geworden, ich habe wirklich nie Angst während der Dunkeltherapie gehabt, als Kind, wenn ich in den dunklen Keller gehen sollte, aber sehr wohl.

Epilog

Enttäuschung und Hoffnung

Ich bin oft enttäuscht über viele Besucher und die geistigen Bewegungen, in denen sie stehen. Eine tiefe, existentielle Enttäuschung über die Verfassung unserer Spezies. Ich bin enttäuscht auch über mich – und gleichzeitig hilflos. Mit 18 Jahren habe ich gewissermaßen in einem Anfall von Größenwahn, kosmischen Verschmelzungssehnsüchten, jugendlichem Leichtsinn, Selbstüberschätzung und erfüllt von dramatischer Hoffnung alles erreichen zu können, den Fuß auf die Landkarte gesetzt und bin durch die Welt gewandert. Die physische Ferne anderer Länder, meinte ich, helfe die Ferne des Geistes zu finden. Es schien zunächst so. Doch die Zeit zeigte, weitab gelegene Länder und Kulturen erweitern lediglich den intellektuellen Horizont, relativieren die eigene kulturelle Position, werfen einen aus der Erde des Europäertums hinaus und setzen einen ab in eine kulturlose Wüste des Alleinseins. Das stärkte sicherlich meine Suche und meine Unabhängigkeit von kulturellen Maßstäben, aber ich merkte, ohne die Maßstäbe, die einem eine Landschaft und die Geschichte eines Volkes aufprägen, lässt sich nur schwer leben.

Das Studium der Völkerkunde und mein Beruf als Schamanen- und Mythenforscher bei den abgelegenen Stämmen der Welt hat den kulturfreien Raum, in dem sich meine Seele bewegt, noch erweitert, ganz bin ich jedoch nicht frei vom Kultur-Ich. Und auch wenn ich zu tierischem Verhalten, tierischer Seinserfahrung zurückgegangen wäre, was mir oft vorschwebte, wäre dennoch ein Verhaltenskodex über mich gestülpt worden. Denn das ist meine Erkenntnis: Auch im Geistzustand sind wir beherrscht von einem Seinskodex. Solange das reine Sein nicht erlangt ist – was im körperlichen Zustand unmöglich ist – bleiben wir zwangsläufig an kulturelle und biologische Seinsmaßstäbe gebunden. Das

Dasein ist in Treppenstufen unterteilt und wenn ich auf Stufe 5 stehe, vermag ich Stufe 8 niemals zu erschauen, geschweige denn zu verstehen. Die Stufe 5 erreicht zu haben, lässt mich allerdings glauben, über dem Wissen der Stufe 3 zu stehen. Also: Je niedriger meine Stufe, desto eher muss mein Geist annehmen, alle anderen Stufen überblicken zu können beziehungsweise, desto eher muss ich mich als höchste Stufe einstufen.

Dieses merkwürdige »Gesetz der umgekehrten Reihenfolge« beherrscht unser gesellschaftliches Leben, indem im Allgemeinen die untersten Geisteswesen die obersten Positionen einnehmen und so die Kultur von oben nach unten drücken. Daher die Unmöglichkeit eines Geistesheroen sich innerhalb der Kultur zu entwickeln und zu offenbaren, ihm bleibt nur der Weg der Isolation, des Rückzugs und des Rufens aus der Wüste. Naturgemäß wird er nicht gehört, allein einige wenige erwählen sich zu Auserwählten, setzen sich zu Füßen des Einsamen, üblicherweise eine wilde, von merkwürdigen, irrealen Hoffnungen beseelte Schar geistig umherirrender Sucher. Dieser zielstrebigen, hartnäckigen Schar von Suchern, die all ihre unbewussten Wünsche auf den Finder projizieren, fällt der Meister im Allgemeinen zum Opfer, er wird ihr Herrscher oder ihr Opfer, verbrämt unter dem Druck des selbsternannten Schülers seine persönliche Erfahrung zu geologischer Festigkeit in Gestalt eines Kodex geistiger Verhaltensnormen. Damit geht seine Lehre – kaum erfahren – unter. Mit dem Glauben, einen individuellen Durchbruch in die Einheitserfahrung verallgemeinern zu können und einen Generalweg durch die Illusionsstrukturen entwerfen zu können, scheitert man notorisch. Es ist das Eigenartige der individuellen Geisterfahrung, nicht übertragbar zu sein auf andere, nicht aufgeschrieben werden zu können für andere. Geschieht dies wie üblich dennoch, wird durch die Augen von anderen gelesen, durch die Ohren von anderen gehört, und so stirbt diese persönliche Erfahrung ab zu Alltagsklischees, wird im Handumdrehen Religion, über Nacht spirituelle Lehre.

Nur in der freien Luft des persönlichen Werdegangs mit all seinen individualgeschichtlichen Irrungen und Verwirrungen, seinem geschichtlichen und schicksalsmäßigen Hintergrund vermag sich eine Lehre zu halten, das bedeutet dann nämlich, der Schüler macht sich selbst ganz individuell auf den Weg und lässt den Geistesfunken, der auf ihn übergesprungen ist, auf dem Nährboden seines eigenen Erlebens wachsen.

Und das gilt auch für die Dunkeltherapie: Der Weg durch die Dunkelheit ist ein ganz eigener, es gibt keinen vorgeschriebenen, verallgemeinerbaren Pfad durch die Nacht. Jeder bringt, was so genannte spirituelle Methoden anbelangt – sofern es sie gibt, sofern sie nützlich sind – sein eigenes Köfferchen mit, packt es in der Dunkelheit aus und stellt zu seinem Erstaunen häufig fest, dass sich seine geliebte »Technik« in der Dunkelheit nicht durchführen lässt, *weil die Dunkelheit bereits selbst die »Technik« ist.* So bleiben Qi Gongkugeln und Yogakissen ungeliebt in dunklen Ecken liegen und einige erkennen mit einem Mal das Künstliche, Gewollte ihrer so genannten Praxis. Sie erkennen, mit ihren Methoden wollen sie den Teufel mit dem Beelzebub austreiben, die Unruhe des Alltags wollen sie ersetzen durch Methodiksucht, weil sie nicht wirklich loslassen können vom allzumenschlichen etwas haben und sein zu wollen. Ihre Spiritualität, ihr angelesenes und angehörtes Wissen wird jedoch ungefragt verschluckt von der Finsternis. Die Nacht zeigt: Das Sein selbst ist der Weg, die Methode, die Übung, die Religion, der Geist. Es gibt nichts zu üben, nichts zu suchen, keine Technik. Das ist der direkte Weg. Ich spreche nicht grundsätzlich gegen methodische Umwege, es ist lediglich so, dass die Dunkelerfahrung zeigt, spirituelle Methoden sind eine Abschweifung, nichts als eine weitere Vermeidungsstrategie aus Angst, dem Sein unmittelbar ins blinde Auge zu schauen. *Spirituelle Übungen sind geronnene Angst, doch gelegentlich hilfreich dem Schwachen.*

Ich besitze kein Übungsprogramm für den Dunkelaufenthalt, ich kann Vorschläge machen, doch bisher wollte noch niemand einen Vorschlag hören. Entweder war jeder so eng mit seiner Methode verbunden oder seine Methode wurde ihm von der Direktheit der Dunkelheit aus der Hand genommen. Ich habe nichts zu sagen als Betreuer. Ich bringe Tee, höre die wilden Geschichten der Seele und des Geistes, schaue mir von außen die Verwirrungen der Gefühle, die Übersteigerungen der Spiritualität, die Sackgassen der Hoffnungen an und warte auf die Flut der Dunkelheit, die das Gegenargument, den beruhigenden, erlösenden Satz ausspricht, die Wogen der Emotion glättet, übereifrige Geistessucher beruhigt, indem sie diese so lange einhüllt, bis sie auf sie schauen. Ich vertraue auf die Nacht, die das Licht enthält, wenn das individuelle Wissen zerrieben zwischen Nichtstun und Nichtsdenken sich auflöst und dem Sucher, nun zum Nichtsucher geworden, einen Lichtblitz der Einheitsschau vermittelt.

Leben von Impuls zu Impuls

Es gibt keinen Plan wie Dunkeltherapie ablaufen sollte, kein Programm, keine Methode. All das würde erkünstelt wirken und bald über Bord geworfen werden. Das ist eigentlich die Essenz der Dunkelheit: Nicht zu planen, weil ja das Dunkel die Zeit schluckt, man sitzt fest auf einem Gegenwartspunkt. Planung für das Morgen interessiert nicht im Dunklen. Zwar tauchen wir in Rhythmen immer wieder in die Zeitwelt auf, doch versinken wir ebenso schnell wieder in der Nacht. Wer also einen Therapieplan verkauft haben möchte, mit Garantie für Erleuchtungserlebnisse – worum mich manche Sucher tatsächlich bitten – dem wird die Finsternis einen Streich spielen. Im Tageslicht leben wir nach Plänen und Zeiten, in der Nacht von Impuls zu Impuls. Zeit tritt dann auf der Stelle, ist nicht mehr. Daher sagen die Menschen, die sieben Wochen im Dunkel bei mir waren: »Wo ist die Zeit geblieben, bin ich doch gerade angekommen?« Die lichtlose Welt ermöglicht also das Jetzt und deshalb kommen die Menschen zu mir: Jetzt-Erfahrung.

Glossar

Bön

Bön oder Bon (Bön = Lebensweg) ist die Bezeichnung für die vorbuddhistische Religion Tibets. Als Gründer des Bon gilt Tonpa Shenrab Miwoche. Früher hieß Tibet Bon. Heute existiert Bön in einem stark mit dem Buddhismus vermischten Zustand. Andererseits ist auch der tibetische Buddhismus durch einen sehr großen Teil Bön-Philosophie gekennzeichnet, was ja das Charakteristikum des Buddhismus Tibets im Gegensatz zum Buddhismus in anderen Ländern wie Japan, Thailand oder Burma ist.

Die Bön Religion Tibets gründet sich auf einer Kosmologie. Als höchstes Gottesprinzip galt *yeshen*; *ye* bedeutet »ursprünglich« und shen »heilig, himmlisch, geistig«, kann aber auch »Freund« oder »Verbündeter« heißen. Yeshen ist ein Zustand letzter Ruhe. Aus ihm geht ein energetischer Aspekt hervor, genannt *sê* und aus diesem geht der materielle Kosmos hervor; hier regieren die Lha, die Götter. Der König Tibets hieß daher im vorbuddhistischen Tibet *lha* und die Hauptstadt Lhasa (*sa* = Ort) also Ort oder Stadt der Götter. Sê wurde aufgesplittert in neun schöpferische Zustände oder Gottheiten, dies sind die Wirkprinzipien des *sê*. Jedes dieser neun energetischen Prinzipien besitzt wiederum Helfer und Botschafter (*dêgyê*). Da *sê* Materiekosmos und Geist verbindet, bzw. zwischen ihnen steht, ist *yeshen* logischerweise nur erreichbar über eine Meditation von *sê*.

Bardo

Tib. Zustand, Lebens- und Todeszustände
Die sechs Bardos (Zustände des Daseins)

1. Bardo des Lebens – *Kye Ne Bardo*
   Zeit zwischen Geburt und Sterben
2. Bardo des Traumes – *Milam Bardo*
   Zeit zwischen Einschlafen und Erwachen

3. Bardo der Meditation – *Samten Bardo*
   Zeit zwischen Tod und Wiedergeburt
4. Bardo des Sterbens – *Chikai Bardo*
   Zeit zwischen Sterben und Todesbardo
5. Bardo des Todes – *Chokyi Bardo*
   Zeit zwischen Tod und Wiedergeburt
6. Bardo der Wiedergeburt – *Sipai Bardo*
   Zeit zwischen Todesbardo und Geburt

Bhaksha
Spannungen und Probleme, die im Traum auftauchen, nennt man im Sanskrit Bhakshas. Es sind die Spuren, zurückgebliebener Alltagsreste. Das Durcheinander im Traum, das Hin und Her der Bilder und Gefühle – das ist Bhaksha. Bhakshas sind so wie Fußspuren im Sand, die zurückgeblieben sind, obwohl der Läufer längst verschwunden ist. Ein Tag hinterlässt unendlich viele solcher Spuren in uns. Sie verbergen sich hinter unserem Wachbewusstsein und beeinflussen uns.

Chokyi-Bardo
Bei der »Übung der Nacht« (Yangtik) ziehen sich unsere Sinne schrittweise zurück, wodurch man einschläft. So auch beim Tod: Zuerst erlöschen die Sinne, das wird Chokyi-Bardo, Zustand des Todesaugenblicks genannt, dabei hat man vielerlei Sinnesempfindungen, die aus dem Erlöschen der Sinne herrühren. Danach tritt man in eine Art Bewusstlosigkeit oder Ohnmacht ein und damit beginnt der »Aufgang der Vier Lichter«, auch Mutter-Licht genannt; danach setzt das Bewusstsein wieder ein, aber auf einem höheren Niveau, denn es ist jetzt befreit vom Körper und den Sinnen und folglich unabhängig. Als Nächstes beginnt ein weiterer und letzter Bardo-Zustand, das sogenannte Sipa oder Sipai-Bardo, das zur Wiedergeburt überleitet.

Dharmakaya
Dharma = *sansk.* der Weg, das Sein; kaya = Körper, Dimension,

Zustand. Drei Dimensionen gibt es nach fast allen alten Überlieferungen und Religionen. Im tibetischen Buddhismus Dharmakaya, Sambhogakaya, Nirmanakaya (*tib.* Bon sku, Rdzongs sku, Sprul sku) genannt. Dharmakaya ist die höchste Dimension, Sambhogakaya ist die Dimension der Psyche oder des Plasmas, des Todesreichs. Die unterste Dimension ist das stoffliche Leben wie wir es alle kennen.
Nach der buddhistischen Philosophie ist das Sein an sich leer, ohne Inhalte und Formen; es ist höchstes reines Bewusstsein. Dieses reine Sein nimmt aber die Gestalt von Energie (Lung, Prana, Tigle, Sambhogakaya) an, und diese Energiedimension wiederum verdichtet sich weiter zu Materie (Nirmanakaya). Dharmakaya (Leere), Sambhogakaya (Energie), Nirmanakaya (Materie), das ist das Drei-Welten-Modell. Dabei wird davon ausgegeangen, dass es eine Möglichkeit gibt, sich aus der Materiedimension zu befreien und in die energetische Nachbardimension und von dort zurück zum Ursprung allen Seins zu gelangen.

Dharmata
Es treten im Zustand des Todes verschiedene Lichtstärken auf. Wir sehen Licht, und gleichzeitig ist unser Bewusstsein in einem Zustand innerer Leere. Je intensiver das Licht wird, desto leerer wird man bzw. desto klarer wird das Bewusstsein und umso weniger Ego bestimmt einen. Höchstes Ziel ist es, Dharmata zu erreichen, die allem zugrunde liegende Essenz oder Leere, das Klare Licht.

Dzogchen
Man unterscheidet drei Klassen des Buddhismus: Sutra, Tantra und Dzogchen. Dzogchen gilt als höchste Form der Meditation in der tibetischen Bön-Religion sowie im tibetischen Buddhismus, insbesondere der tibetischen Nyingmapa-Richtung. Existenz und Nichtexistenz gelten nach dieser Überlieferungslinie als eins, das ist der große zu erfahrende Widersinn. Es gibt nicht hier Existenz, da Nichtexistenz – mit einer solchen Anschauung

bleiben wir ewig in der Dualität gefangen. Das Sein enthüllt sich bei genauer Betrachtung als Nicht, und das Nicht, sofern wir es erfahren, enthüllt sich als die Weltvielfalt. Der geistige Weg versucht diesen Widersinn zu ergründen. Er ist nicht beschreibbar nur erfahrbar.

Kaya

Kaya = Zustand, Dimension, Körper. Im Buddhismus geht man von drei Kayas, drei Weltdimensionen aus, die sich im Individuum als Geist, Seelenbewusstsein, Körper darstellen.

Kunzhi

Tib. Kunzhi = Leere, raumloser Raum.
Sansk. alaya vijnana. Ziel der Meditation ist es, Kunzhi zu erfahren. Kunzhi ist die Basis von allem und die kann es eben nur sein, wenn es ganz leer und frei von Dualität ist, sonst wäre es ja bereits etwas.

Lhundrub

Ganz allgemein der Zustand nach dem Tod.

Mahamaya Tantra

Sansk. maha = groß, maya = existentielle Täuschung, Tantra = Faden, Netz, das universelle Netz, das alles miteinander verbindet. Die Tantras, die tantrischen Schriften sollen aus dem Sambhogakaya, der seelischen Energiedimension empfangen worden sein. Wie zu erwarten, beschäftigen sich diese Schriften insbesondere mit dem Plasmakörper. Im Mahamaya Tantra-Text wird die Schulung des Traumbewusstseins besprochen. Das Streben nach luziden Träumen (Wachträumen) bleibt jedoch reine Spielerei, solange es nicht in einen umfassenden Plan der Meditation und des Traum-Yoga eingebettet ist. Das Ziel der Traumschulung ist Folgendes: Nach dem Tod, also im Todesbardo, lebt man im Sambhogakaya. Dort existiert man ohne Körper, die Gefühle, das Denken und das Ich bleiben jedoch voll erhalten. Da jedoch keine Materie mehr da ist, projizieren unsere Vorstellungen und Glaubenshaltungen eine illusionäre Welt. Jeder schafft sich dort seine eigene Welt auf der Grundlage seiner Überzeugungen. Das Sambhogakaya ist daher eine Art Hölle, in der Tat die buddhistische Hölle. Es geht bei der Traumschulung nun darum, wach zu bleiben beim Träumen, damit man auch wach bleibt im Todesreich. Man sollte wach sein im Leben, im Traum und im Todesbardo. Die Meditation verhilft dazu im Leben, der Traumyoga im Traum und im Todesbardo. Wer wach bleibt, der bleibt Herr über seine illusionären Gedanken und Gefühle und das ist das Wichtigste im Todesreich, denn die Gefühle werden dort leicht zu objektiven Wirklichkeiten und spiegeln einem eine falsche, subjektive Welt vor. Wer seine Träume beherrscht und ihnen wach-bewusst zuschauen kann, der sieht, wie sie aus subjektiven Gefühlen heraufdämmern, er erkennt so die selbst gestrickte Natur seiner Träume, er erkennt, dass es ein Traum und keine Wirklichkeit ist und diese Befähigung wird er dann mit hinübernehmen ins Jenseits und kann dort seine Halluzinationen als persönliche Phantasien und karmische Bilder erkennen. Auf diese Weise fällt er ihnen nicht zum Opfer.

Nada (Shabda)
(Begriffe aus der vedischen Tradition) Der unhörbare Ton oder Urton, den man nach langer Meditation hören kann.

Plasma
Griech. Nachbildung, Gebilde, Bild, Erdichtung. *plastäs* Bildhauer; *plastäos* erdichtet, untergeschoben, erlogen. Man sprach auch vom Psychoplasma als dem Material der Psyche. Das Plasma, der Stoff der Psyche, wurde also als etwas Erdichtetes verstanden, als etwas Reales, aber ebenso Erlogenes, und genau das trifft auf unsere psychische Konstitution zu, weshalb ich mit diesem Begriff die psychische Dimension bezeichne.

Psyche
Griech. Luft, Atem, Hauch. Psyche wurde als etwas Feinstoffliches verstanden. Psychen leben zwischen Uranos, dem reinen Geist und der Materie als eine Mitteldimension. Psyche galt als die Frau von Eros, womit auf die magnetische, anziehende Kraft unserer Psyche verwiesen wird.

Nirmanakaya
Nirmana = Stoff, Körper; kaya = Zustand, Dimension; *tib.* sprul sku. Steht für unsere Materiedimension, den menschlichen Körper.

Rigpa
Ruht man ganz auf einem Punkt, so ist man Nicht-Ich, erscheinen keine Visionen mehr, die Zeit schrumpft, ebenso der Raum, denn beides sind nur Energiemanifestationen des Bewusstseins. Auch das Ich, das nur auf der Basis der Unruhe der Energie entsteht, löst sich auf und dann ruhen wir in Rigpa, der Leere. Eine neue Art der Freude kommt auf, Freude der Leere, Freude Nicht-Ich zu sein. Es gibt dann keine spirituelle Praxis mehr. Der Rigpa-Zustand muss nicht nur kurzfristig auftreten, er kann stabil werden und lange anhalten.

Sambhogakaya
(siehe Dharmakaya und Nirmanakaya) sambhoga = Genuss; kaya = Körper, Dimension – also seelische Genusszone. Als Genusszone beschrieben, weil sich hier sämtliche seelischen Bedürfnisse erfüllen und Wirklichkeit werden, wohlgemerkt gute wie schlechte, weshalb diese Zone, die ja identisch mit der buddhistischen Hölle ist, als kalte und heiße Hölle beschrieben wird! Diese zweite Dimension, die aus dem Dharmakaya hervorgeht, wird unter dem Aspekt des Lichtes beschrieben, als »Licht der Vollkommenheit« bezeichnet. Nicht das uns bekannte Himmelslicht ist gemeint, sondern das seelische Energielicht, das nicht von der Sonne kommt und das in der Dunkeltherapie heraufdämmert.

Thigle, Tigle
Tigle = *tib.* Tropfen; *sansk.* Bindu. Tigle Chenbo = Große Kugel, das Allumfassende, Ausdruck für Dzogchen. Wird auch als Bezeichnung für die Samenflüssigkeit des Mannes sowie der Scheidenflüssigkeit der Frau verwendet. Thigle bezeichnet die feinstoffliche Energie. Mit Thigle sind auch winzige Kugeln plasmatischen Regenbogenlichts gemeint. Wir kennen das Reine Licht, das Geistlicht des Dharmakaya; wenn sich dieses bewegt, sprich unruhig wird, verunreinigt es sich, dann nennt man es Regenbogenlicht, weil dabei – im Dunkeln beobachtet – Regenbogenfarben auftauchen. Das ist das Licht des Prana, der Energie, der Seele, des Sambhogakaya. Es stellt sich als die Fünf Lichter dar, als ein Fünffarbiges Thigle. Das Reine Licht splittert sich also auf, wenn es schwächer wird und das ist Thigle. Dann gibt es das dritte Licht: Das Sonnenlicht der Natur, wie es jeder kennt. Also: Reines Licht, Thigle/Regenbogenlicht, Sonnenlicht. Im Grunde aber gibt es nur das Reine Geistlicht, das Echos ausstrahlt.

Thogal
Thogal ist eine Übung, um direkte Verwirklichung im Todesbardo zu erlangen. Dabei ruht man nicht einfach in der Kontemplation, sondern versucht die Bewegung der seelischen Energie zu betrachten, die sich als Lichterscheinungen, so genannte Visionen darstellt. Visionen haben in diesem Zusammenhang die Bedeutung von »trügerische Scheinrealitäten des Egos«. Also meditiert man über die auftretenden Lichterscheinungen. Im Todesbardo tauchen drei große Visionen auf. Sie sind Ausdruck unserer Lebenserfahrung und seelischen Phantasien. Lichterscheinungen und Visionen erkennt man dann als Bewegungsenergie unserer subjektiven Vorstellungen. Die Thogal-Übungen helfen uns nun den Prozess zu erkennen, der von den subtilen Gedanken- und Gefühlsformen des Sambhogakaya zu ihrer Verstofflichung in Materieformen führt, kurzum wie sich der materielle Körper und unser Lebensschicksal aus sujektiven Gefühlen formen. Bevor man jedoch Thogal übt, muss Treckchod geübt werden, d. h. man

muss lernen, in der Natur des Geistes zu ruhen, denn sind unser Verstand und Gefühl unruhig, können wir ihnen nicht gelassen von außen zuschauen. Wir sollen in der Dunkelklausur erkennen lernen, dass selbst Lichtvisionen nichts anderes sind als Ausdruck von Rigpa oder Dzogchen im Zustand der Verunreinigung. Das hilft uns dann im Tod die heraufdämmernden Visionen zu relativieren und – da wir im Leben Dzogchen nicht erlangt haben – es vielleicht doch noch im Todeszustand zu erreichen. Es heißt: Wer die Thogal-Übungen restlos beherrscht, kann seinen stofflichen Körper in den Lichtkörper des Sambhogakaya auflösen.

Vajrayana

Sansk. vajra = Diamantzepter; yana = Fahrzeug. So wird die tibetische Form des Buddhismus genannt im Vergleich zum indischen und südostasiatischen Hinayana Buddhismus.

Die Tibeter besitzen verschiedene Bezeichnungen für den Energie- oder Plasmakörper, abhängig davon, unter welchem Gesichtspunkt sie ihn betrachten. Das muss erwähnt werden, um Missverständnissen vorzubeugen. Der Vajra-Körper, metaphorisch Diamant-Körper genannt, ist unser Energie- oder Plasmakörper, unsere Seele. Die abendländische Anschauung, der Buddhismus kenne keine Seele, ist aus der Luft gegriffen und rührt daher, dass man in Europa das Energie-Konzept des Buddhismus, ja der alten Religionen überhaupt, nicht versteht. Die Seele ist ein Energiefeld, das dem Irrtum unterliegt, ein Individuum oder Ego zu sein. Der tibetische Buddhismus, der besonders mit dem Energiekörper arbeitet, wird daher auch als Vajrayana-Buddhismus bezeichnet. Wohlgemerkt: Dieser Begriff wird vor allem dann verwendet, wenn der Plasmakörper als Ausgangsbasis für die Meditation benutzt wird. Lung und Sog sind zwei weitere Bezeichnungen, die für die Plasmaenergie stehen und hauptsächlich im Rahmen der Medizin Anwendung finden. Lung zirkuliert in den 72 000 oder 84 000 Energiekanälen, Za (*sansk.* nadi, kundalini, bindu) genannt. Die Plasmaenergie zirkuliert in den Za, die verzweigt wie eine Baumkrone sind; sie laufen schließlich in Knotenpunkten, Chakren (*tib.* khorlo) zusammen. Ein Chakra ist demnach ein Energieknotenpunkt im seelischen Energiekörper. Viele moderne Schriften setzen diese Begriffe fälschlicherweise gegeneinander, doch werden damit immer nur verschiedene Verwendungsaspekte der Lebensenergie bezeichnet. Ein weiterer häufiger Fehler besteht darin, diese Lebensenergie im Sinne von Strom oder Elektrizität aufzufassen. Diese Energie basiert allein auf illusionären Gedanken und Gefühlen und sobald diese erlöschen – und dies zu erreichen, darum geht es im Yoga – erlischt auch die Lebensenergie und dann erst kann man die höchste Wirklichkeit erlangen! In der Dunkeltherapie geht es darum, die seelischen Energiemanifestationen als illusionär zu erkennen und aufzulösen. Im Todesreich sind wir ausschließlich unsere persönliche Seelenenergie. Die Seele (das Ego) ist eine Energiemanifestation, aber eine illusionäre. Im Todesbardo geht es darum, die Seelenenergie, also Gedanken, Gefühle und Ich-Verhaftungen, als Scheinrealitäten zu entlarven und dadurch aufzulösen, um sich so aus dem Todesbardo, was unserer Hölle (*germ.* Hel = helles Land) entspricht, zurückziehen zu können. Übrig bleibt Kunzhi, der leere Geistzustand.

Yangtik

Yangtik hat nach tibetischer Überlieferung vor allem den Sinn, den Menschen auf den Zustand nach dem Tod vorzubereiten. Denn das Bewusstsein (die Seele) verweilt nach dem Tod im Todesbardo in einer Art Traumzustand, in dem die Gedanken und Gefühle pausenlos irreale Welten produzieren. Ohne die Kontrolle des Körpers und der Materie nehmen unsere Gefühle traumartige Verzerrungen und Übertreibungen an und alle Ängste, Erwartungen und Wünsche treten einem in Gestalt einer Pseudowirklichkeit gegenüber, von der man annehmen muss, dass sie real ist und die man scheinbar auch nicht beeinflussen kann.

Zhine

Es gibt im System des Dzogchen verschiedene Übungen, Zhine genannt, mit denen man versucht, die Leere unmittelbar zu erfahren.

Literatur

Holger Kalweit: Transpersonal Anthropology and the Comparison of Cultures, In: *Phoenix: Journal of Transpersonal Anthropology*, 1981, V, 2: 97-105.

- (Hrsg.): Frank Hamilton Cushing. Ein weisser Indianer. Mein Leben mit den Zuni. Walter Verlag, Olten 1983.

- Der Trickster. Ein Nachwort zu »Castaneda«. *Curare. Zeitschrift für Ethnomedizin*, 1983, Nr. 6: 91-92.

- Traumzeit und innerer Raum. Die Welt der Schamanen. Scherz Verlag, München 1984.

- Formen transpersonaler Psychotherapie bei nichtwestlichen Kulturen. In: *Integrative Therapie* 1984, 10 (3): 253-262.

- und Schenk, Amelie (Hrsg.), Heilung des Wissens. Forscher erzählen von ihrer Begegnung mit dem Schamanen – Der innere und der äußere Weg des Wissens. Goldmann Verlag, München 1984.

- Urheiler, Medizinleute und Schamanen. Lehren aus der archaischen Lebenstherapie. Kösel Verlag, München 1987.

- Himalaya Orakel. In: Kalweit/Schenk: Heilung des Wissens. Goldmann Verlag, München 1987, S. 260-287.

- Yin, Yang und die Drachenenergie. In: *Ethnopsychologische Mitteilungen*, 1987 (2), S. 109-145.

- When Insanity is a Blessing: The Message of Shamanism. In: Grof, Stanislav and Christiana (Hgg.): Spiritual Emergency. When Personal Transformation Becomes a Crisis. Los Angeles, S. 77-97, 1989.

- Schamanische Psychotherapie. In: Zundel, Edith und Bernd Fittkau (Hgg.), Spirituelle Wege der Transpersonalen Psychotherapie, Paderborn, 1989, S. 33- 41.

- Lightening Shamans. *Jahrbuch für Ethnomedizin und Bewußtseinsforschung*, 1994, 3: 161-169.

- Schamanische Trance und die Theorie des Bewußtseinskontinuums. In: *Jahrbuch für Transkulturelle Medizin und Psychotherapie*. Hgg. R. van Quekelberghe & D. Eigner, 1994: 17-41.

- Der Sitz der Seele in traditionellen Kosmologien. *Ethnopsychologische Mitteilungen*, 1995, 4, 1: 37-71.
- Urschamanen und das Goldene Zeitalter . *Curare. Zeitschrift für Ethnomedizin*, (1995) 18, 1: 153-160.
- und A. Schenk: Der Doppelkörper als Grundlage der Trance in der tibetischen Psychologie. *Curare. Zeitschrift für Ethnomedizin* 18 (1995) 2: 467-496.
- Übertragung der Lebensenergie bei tibetischen Schamanen. *Ethnopsychologische Schriften* (Hrsg. R. v. Quekelberghe) Landau 1997, S. 25-52.
- Schamanische Energie-Ökologie: Das Bündnis von Seelen- und Naturfeld. In: Gottwald/Rätsch: Schamanische Wissenschaften. Diederichs Verlag, München 1998. S. 96-120.
- Dunkeltherapie – Eine traditionelle Selbstbefreiungsmethode und ihre Verwendung in der modernen Praxis. In: Curare. Ethnotherapien. Verlag für Wissenschaft und Bildung. Hrsg. C. E. Gottschalk-Batschkus & Ch. Rätsch S. 223-227, 1998.
- Der Schamane im Kraftfeld von Geist, Energie und Natur. In: Was ist ein Schamane? Schamanen, Heiler, Medizinleute im Spiegel westlichen Denkens. *Curare. Zeitschrift für Ethnomedizin*. Verlag für Wissenschaft und Bildung, Berlin. Hrsg. von Amélie Schenk & Christian Rätsch, Sonderband 13/1999. S. 43-60.
- Auf der Suche nach Heilung in der Unterwelt. Der Fjölswinngesang der germanischen Lieder-Edda als Anweisung zu gesundheitlicher Ganzheit. In: *Jahrbuch für Transkulturelle Medizin und Psychotherapie* 1998/99, Verlag für Wissenschaft und Bildung, Berlin. Hrsg. von Stanley Krippner & Holger Kalweit, S.175-206.
- mit Amélie Schenk: Schamanische Heilung durch Reisen ins Totenreich. In: *Jahrbuch für Transkulturelle Medizin und Psychotherapie* 1998/99, Verlag für Wissenschaft und Bildung, Berlin. Hrsg. von Stanley Krippner & Holger Kalweit, S. 103-124.
- Das Totenbuch der Germanen. Die Edda – die Wurzeln eines wilden Volkes. AT-Verlag, Aarau 2001.
- Das Totenbuch der Kelten. Das Bündnis zwischen Anderswelt und Erde. AT-Verlag, Aarau Herbst 2002.

- Vom Schamanentum zur modernen Naturtherapie. In: Handbuch der Ethnotherapien. Hgg. C. E. Gottschalk-Batschkus und Joy C. Green. S. 37 – 45. München 2002.
- Die Anderswelt der Kelten: In: Felix von Bonin (Hrsg.), Schamanismus und Märchen, Param Verlag, Ahlerstedt 2003, S. 69 – 80.
- Naturtherapie. Meine Initiationsreise zur Erdmutter. Arun Verlag 2003.
- Todeserfahrung als Grundlage der Märchenmotive: In: Felix von Bonin (Hrsg.), Schamanismus und Märchen, Param Verlag, Ahlerstedt 2003, S. 152 – 163.
- Enge heißt Krankheit und Weite heißt heil sein. In: Geseko von Lüpke (Hrsg.), Politik des Herzens. Nachhaltige Konzepte für das 21. Jahrhundert. Gespräche mit den Weisen unserer Zeit. Arun Verlag 2003, S. 167 – 177.

Holger Kalweit
Hüter der unsichtbaren Welt
Die Suche nach dem Lichtkörper
und die Geburt der Plasmapsychologie

Ist die Seele wirklich nur ein Produkt des Gehirns?
Dieses Werk beschreibt meine Odyssee im Dschungel der traditionellen Urpsychologie und der geheimen Überlieferungen aus China, Indien, Tibet, von den Germanen zu den großen Forschern des 17. und 18. Jahrhunderts bis hin zur modernen Physik. Materie löst sich an ihrer Grenze in den kleinsten Bereich auf in halb-stofflichen sprich plasmatischen Urstoff, der aber nicht einfach Urstoff ist, sondern aus unseren Gedanken und Gefühlen besteht: Wir treffen auf unsere Seele.
Nur wer in den Tod gereist und zurückgekommen ist, kann Genaueres berichten über den Ursprung der stofflichen Welt. Plasmaforschung heißt daher Todesforschung.
Erscheint Oktober 2004
ISBN 3-936862-46-X € 21,00

Drunvalo Melchizedek

Aus dem Herzen leben

Verständigung ohne Worte, Schöpfung jenseits der Polarität

In der Tiefe unseres Herzens befindet sich jener heilige Ort, an dem wir mit Gott vereint sind, von dem aus wir uns erinnern können, wer wir wirklich sind. Wir sind mehr als nur menschliche Wesen, viel mehr.

Dieses Buch ist „aus der Tiefe des Herzens" geschrieben, um uns den Weg zu zeigen, auf dem wir selbst zu diesem vergessenen Ort in unserem Herzen zurückkehren können.

mit Meditations-CD

ISBN 3-936862-16-8

140 Seiten, gebunden, €24,95

Daniel Ackermann

Alles eine Frage von Bewusstsein

Gott enthüllt seinen Zaubertrick!

Dieses Buch zeigt sehr einfach, logisch und klar strukturiert, wie man die Welt der Erfahrung, des Fühlens und des Denkens von außen betrachten kann, aus dem Bewusstsein. Es beschreibt das Wesen von Gott, der Wirklichkeit und der Schöpfung und zeigt unter anderem den Unterschied auf, zwischen Liebe fühlen und Liebe sein.

256 Seiten, A4-Format, gebunden

€ 29,00

ISBN 3-936862-23-0

Masaru Emoto

Die Botschaft des Wassers Band 1

Angeregt von dem amerikanischen Biochemiker Dr. Lee H. Lorenzen begann Emoto Mitte der achtziger Jahre, die energetische Struktur des Wassers zu erforschen. Er fotografierte erstmals die Kristalle von gefrorenem Wasser. Unter schwierigsten Bedingungen entstanden atemberaubende Aufnahmen. Er nahm Wasserproben von verschiedensten Gewässern; er beschallte Wasser mit der Musik von Beethoven, Mozart oder auch Elvis Presley; er zeigte dem Wasser verschiedene Wörter in verschiedenen Sprachen... Hier wird erstmals der Beweis geliefert, dass Wasser auf Gedanken und Gefühle, Worte und Bilder reagiert.

gebunden, 144 Seiten, Bildband

€ 25,00

ISBN 3-929512-21-1

Tom Kenyon

Soma

Auf der harmonischen Quinte beruhende, lange, melodische Kompositionen bilden eine wunderbare Unterstützung bei Meditationen, kreativem Arbeiten oder Träumen und Heilbehandlungen. Bio-Puls-Frequenzen sorgen für die Tiefenentspannung, während so genannte „essentische Formen", kreiert durch den Druck, mit dem Tom Kenyon die Töne seiner Stimme erzeugt, positive Emotionen wie Liebe, Freude, Dankbarkeit und Mitgefühl übertragen (siehe M. Clynes Arbeiten über den Zusammenhang zwischen Druckwellen und Emotionen). Es wird vermutet, dass solche positiven Emotionen eine stärkende Wirkung auf das Immunsystem haben. Eine Lieblings-CD vieler Heilpraktiker und Massagetherapeuten.

CD 60 min, € 19,50
ISBN 3-936862-34-6

Tom Kenyon

Infinite Pool

Diese CD dient der Erzeugung außergewöhnlicher Bewusstseinszustände, indem die Kommunikation zwischen den Gehirnhemisphären stimuliert wird. In der Komposition kommen sowohl das Klangmuster eines Akul, eines hochentwickelten Geistwesens der ägyptischen Alchemie zur Anwendung, als auch die Stimmen von dreizehn anderen Wesen aus der Traumzeit, den Hathoren, Meistern des Klangs und der Liebe.

€ 19,50 / ISBN 3-936862-33-8